Andreas Flitner
Spielen – Lernen

W0195012

GESCHENK

Zu diesem Buch

Das Kinderspiel – eine elementare Erscheinung aller Zeiten und aller Kulturen – verdient als Welterfahrung und eigene Aktivität des Kindes und damit auch als Alternative zur »Medienkindheit«, zur passiven Hinnahme von eiligen Bildern, heute ein besonderes Interesse. Dieses Buch, seit zwei Jahrzehnten ein Standardwerk für Pädagogen und Eltern, erscheint hier in einer neuen Fassung. Es wurde nicht nur der jetzige Stand der Spielforschung verarbeitet, sondern ein neuer Teil hinzugefügt, der die Praxisprobleme heutiger Erziehung behandelt: Mädchen- und Jungenspiele, Kriegs- und Kampfspiele, Spielzeugqualität, Technik- und Computerspiele, Spielen in der Schule, Spiele ohne Sieger u.a.m.

Andreas Flitner, geboren 1922 in Jena, Prof. em. der Universität Tübingen, Hon.-Prof. der Universität Jena, ist bekannt durch seine Veröffentlichungen zur Allgemeinen Pädagogik, zu Erziehungsfragen des Kindes- und Jugendalters und zur Bildungspolitik.

Andreas Flitner

Spielen – Lernen

Praxis und Deutung des Kinderspiels

Überarbeitete und erweiterte Neuausgabe

Piper München Zürich

Von Andreas Flitner liegen in der Serie Piper außerdem vor:
Einführung in pädagogisches Sehen und Denken
(Hrsg. mit H. Scheuerl, 322)
Konrad, sprach die Frau Mama... Über Erziehung und Nicht-
Erziehung (357)
Reform der Erziehung. Impulse des 20. Jahrhunderts (1546)

Dem Andenken meiner Mutter
Elisabeth Flitner-Czapski gewidmet

Überarbeitete Taschenbuchausgabe
1. Auflage November 1972
10., überarbeitete Auflage März 1996
© 1972 R. Piper GmbH & Co. KG, München
Umschlag: Büro Hamburg
Simone Leitenberger, Susanne Schmitt, Andrea Lühr
Umschlagabbildung: Gary Baseman
Foto Umschlagrückseite: Yvonne M. Berardi
Gesamtherstellung: Clausen & Bosse, Leck
Printed in Germany   ISBN 3-492-20022-2

Inhaltsverzeichnis

Vorwort

Dies ist die Neubearbeitung eines Buches, das in einer bestimmten Situation geschrieben wurde, sie aber überdauert hat. Anfang der siebziger Jahre erschienen mir die Spielpädagogik und das Verständnis des Kinderspiels unmittelbar bedroht durch eine Modewelle des Kleinkinder-Lernens, der Frühlesebewegung und der Propaganda für Lern- und Intelligenzspiele aller Art. Mir schien die deutschsprachige Pädagogik mit ihrer Berufung auf die Fröbel-Tradition und auf die »Pädagogische Bewegung« des frühen 20. Jahrhunderts theoretisch nicht mehr gewappnet, sich gegenüber der vorherrschenden Lernpsychologie zu behaupten. Das gab den Anlaß für meinen Versuch, die moderne internationale Spielforschung und Spieltheorie darzustellen und damit deutlich zu machen, wie einseitig und kurzsichtig diejenigen am Werke waren, die Spiel und Spielzeug in »Training« und »Lernzeug« umwandeln wollten. »Spielen – Lernen«, schon der Titel mit dem Bindestrich sollte die offene und vielfältige Beziehung andeuten, die zwischen den reichen Spielerfahrungen der Kinder und möglichen Lernimpulsen ihrer Spiele bestehen. Kinder lernen, so war die Pointe, in der Fülle ihres eigenen und freien Spiels, auch eines behutsam geförderten Spiels, unendlich viel mehr als mit den Trainingsleitern und Lernsequenzen der Intelligenzförderer.

Was alles Kinder lernen und erfahren, erleben und ausdrücken, was ihnen hilft und was sie bereichert im Spiel, das läßt sich freilich nicht auf rasche und handliche Formeln bringen. Das können wir nur mit den Kindern erfahren und bei ihnen selber zu lernen suchen im beobachtenden, sympathisierenden, eventuell mitspielenden Umgang mit ihnen. Bei den Beobachtungen aber können wir uns helfen lassen durch intelligente Fragestellungen, durch Schärfung unseres Hinsehens, und das heißt: durch Theorie. »Theorie« bedeutet ja eigentlich: Weise des Betrachtens und Nachdenkens.

Theorien sind »Hinsichten«, sind systematische Fragen, die an eine Lebenserscheinung, hier das Spiel, gerichtet werden. Ich habe versucht, die mannigfaltigen theoretischen Auseinandersetzungen mit dem Spiel zurückzuführen auf wenige Grundrichtungen der Spieltheorie, um damit den Praktikern, den Erzieherinnen, auch den Eltern ein Instrumentarium von Fragestellungen und Beobachtungshilfen an die Hand zu geben.

Seit dem ersten Erscheinen des Buches hat sich allerdings nicht nur die öffentliche Debatte verändert, sondern es hat auch das Interesse verschiedenster Wissenschaften am Spiel enorm zugenommen. Und, wichtiger noch: es hat sich die Lage der Kinder in allen ihren Zusammenhängen – der Familie, den Institutionen, der Medien- und der Arbeitswelt – gewandelt. Alle die Vorgänge, die wir »Modernisierung« nennen, erreichen und verändern auch das Kinderleben und wirken sich auf das Spielen aus. Auch daß in der Erwachsenenwelt das Spielinteresse offensichtlich zunimmt, hat seine Auswirkungen auf »Praxis und Deutung des Kinderspiels«.

Der Aufbau des Buches ist in der neuen Bearbeitung ähnlich geblieben. Nach einem kurzen Rückblick auf frühere Theorien (Kap. 1) schildere ich die vier wichtigsten theoretischen Zugangsweisen zur Spielforschung und Spielbetrachtung (Kap. 2–5). Dabei beziehe ich neuere Untersuchungen mit ein, die an einigen Stellen die bisherigen Konzepte ergänzen oder auch in neue Fragen vordrängen, z. B. die ökologische Problematik und die Orientierung von Kindheit innerhalb einer sich rapide modernisierenden Gesellschaft (Kap. 6). Dann füge ich ein weiteres, ausführlicheres Kapitel hinzu (Kap. 7), in dem die heute vorherrschenden praktischen Probleme im Umgang mit dem Spielen der Kinder umrissen werden: die Mädchen- und Jungenspiele, die Kampf- und Kriegsspiele, die technischen Spiele, die Sportspiele, das Spielzeugangebot und anderes mehr.

Hilfreich für die Neubearbeitung war es, daß mir Erfahrungen aus dem Studiengebrauch des Buches und aus der Erzieherinnenausbildung zugekommen sind. Und auch der neue Text hat schon kritische Leser gefunden. Vor allem bei

Dagmar Auerbach und bei Udo Grün habe ich mich sehr zu bedanken.

Homo ludens – der Mensch ist ein Spieler –, zumal dort, wo er nicht mit der unmittelbaren Fristung seines Lebens beschäftigt ist, wo seine Muße, seine Kultur, seine Erfindungsgabe, auch seine Wissenschaft zum Zuge kommen. Die Fähigkeit zu spielen ist ein Kulturphänomen ersten Ranges, vielleicht sogar, wie Johan Huizinga behauptet, Wurzel der Kulturbefähigung überhaupt. Wie sollten wir nicht darauf achthaben, wie der Wurzelgrund dieser Fähigkeit, nämlich das Spielen der Kinder, beschaffen ist und was diese Grundlage heute gefährdet. Diesem großen Thema dient das Buch auch in seiner neuen Gestalt.

Tübingen, Frühjahr 1996   Andreas Flitner

1 Spiel und Spieltheorie in der Vergangenheit

Das Kinderspiel ist eine zu auffällige Erscheinung aller Zeiten und Kulturen, als daß die Menschen es nicht von jeher hätten wahrnehmen müssen. Kinderspiele sind in der Literatur beschrieben, in der bildenden Kunst dargestellt worden. Schon die frühesten Bilder des Alten Reichs der Ägypter zeigen Puppen, Spieltiere, Bälle und Wagen zum Ziehen. Sie zeigen Kinder, die tanzen und hüpfen, übereinander wegspringen und sich balgen, ja sogar theatralische Szenen spielen und dabei Masken tragen (Brunner 1957). Das Spiel der Kinder wurde offenbar schon damals nicht nur geduldet und als eine Lebenserscheinung dargestellt, sondern auch mit gefertigtem Spielzeug und anderer Ausrüstung unterstützt. In der vorindustriellen Gesellschaft haben Kinder auch unmittelbar an den Spielen der Erwachsenen teilgenommen, so wie ihr ganzes Kinderleben noch in den Alltag und auch in die Arbeiten der Erwachsenen eingefügt war (Ariès 1975). Erst das Industriezeitalter hat diese Gemeinsamkeit weithin aufgehoben. An der Schwelle zur Industriezeit entstand dann auch die moderne pädagogische Reflexion: Was ist gut für die Kinder, was sollen sie tun, wenn sie nicht mit ihren Eltern den Alltag teilen? Eine neue Aufmerksamkeit richtete sich auf die Kinder, auf ihre Bedürfnisse, auf ihre Entwicklung. Kindheit blieb nun nicht mehr das Selbstverständlich-Unauffällige, das einfache Mitleben der jungen Generation; sie wurde vielmehr ein Gegenstand des Nachdenkens und der bewußten Fürsorge. Einrichtungen für die Belehrung und Behütung der Kinder wurden allgemein. Die Erzieherberufe, die man früher mehr als Neben- oder Durchgangsämter ausgeübt hatte, formten sich aus und beanspruchten eine eigene Berufsausbildung. Und in diesen Einrichtungen, in denen die Kinder nunmehr einen Teil ihres Alltags verbrachten, entstanden neue Probleme, die nicht nur mit dem Lernen, sondern auch mit der Behütung und mit der versammelten Zahl der Kinder zu tun hatten. Das alles rief nach einer Pädagogik, einer Erziehungslehre für die neuen Institutionen.

Das ist ein langer Prozeß, der im 18. Jahrhundert seinen Anfang nimmt und offenbar bis heute nicht abgeschlossen ist – eine Entwicklung der Gesellschaft, in der die Kinder zunehmend Aufmerksamkeit erfahren und auch erfordern. In diesem Zusammenhang auch entstehen das wachsende Interesse für das kindliche Spiel und die zunehmende Beschäftigung mit dem Phänomen »Spiel« überhaupt.

Das Interesse richtet sich dabei zunächst auf den kindlichen Eifer, die Freude am Spielen und die Unermüdlichkeit der Kinder dort, wo sie sich im Spiel vervollkommnen wollen. Wenn sie beim Ballspielen oder Stelzenlaufen, beim Kegeln oder Murmelspiel so unverdrossen üben und sich eifrig immer weiter zu verbessern suchen, wenn sie dort also lernen und trainieren ohne Unterlaß – warum kann man diesen Eifer, diese Unermüdlichkeit nicht auch für etwas Besseres nutzen, für das Lesen und Schreiben zum Beispiel, das Rechnen und sonstige Lernziele der Schule? Warum muß überhaupt die Schule aus Zwang bestehen und nicht vielmehr aus »Spiel«? Das ist ein alter Gedanke, schon im Lateinischen steht das Wort »ludus« sowohl für Spiel als auch für Schule (besonders die der kleineren Kinder). Dieser Zusammenhang kommt im Laufe der Geschichte immer dort wieder in Erinnerung, wo der »Humanismus« das Nachdenken über Lernen und über die Schule bestimmt. »Human« soll die Schule und ihre Arbeit sein, das heißt, nicht mit Zwang und mit der Rute soll sie den Kindern ein Wissen aufnötigen, sondern mit Freude und Heiterkeit, unter Nutzung dessen, was die Kinder selber gerne tun; und das heißt vor allem: unter Nutzung des Spiels. Das finden wir bei Erasmus von Rotterdam und bei Johann Amos Comenius formuliert, bei John Locke und bei den Philanthropisten; es ist ein durchgehender Gedanke der »Aufklärung« und ihrer Schultheorie, der uns bis heute geläufig ist: Warum nicht die Spielfreude der Kinder nutzen für die Auflockerung und Erleichterung des Lernens? Die Kritiker fragen allerdings: Ist es dann eigentlich noch Spiel, was die Kinder da treiben?

Kann man das Spielen für außerspielerische Zwecke nutzen, ohne es sich selbst zu entfremden? Gehört nicht zum Wesen des Spiels seine Freiheit, seine Zwecklosigkeit hinzu?

Rousseau

In diese Entwicklung der humanistisch-aufgeklärten Sicht auf das Kind und auf das Kinderspiel ist die Lehre von *Jean-Jacques Rousseau* eingebrochen wie ein Erdbeben, das die vorherrschenden Meinungen, auch die menschenfreundlichen Ansichten über den Nutzwert des Spielens zu erschüttern geeignet war. Es gibt wohl kein Buch der Weltliteratur, das sich so aufrührerisch und so nachhaltig in die Diskussion und in die Praxis der Kindererziehung eingebracht hat wie Rousseaus »Emile«, keines auch mit vergleichbarer Wirkung auf das philosophische Nachdenken über Erziehung. Dabei sind seine Gedanken gar nicht leicht zu verstehen, seine Aussagen oft widersprüchlich, seine romanhaften Ausführungen meist gar nicht als Erziehungsratschläge gemeint. Aber *eine* Botschaft, die bis heute nachklingt, ist doch sofort verstanden worden und hat die Auffassung vom Kinde, ja von der Natur des Menschen revolutioniert: Kinder sind nicht zu verstehen und zu behandeln im Blick auf das, was einmal aus ihnen werden soll. Kinder sind keine »kleinen Erwachsenen«; die Kindheit ist kein Durchgangsstadium auf dem Wege zum eigentlichen Menschsein. Und die Erwachsenen haben kein Recht, Kinder unglücklich zu machen mit dem Hinweis darauf, daß ihrem eigentlichen, ihrem späteren Glück damit gedient werde. Ein Kind ist von vornherein als ein ganzer Mensch – nicht als ein erst werdender Mensch – anzusehen. Es hat Glücksverlangen und Ansprüche an das Leben, es erfährt Freude und Leid und verdient, darin ernst genommen zu werden wie die Erwachsenen auch. Die Erziehung darf deshalb nicht danach trachten, die Kinder so schnell und so vollkommen als möglich zu Erwachsenen zu machen. Man raubt ihnen damit ihre Kindheit; man hindert sie, das zu durchleben und zur Reife zu bringen, was die jeweilige Kindheitsstufe an Möglichkeiten und an Lebensbotschaften enthält. Ausreifen zu lassen, was die Natur uns vorzeichnet und was die Entwicklung mit sich bringt – das ist die Aufgabe der Erziehung, nicht aber Drängeln und Beschleunigen, nicht das Verabreichen unverdaulicher Kost im Namen einer Gesellschaft, die ihre eigenen Interessen im Kopfe hat und nicht die der Kinder.

Durch Rousseau erst wurde der Weg frei für eine moderne Kinderforschung, welche die verschiedenen Lebensalter des Kindes aus sich selbst heraus zu verstehen sucht und nicht mehr als Vorstufen zu einem anderen, einem »eigentlichen« Menschsein. Rousseaus Einteilung der Lebensalter wird man, wie alle Stufen- oder Phasenlehren nach ihm, nur als ein Hilfsmittel bewerten, die verschiedenen Gestalten von Kindheit und Jugendzeit als in sich vollendbare Lebensformen des Menschen anzusehen. »Niemand wird ernsthaft die scharfe Trennung von einem *Kindesalter*, das durch die egozentrische Haltung bestimmt ist, einem *Knabenalter*, in dem sich das sachliche Interesse entwickelt, einem *frühen Jugendalter*, in dem die Religiosität, das Gefühlsleben und der moralische Sinn sich bilden, und einem *späteren Jugendalter*, in dem das Erlebnis der Liebe in den Mittelpunkt rückt, als reale, zeitlich voneinander getrennte Entwicklungsstufen betrachten. Es ist die Form, in der Rousseau die Entwicklung zu analysieren sucht, wobei er freilich überzeugt war, daß diese Charakteristika je in einer der genannten Entwicklungsstufen besonders hervortreten« (Rang 1979, S. 131).

Rousseau hat über das Spiel der Kinder keine sehr originellen Beobachtungen angestellt oder Gedanken zu Papier gebracht. Aber er hat die Voraussetzungen dafür geschaffen, daß nunmehr auch das Spielen wie alle anderen Lebensäußerungen des Kindes verstanden werden konnten aus der Sicht einer neuzeitlichen Anthropologie, die das Kind und sein Handeln, sein Ausdrucks- und sein Gefühlsleben begreifen will als eigenständige und bedeutende Ausdrucksform menschlichen Lebens überhaupt.

Mit Rousseaus Herausforderung war die Philosophie und Anthropologie der folgenden Generationen vollauf beschäftigt. Auf sie sind auch die philosophischen Theorien und Äußerungen dieser Epoche über das Spiel, insbesondere das Kinderspiel bezogen. Sie verbinden sich mit der idealistischen und romantischen Aufklärungskritik zu einer Philosophie, welche die Freiheit des Menschen und seine Phantasiebegabung den rational-zweckhaften Zügen des Lebens und der Gesellschaft entgegensetzen. *Schillers* berühmter Satz, der Mensch sei »nur da ganz Mensch, wo er spielt«, will sagen: Nur wo der Mensch nicht dem Zwang der Naturtriebe unterworfen ist und auch nicht dem Zwang des Sittengesetzes, der »praktischen Vernunft« – nur dort ist er wirklich frei: im Bereich des Schönen nämlich, der Künste und des Spiels. Das ist nun zwar nicht auf das Kinderspiel gemünzt, sondern vor allem auf die Fähigkeit und Lust des Menschen, in den Künsten (vorab dem Bühnenspiel) das Menschliche auszubilden und zu gestalten. Aber auch das Kinderspiel wird hier einbezogen in das Reich der Freiheit, als Vorahnung des höheren Menschseins und eben nicht als bloße Kinderei.

Andere »Klassiker« jenes Zeitalters haben diese Gedanken weitergesponnen, etwa *Hölderlin* in seiner dichterischen Verherrlichung des Kindes als eines Gegenbilds zum berechnenden, in seinen Zwecken gefangenen Menschen; oder *Jean Paul* in seiner Wahrnehmung der erstaunlichen Phantasie der Kinder, die er – selber ein Virtuose phantastischer Einfälle – als das Vermögen ansah, der Welt und der menschlichen Erfahrung einen höheren Sinn abzugewinnen.

Der profundeste Denker jedoch, der das Kinderspiel in die Mitte seiner Spekulationen stellte, war *Friedrich Fröbel*. Er hat versucht, die subjektiven Kräfte der Phantasie mit den objektiven Ordnungen des Kosmos, wie er sie in der Mathematik und in der Mineralogie studiert hatte, zusammenzubringen. Dafür hat er formal einfache »Spielgaben«

entwickelt, mit denen Erwachsene und Kinder, gemeinsam spielend, Erkenntnisse gewinnen, Schönheit herstellen und die Symbolik der Weltordnung erbauen sollen. Diese Spielgaben sollen dem Kind helfen, die Außenwelt so zu erfassen, daß es sie mit seiner Innenwelt in Übereinstimmung bringen kann, daß das Außen und Innen miteinander verständlich werden. Die »erste Gabe« dieses Systems zum Beispiel, der Ball, soll dem Kind die Gegenstandswelt in größter Einfachheit und Vollkommenheit nahebringen. An einer Schnur befestigt, kann diese »Gabe« dem Kind angenähert werden, so daß es danach greift, und wieder entfernt werden, so daß es sie loslassen muß. Und in diesem Hin und Wider erfährt das Kind das Haben und das Loslassen, die Vereinigung und die Trennung, das Verschwinden und das Wiederkommen. Die wichtigste Erfahrung der Kindheit, daß es vereint sein darf (mit der Mutter) und daß es sie loslassen muß und doch darauf vertrauen kann, daß die Einigung aufs neue geschieht – diese Erfahrung kann das Kind machen im Spiel mit dem Ball. »Was es bisher schon so oft durch die Mutterbrust unmittelbar gefühlt hat: *Einigung* und *Trennung*, das nimmt es jetzt außer sich an einem... Gegenstande wahr; und so befestigt, stärkt und klärt sich ihm durch die Wiederholung dieses Spieles das in das ganze Leben des Menschen so tief eingreifende Gefühl und die darum so wichtige Wahrnehmung des *Eins-* und *Einigseins* und des *Gesondert-* und *Getrenntseins*, des *Habens* und des *Gehabthabens*« (1982, S. 18).

Auf ähnliche Weise und in einer wohldurchdachten Sequenz läßt Fröbel dem Spiel mit dem Ball die weiteren Spielgaben folgen, als zweite Gabe »Kugel, Würfel und Walze« und als dritte Gabe den »geteilten Würfel«, der durch halbierende Schnitte in acht kleine Würfel zerlegt werden kann. An jeder dieser Gaben können im Spiel sowohl »Lebens- und Gebrauchsformen« erfahren werden, mit denen das Kind schaffen und gestalten kann; zugleich aber auch »Schönheitsformen«, in denen das Kind Bilder und Empfindungen ausdrückt; und ebenso »Erkenntnisformen«, in denen das Kind intellektuelle Einsichten gewinnt, wie sie

18

sich aus der Geometrie und aus der Verhältnislehre ergeben.

Ich fahre nicht fort in dem Versuch, eine Ahnung davon zu vermitteln, wie Fröbel seine Lehre vom Spielen entwikkelt und mit einer Philosophie der Weltdeutung verbunden hat. (Bei O. F. Bollnow [1952] findet man eine hilfreiche Einführung in diese schwierige Gedankenwelt.) Da Fröbel eine Erziehungseinrichtung für kleine Kinder, den »Kindergarten«, gefordert und an mehreren Stellen auch als eigene Gründung eingerichtet hat und da er damit weltweite Anerkennung fand, ist auch seine tiefsinnige Philosophie der Erziehung und des Kinderspiels in aller Welt gelehrt worden. Aber es ist ein schwieriges Gedankengebäude aus dem Geiste der romantisch-idealistischen Philosophie, in das wohl nur wenige ganz eingedrungen sind. Elemente der Fröbelschen Spiele haben sich dennoch bis heute gehalten, z. B. die Bausteine in geometrisch einfachen Formen und Proportionen, die man nach Fröbels Ideen auch weiterentwickelt hat (Heller 1987); die Flechtblätter und bunten Faltpapiere für das Schönheitsspiel; auch die einfachen Reigen- und Bewegungsspiele, die bis heute kennzeichnend sind für die Fröbel-Tradition und die auch ohne die philosophische Begründung verständlich sind. Daß das Spiel, sowohl das geordnete Sozialspiel wie auch die Bauspiele, zudem eine Ästhetik enthält, die sich den Kindern darin mitteilt, daß ferner wenig strukturiertes Spielzeug einen größeren Reichtum an Spielideen anspricht als stark strukturierte und realistisch ausgeformte Materialien, das sind Einsichten der Fröbel-Pädagogik, die sich über die Berufstraditionen der Erzieherinnen bis heute behaupten.

Funktionstheorien der frühen Psychologie

Diese philosophischen Spekulationen und »Ahnungen« wollte die junge, empirisch arbeitende Psychologie am Ende des 19. Jahrhunderts überwinden. Ihr methodisches Instrumentarium – Beobachtung und Experiment – gab ihr neues

Material an die Hand. Zu verstehen suchte sie dieses neue Material aus den Leitgedanken damaliger Psychologie: daß die Erscheinungen des Seelenlebens ebenso wie die Ernährungs-, Kreislauf- und Zeugungsvorgänge »funktional« sind, d. h. sowohl von ihrer Entstehung her wie in ihren Zwecken als notwendig, als biologisch sinnvoll beschrieben werden können.

Ein naheliegendes Erklärungsmuster innerhalb eines solchen Funktionalismus bot die Annahme eines besonderen *Triebs*, also einer angeborenen, zentralnervös produzierten Bereitschaft, sich spielend zu betätigen. Der amerikanische Psychologe *Stanley Hall* (1904) hat diese Theorie vor allem vertreten: Das Spiel sei als Naturtrieb allen höher organisierten Lebewesen eigen. Bei jungen Tieren und kleinen Kindern liege dieser deutlich und ungebremst zutage; beim heranwachsenden Menschen werde er von vernünftigem Handeln überformt und allmählich zurückgedrängt, ohne ganz zu versiegen. Allerdings ist für die sonstigen Naturtriebe die biologische Funktion sehr genau auszumachen – sie dienen der Nahrungssorge, der Fortpflanzung, der Brutpflege, der Verteidigung usw. –, während sich für das Spielen ein solcher Sinn allenfalls vermuten und mit der Vielfalt der Spieltätigkeiten kaum zwingend verbinden läßt. Mit der Trieb-Annahme wird eine psychische Erscheinung doch nur auf eine andere zurückgeführt, ohne daß sie dadurch allein schon verständlicher würde. Der Impetus zu spielen ist offenbar in unserer Naturorganisation verankert, aber den »Trieben« oder Instinkten gleicht er nicht.

Stanley Hall hat seine Triebtheorie des Spiels noch mit einer Art Kulturtheorie verbunden, die in der Entwicklungs- und Kinderpsychologie eine bedeutende Rolle gespielt hat. Er vermutete, daß das Kind nicht nur im embryonalen Zustand die Stammesentwicklung nachvollziehe, sondern im Kindesalter auch die kulturelle Entwicklung der Menschheit abgekürzt durchlaufe. Jedes Kind wiederholt, so meinte er, oder »rekapituliert« in seinen Spielen die Entwicklung der menschlichen Kultur. Es spielt primitive Techniken, Herstellung und Gütertausch, es baut Höhlen, klettert auf

Bäume, lebt als Indianer oder Trapper; es wiederholt mit seinen Spielneigungen die Geschichte der Zivilisation. Die *Rekapitulationstheorie* möchte übersehen, daß die Kinder unserer Zeit unter sozialen und kulturellen Einflüssen stehen, die von denen primitiver Gesellschaften total verschieden sind, und daß diese Umgebung, auch wenn die Kinder Bogen schießen oder Postkutsche fahren, aus ihren Spielen nicht mehr herauszudenken ist. Dennoch hat die These von der Vergleichbarkeit der naiven Äußerungen bei Kindern und bei Naturvölkern den Anstoß für manche wissenschaftliche Fragestellung gegeben und eine Zeitlang die Entwicklungspsychologie fasziniert.

Gegen die Triebtheorie des Spiels hat sich besonders die *Reinigungs-* oder *Katharsis*-These gestellt. Nicht Betätigung des Triebhaften, sondern gerade Abfuhr, Entspannung wird dem Menschen beim Spielen zuteil. Egoistische, aggressive, gesellschaftsfeindliche Tendenzen erhalten im Spiel die Möglichkeit, sich auf unschädliche Weise zu äußern. Schon Aristoteles hatte den Spielen die Kraft zugeschrieben, die Seele von unnützem Verlangen, von den Schlacken der Sinnlichkeit und der Triebhaftigkeit zu reinigen. Er dachte freilich dabei vor allem an das Bühnenspiel, an die Wirkung der griechischen Tragödie auf ihre Zuschauer; von ihm ist auch der Ausdruck Katharsis (= Reinigung) übernommen worden. Auf das Kinderspiel hat *Harvey Carr* (1902) diese Deutung angewandt. In veränderter Form ist die Lehre dann in die psychoanalytische Spieltheorie aufgenommen worden, und sie bildet bis heute den Gegenstand heftiger Auseinandersetzungen. Wenn Kinder Grausames spielen (oder wenn Menschen an brutalen Handlungen am Fernsehschirm teilnehmen) – werden sie dann *gereinigt* von ihren tiefliegenden Aggressionen? Finden diese Gefühle darin einen unschädlichen Abfluß? Oder *lernen* die Menschen vielmehr auf diesem Wege erst ihre Grausamkeit? *Gewöhnen* sie sich in diesen Handlungen und Bildern daran, daß es aggressiv oder gar brutal zugeht in der Welt? Hier zeigt sich, welche schwerwiegende öffentliche Bedeutung Theorien in der einen oder anderen Richtung haben können.

Kritik an den Versuchen, das Spiel aus einer Perspektive oder von *einer* Funktion her zu deuten, wurde erst möglich durch eine breite Bestandsaufnahme der Spiele, wie sie *Karl Groos* (1896/1899) um die Jahrhundertwende zum erstenmal vorgenommen hat. Sie zeigt, daß die Phänomene des Spiels sehr viel reicher sind, als es in den bisherigen Theorien zum Ausdruck kam. Auch Groos erklärt zwar das Spiel und die Fülle seiner Erscheinungen aus einem Zweck; aber dieser enthält zugleich alle anderen Zwecke des späteren Lebens. Spiel ist für Groos eine Vorwegnahme der Lebenssituation der Erwachsenen in einer Sphäre, in der der Ernst des Erwachsenenlebens noch nicht drückt. Man hat seine Theorie deshalb als *Einübungstheorie* bezeichnet. Übung oder Einübung sind hier nicht im vordergründigen Sinne der Aufklärungspädagogik zu verstehen, als spiele das Kind nur, um seine Muskeln, seine Geschicklichkeit oder seine Sprache zu üben. Spielen hat für Groos seinen Zweck und Anlaß durchaus in sich selbst. Es stellt die Lebensform und die freie Tätigkeit des Kindes dar. Aber in einem höheren Sinne dient das alles der Vorbereitung, es empfängt seinen Sinn von den Aufgaben her, die das Kind später einmal antreffen wird. Darum werden die Spiele auch systematisiert nach den Übungsbereichen, die Groos als die wichtigsten erscheinen: Sie werden in sensorische Spiele, motorische Spiele und Spiele der höheren geistigen Funktionen – der kognitiven, sprachlichen, sozialen Funktionen – eingeteilt. »Das Spiel erscheint als eine weise, listige Einrichtung der Natur, den höher entwickelten Geschöpfen einen größeren Raum für Anpassung und Übung zu geben« – so kennzeichnet Erika Hoffmann (1930) zutreffend die Groossche Theorie.

In die Nähe neuerer Deutung kommt, ähnlich wie die Katharsis-Lehre, auch die Theorie der *Ich-Ausdehnung* im Spiel, wie sie zunächst *Eduard Claparède* (1909; 1934) entwickelt hat. Im Spiel weitet sich das Ich, es dringt vor in Regionen des Handelns und des Fühlens, es eignet sich Fertigkeiten und soziale Kompetenzen an, in denen es sich selber neu zu erfahren und zu stärken vermag. Das ist nicht

»Vorübung« auf spätere Tätigkeiten, wohl aber Selbsterfahrung, Stärkung durch Kennenlernen der eigenen Möglichkeiten. In der tiefenpsychologisch orientierten Ich-Psychologie, z. B. in den Schriften *Erik Eriksons* (1965), finden sich diese Gedanken und die auf ihnen basierenden Beobachtungen weiter entwickelt.

In der Pädagogischen Bewegung, die seit der Jahrhundertwende auf die Erzieherschaft einen großen Einfluß ausgeübt und auch die Kindergartenarbeit bestimmt hat, haben sich auf der Grundlage von Fröbels und Jean Pauls Gedanken theoretische Ansätze ausgebildet, in denen das Spiel in erster Linie als *Ausdruck der schöpferischen Kräfte* des Kindes verstanden wird. Die Phantasiespiele und die Gestaltungsfähigkeit des Kindes im Formen und Bauen standen dabei im Vordergrund. Sie machten die eigentliche Entdeckung der Reformpädagogen aus und gaben ihnen die Überzeugung, daß über dem Kind im Vorschulalter »wirklich ein genialer Schimmer liegt, daß hier die geistige Freiheit des Menschen zum ersten Male in Erscheinung tritt in der Höhe und Vollkommenheit, die für die wenigsten noch einmal erreichbar ist« (E. Hoffmann 1930).

Diese Beispiele früherer Spieltheorien, hier nur in aller Kürze rekapituliert, zeigen mannigfache Versuche an, die reichen Erscheinungen des Spiels bestimmten biologischen oder psychischen Funktionen zuzuordnen. Die Autoren sind bestrebt, mit *einem* Erklärungsmuster das Wesen des Spiels zu erfassen und die Fülle der Spielphänomene von diesem Punkt her zu verstehen und zu ordnen.

Ausblick

Man kann nicht behaupten, daß die neueren Spieltheorien solche Einseitigkeit vermieden. Sie haben zwar nicht mehr versucht, das Spiel auf eine grundlegende Formel zu reduzieren. Aber sie sind doch in dem Rahmen jeweiliger Voraussetzungen und Befangenheiten geblieben, der auch für neuere Wissenschaftsrichtungen kennzeichnend ist. Die

Psychologie und Anthropologie werden heute von Schulen verschiedener Methodik bestimmt, und so ist auch die Erforschung des Spiels vornehmlich durch diejenigen theoretischen Ansätze gekennzeichnet, die sich seiner als eines Forschungsgegenstandes angenommen haben. Um die Vielfalt wissenschaftlicher und methodischer Zugriffe zu gruppieren und verständlich zu machen, um darüber hinaus anzuzeigen, welche Beiträge sie zur modernen Erforschung des Spiels und zum Verständnis seiner Erscheinungen geleistet haben, werden die folgenden Hauptrichtungen hervorgehoben:

Eine erste bilden Arbeiten zur *Phänomenologie* des Spiels. Es handelt sich hier um die Beschreibung und Beobachtung der Spielerscheinungen, um eine Bestandsaufnahme der Kinderspiele, um ihren Wandel im Wandel der Zeiten, ihre Vielfalt in der Vielfalt der Lebensbedingungen, ihre Freiheit und Regelhaftigkeit. Die phänomenologische Betrachtungsweise geht davon aus, daß die Erscheinungen selber »sprechen«, daß also die Deutung sich nur behutsam den beobachteten Erscheinungen unterzuordnen und ihre eigenen Strukturen hervorzuheben brauche.

In einer zweiten Gruppe soll zusammengefaßt werden, was *Entwicklungspsychologie* und *Lernforschung*, insbesondere die Theorie der kognitiven Entwicklung, zur Erkenntnis des Spiels beigetragen haben. Die Lernpsychologie, ursprünglich stark auf das Lernexperiment und den Tierversuch konzentriert, wendet sich in neuerer Zeit mehr den komplexen Situationen des Lebens zu. Sie hat, besonders unter dem Einfluß der Entwicklungspsychologie Jean Piagets, das kindliche Lernen gründlich erforscht und in diesem Zusammenhang auch die Symbolik und die Regeln des Kinderspiels untersucht.

Einen dritten Ansatz stellt die *psychoanalytische Spieltheorie und Kinderforschung* dar. Ausgehend von Bemerkungen Sigmund Freuds haben seine Schüler die Kinderspiele beobachtet, haben die psychoanalytische Thematik auch dort wiedergefunden und vor allem die heilenden Kräfte entdeckt, die das Kinderspiel enthält. Von da aus sind die Spieldiagnose und Spielbeobachtung weiterentwickelt worden, vor allem aber die Grundlagen geschaffen worden für hochbedeutende Therapieformen für das Kindesalter, die *Spieltherapie*.

Viertens haben sich auch die in jüngerer Zeit stark entwickelte *Sozialpsychologie* und die *Gruppenforschung* der Problematik des Kinderspiels angenommen und die Sozialformen des Spiels untersucht. In diesen Studien wird vor allem das kindliche Rollenspiel in der freien, improvisierenden Form ebenso wie in der stärker strukturierten des Szenenspiels erörtert.

Schließlich werden aus der jüngsten Entwicklung der Spielforschung einige Arbeitsthemen und Untersuchungsfelder ausgewählt, die den sozialen Wandel der Gegenwart und den psychischen Wandel des Kindes- und Jugendalters in unserer Zeit zu erfassen suchen. Die im weiteren Sinne »*ökologische*« Thematik und die Fragen der »*Modernisierung*« unseres Lebens stehen in dieser Darstellung im Vordergrund.

2 Beschreibung und Beobachtung – Phänomenologie des Spiels

Was spielen Kinder eigentlich? Und in welchem Alter, in welcher Gegend, unter welchen Bedingungen spielen sie? Haben sich die Spiele im Wandel der Zeiten verändert oder erhalten? Wie hängen die ausgeformten, regelhaften Spiele (games) mit dem spontanen, im Augenblick erfundenen und immer neu sich formenden Spiel (play) zusammen? Solche und ähnliche Fragen beschäftigen die Spieluntersuchungen, die hier, in etwas ungenauer Ausdehnung des Wortgebrauchs, unter dem Begriff »Phänomenologie des Spiels« zusammengefaßt werden. Nur ein Teil der Studien, die hier zu erwähnen sind, sucht durch die Einzelerscheinungen hindurch zum »Wesen« des Spiels zu gelangen. Andere geben sich mit der Vielfalt der Erscheinungen zufrieden, sei es in historischer oder volkskundlicher Sicht, sei es in einer Stufenlehre der Kinderpsychologie oder auch ohne einen theoretischen Zusammenhang.

Grundlegung

Von den Werken, die einen phänomenologisch orientierten Überblick über die Fülle der Spielerscheinungen geben, sind für die deutsche Diskussion zwei Bücher bestimmend geworden: zunächst *F. J. J. Buytendijks* »Wesen und Sinn des Spiels«, später *Hans Scheuerls* Buch über das Spiel, »sein Wesen, seine pädagogischen Möglichkeiten und Grenzen«.

Buytendijks Buch (1933) hat für eine Generation als klassischer Essay der Vergleichsforschung gegolten. Denn es geht darin um die methodische Parallelisierung, um die vergleichende Betrachtung der Spielphänomene bei Menschen und Tieren. Gewiß hatte schon Groos in seiner Materialfülle die »Spiele der Tiere« (1896) zusammen mit den »Spielen der Menschen« (1899) untersucht. Aber was bei Groos noch eine breite, nur durch die Vorübungsthese geordnete Bestandsaufnahme ist, wird bei Buytendijk zu einem problem- und methodenreichen Vergleich. Hier ist die Phänomenologie nun auch theoretisches Prinzip geworden, gestützt auf ihre philosophische Rechtfertigung durch Max Scheler, Edmund Husserl und ihre Schüler. Es wird nicht mehr nach einem Erklärungsprinzip gesucht, aus dem sich alle Spielphänomene herleiten lassen, sondern davon ausgegangen, daß das Leben sich in der Fülle seiner Erscheinungsweisen offenbart und daß das Spiel zu den ursprünglichen Phänomenen des Lebens gehört, die einer weiteren Begründung oder Zweckbestimmung nicht bedürfen. Buytendijk hat es insbesondere darauf angelegt, die Verschiedenheit des menschlichen und des tierischen Spiels und den Bereich ihrer Übereinstimmung näher zu bestimmen und abzugrenzen. Er ist nach dieser frühen Schrift weiter mit der vergleichenden Verhaltensforschung befaßt geblieben. Aber diesen frühen Essay hat er weder nochmals drucken lassen noch den wachsenden Beständen der Verhaltensforschung angeglichen oder mit dem Material, das ihm aus seinen eigenen Untersuchungen zugeflossen ist, neu bearbeitet. Vielleicht war das auch nicht mehr möglich, denn die vergleichende Verhaltensforschung hat andere Methoden erarbeitet und neue Deutungskategorien zur Verfügung gestellt, die das Material, zumindest auf seiten des tierischen Spiels, vielfach in Frage stellt. Hier zeichnet sich wohl schon ab, daß es in der wissenschaftlichen Betrachtung immer schwieriger wird, menschliches und tierisches Spielen auf einen Begriff zu bringen, und daß das, was die Sprache in unscharfen Analogien und eben den Phänomenen, dem Augenschein nach zusammenfaßt, sich in der wissenschaftlichen Deutung notwendig sondert.

Nur ein Beispiel möge das veranschaulichen: Was bedeutet es eigentlich, wenn eine Katze mit einem Knäuel »spielt«, d. h. ihm nachspringt, als wäre es eine Maus? Ist das so zu verstehen, daß sie hier im Unernsten tut und womöglich übt, was dann später blutiger Ernst wird? »Catching and eating mice is serious business for the cat«, spottet ein amerikanischer Verhaltensforscher (Beach 1945). Der Sprung nach dem Knäuel ist dagegen nicht lebenswichtig und darum offenbar »Spiel«. Aber sind das nicht willkürliche Unterscheidungen aus menschlich-utilitarischer Perspektive? Weiß die Katze das voneinander zu scheiden, und tut sie das eine in bezug oder in Hoffnung auf das andere? Die Verhaltensforscher bieten dafür eine andere Deutung an, die doch wohl einleuchtender ist: Ein mit Geschwindigkeit sich fortbewegender Gegenstand bestimmter Beschaffenheit löst die Fangreaktion der Katze aus. Es gibt ein »Auslöseschema«, dem ein Verhaltensschema oder eine Reaktion der Katze entsprechen. Hier »spielt« also die Katze nicht, sondern sie verhält sich nach einem bestimmten Muster, das eine Mal so, wie es für ihre Natur funktional ist, das andere Mal gegenüber einem ungeeigneten Gegenstand, der sich ähnlich bewegt. Ist es da sinnvoll, vom Spiel des Tieres zu sprechen? Und reicht dazu die Deutung aus, daß die Katze etwas tut, das nicht zu ihrem »serious business« der Lebenserhaltung gehört?

Nun haben aber gerade die Verhaltensbiologen Weisen tierischen Verhaltens beobachtet und beschrieben, die ohne den Begriff des Spiels gar nicht zu fassen sind. Wenn Tiere spielend miteinander kämpfen oder voreinander fliehen, so ist ihr Verhalten deutlich von ernstem Kampf und wirklicher Flucht unterschieden. Die »Beißhemmung« des spielenden Hundes, die eingezogenen Krallen beim Prankenschlag des jungen Löwen oder das Zurückblicken und Warten auf den abgehängten Verfolger, damit die Jagd wieder weitergehen kann, unterscheiden deutlich die Spielsituation vom entsprechenden Ernstverhalten. Junge Gemsen und Dachse, auch junge Bären »rodeln«, sie rutschen einen verschneiten Abhang herunter und laufen immer wieder hoch, um das Vergnügen zu wiederholen. Tauben lassen Zimmermannsnägel auf eine Betontreppe fallen, offenbar aus bloßer Freude an dem scheppernden Klang, den sie damit erzeugen. Solche Spielhandlungen sind durch kein akutes biologisches Bedürfnis bestimmt. Sie enthalten offenbar angeborene Verhaltensmuster und auch erlernte, durch Nachahmung übernommene, ja sogar selbstentdeckte oder -variierte Hand-

29

lungen (Eibl-Eibesfeld 1969; Hassenstein 1973, 1980; Aldis 1975; Portmann 1988).

Ein Teil des Spielverhaltens nimmt Handlungen vorweg, die erst im späteren Alter, nach entsprechender Reifung, biologisch sinnvoll sind. Bernhard Hassenstein hat das Spielen deshalb einem »teleonomischen Prinzip« zugeordnet, nämlich einem Entwicklungssinn, der sich nicht in einer gegenwärtigen biologischen Funktion, wohl aber im Erlernen und Üben künftig nötiger Verhaltensweisen erklären läßt. Das Tierspiel habe den Sinn, »die Lebewesen, ohne sie zu gefährden, ein Höchstmaß von Erfahrungen machen zu lassen, die auch im biologischen Ernstfall von Wert sind, und dabei zugleich die allgemeine motorische Geschicklichkeit zu vervollkommnen und durch ›Training‹ auf ihrem Stand zu halten« (1972, S. 28).

Auf eine solche Teleonomie aber läßt sich offensichtlich das Kinderspiel nicht reduzieren. Der Vergleich und die phänomenale Gemeinsamkeit tragen, schon wegen der reichen kulturellen Sättigung und wegen der psychischen Kompliziertheit des Kinderspiels, nur eine begrenzte Strecke weit.

Einen breit angelegten phänomenologischen Versuch unter pädagogischer Fragestellung hat *Hans Scheuerl* (1954) unternommen, indem er die damals erreichbare deutschsprachige Literatur zur Spielforschung und Spieldeutung einer ordnenden Analyse unterzog. Ihn leitete dabei die Frage, »ob all den vielen Erscheinungen, die wir Spiel nennen, ein gemeinsamer Merkmalsbestand zukomme« oder ob die deutsche Sprache uns eher (wie Ludwig Wittgenstein vermutet) durch die Weite und Unschärfe des Begriffs in die Irre führe (1990, S. 10). Scheuerl gelangt durch seine Analysen zu der Antwort, die Einheit dessen, was wir Spiel nennen, sei nicht in gemeinsamen Verhaltens- oder Erlebnisweisen der Spielenden zu suchen; sie liege vielmehr in gemeinsamen »Strukturmerkmalen« oder »Wesensmerkmalen« des Spielgeschehens. Als solche Merkmale hebt er aus der Vielfalt der Erscheinungen heraus: die *Freiheitstendenz* des Spiels, die *innere Unendlichkeit*, die *Scheinhaftigkeit* als

Schweben über oder außerhalb der Realität, die *Vieldeutig-keit* des Spiels, seine *innere Geschlossenheit*, die Bezogen-heit auf die *unmittelbare Gegenwart*. Und er sucht innerhalb dieses großen Kosmos die pädagogischen Probleme des Spiels abzugrenzen: das Spiel in seiner Lern- und Entwick-lungsbedeutung, das spielerische Experimentieren, die Lernspiele und schließlich, als Grenzfall, die spielerische Einkleidung von Unterrichtsstoffen.

Scheuerls Buch hat, zusammen mit einer Sammlung histo-rischer Texte zur Spieltheorie (11. Aufl. 1991), als wichtig-ster deutschsprachiger Beitrag die allgemeine Theorie und die Pädagogik-Diskussion über das Spiel bestimmt. Die Grenzen des Buchs sind durch den Zeitpunkt der Ausarbei-tung bedingt. Scheuerl konnte die Diskussion nur bis zum Beginn der fünfziger Jahre verfolgen, und die neuere aus-ländische Literatur war damals kaum zugänglich. Das Ma-terial der Reformpädagogik des frühen 20. Jahrhunderts bildet den Hauptgegenstand seiner Reflexion, und die psychoanalytische Spieltheorie, von der besonders über das therapeutische Spiel eine großem Wirkung ausgegangen ist, nimmt hier nur einen schmalen Raum ein. Andererseits hat Scheuerl das Netz der berücksichtigten Phänomene sehr weit gespannt. Indem er Johan Huizingas »Homo ludens« (1938) in seine Analyse einbezieht, muß er wie dieser einen erheblichen Teil der kulturellen Erscheinungen, die Kunst, die Liturgie, das Zeremoniell und anderes unter die Rubrik des Spiels stellen. Das »Spiel der Mücken« oder der Wellen, der Wolken ist ebenso einbegriffen wie das »Liebesspiel« – eben alles, was die Sprache mit dem Wort »Spiel« erfaßt. Ja, er geht über den Sprachgebrauch hinaus, wenn er auch Maria Montessoris »Material«, das Spiel oder Spielzeug zu nennen sie sich streng gehütet hat, in diese Definition mit einbezieht.

Das besondere Verdienst der Arbeit Scheuerls liegt bis heute in einer pädagogischen Typisierung der Spiele, an der in der deutschen Literatur leider nicht mehr recht weitergear-beitet worden ist. Zudem ist sein Gedanke, das Spiel nicht auf andere Erscheinungen, Gründe oder Zwecke zurückzuführen, sondern – ähnlich wie Huizinga – es als ein eigenes, aus sich selbst verständliches »Urphänomen« anzusehen, eine Herausforderung für die Spieltheorie geblieben.

Als eine wichtige Ergänzung zu seiner Arbeit hat Scheuerl später die Spiel-Typisierung von Roger Caillois (1961) angesehen – den Versuch, eine Einteilung in die Hauptthemen dessen, was in den Spielen gesucht wird, vorzunehmen. Auch Caillois geht es vorwiegend um die Handlungen »außerhalb des gewöhnlichen Lebens«, des üblichen Zwecklebens der Erwachsenen. Es geht ihm um Freiheit vom Alltag, um Ungewißheit, Offenheit, Unnützlichkeit, Unproduktivität (in dem Sinne, daß nichts Bleibendes, wie etwa in der bildenden Kunst, darin erzeugt werden soll). Es wird also beim Spielen etwas gesucht, was der Alltag der Lebensfristung nicht bietet. Caillois fragt nach diesen Motiven oder Themen, nach dem »zentralen Interesse«, mit dem die Spieler sich in das jeweilige Abenteuer ihres Spiels hineinbegeben. »Und er findet von daher vier Grundtypen von Spielen [und vier leitende Interessen, die die Spieler motivieren]:

1. das Interesse des *Wettstreites* (›agon‹) führt zu einer Spielform, die von ungeregelten Wettläufen der Kinder bis zu hochkomplizierten Kampfspielen wie Fußball, Billard oder Schach reicht;

2. das Interesse, *das Glück und den Zufall* herauszufordern (›alea‹ = Würfelspiel), führt vom kindlichen Abzählreim über das Knobeln und Münzenwerfen bis zum Roulette oder zur Lotterie;

3. das Interesse an *Verkleidung, Maskierung und Rollentausch* (›mimicry‹) führt zu Darstellungs- und Rollenspielen, in denen man Mutter oder Ritter, Lokomotivführer oder Hamlet spielen kann; und

4. das Interesse, sich durch Schwünge, Rotations- oder Fallbewegungen in einen Zustand des *Außersichseins* oder des *Rausches* zu versetzen (›ilinx‹ = Schwindel, Rausch), führt von kindlichen Drehspielen über das Schaukeln und Tanzen bis zu Achterbahnen, Kunstsprüngen, Abfahrtsläufen auf Skipisten, zum Rennsport oder zum Alpinismus.

Innerhalb jeder dieser Rubriken gibt es Steigerungen, die

vom Ausleben einfachster, unbekümmerter Lebensfreude kindlicher Improvisation (»paidia«) über kunstvolle oder künstliche Erschwerungen und Komplizierungen bis zu differenziert geregelten, u. U. hohe Artistik erfordernden Verhaltensweisen und Strukturgebilden des Spiels reichen (»ludus«). Und für jede der Rubriken nennt Caillois außerdem die jeweils spezifischen Arten der Korruption des Spielerischen (sei es durch Gewalttätigkeit, Machtwillen, hemmungslose Rivalität; sei es durch Aberglaube und schlecht kalkuliertes Risiko; sei es durch tagträumerischen Realitätsverlust; oder sei es schließlich durch Suchtgefahren)« (Scheuerl 1988, S. 51 f.).

Es bleiben auch bei Caillois, wie in allen Universalkonzepten des Spiels, Bereiche übrig, die nicht überzeugend integrierbar sind. Die auf Anthropologie und Gesellschaftslage begründete Suche nach den Motiven, den zentralen Interessen der Spielenden, deckt die Spielphänomene der Natur nicht mehr ab. Sie ist vor allem auf den erwachsenen Menschen bezogen. Die eigentlich kindlichen Spiele wie Verstecken, Sandspiele, Spielzeug- oder Bauspiele finden darin keinen rechten Platz. Überhaupt bringt die Kindesentwicklung bei weiterer Analyse so starke eigene Momente »ins Spiel«, daß die neuere Forschung meist nicht mehr versucht, alles, was unsere Sprache als Spiel bezeichnet, unter einen Hut zu bringen. Das hängt freilich auch mit der neuzeitlichen Trennung der Lebenskreise von Kindern und Erwachsenen zusammen. Darum zunächst ein Blick auf die historische Ausprägung des Spielens und auf die Spuren, die sich davon heute noch finden.

Historische Überlieferung und Rechtsbräuche im Kinderspiel

Spiele sind oft reich an historischer Überlieferung. Und da sich an kaum einer anderen Stelle unseres Lebens solche Überlieferung ohne schriftliche Fixierung und ohne Institutionen, die für diese Überlieferung sorgen, von einer

Generation auf die andere fortpflanzt, haben sie das Interesse der Volkskundler und der Historiker in besonderer Weise auf sich gezogen. Nicht nur der Spielablauf als solcher, die Formen und die Regeln des Spiels und deren Übermittlung sind dabei von historischem Interesse. Auch der Spielgehalt selber ist oft ein Niederschlag bestimmter geschichtlicher Ereignisse und offenbar in derselben Weise entstanden, in der Kinder fortwährend aktuelles Geschehen und Eindrücke ihrer Umgebung in Spiel umsetzen und durch spielerische Inszenierung verarbeiten. Historische Ereignisse haben auf diese Weise ebenso wie Rechtsbräuche oder kultisches Geschehen Eingang ins Kinderspiel gefunden und sich darin, z. T. bis in die Gegenwart, erhalten. Karl Groos' erwähntes Buch »Spiele der Menschen« (1899), H. Boeschs »Kinderleben in der deutschen Vergangenheit« (1900) und Eberhard von Künssbergs Untersuchungen über »Rechtsbrauch und Kinderspiel« (1920) enthalten die reichsten Materialien dieser Art.

Nur einige Beispiele seien hier angeführt. Ein großer Teil der Lauf- und Fangspiele hat einen Freiort, ein als »Mal«, »Botte«, »Hola« oder auch anders bezeichnetes Asyl, in dem der Gejagte vor seinen Verfolgern sicher ist. Hier hat sich offenbar mittelalterliches Asylrecht niedergeschlagen. In geweihten Bezirken, insbesondere im Raum der Kirche oder eines Heiligtums, war der Feind, der Verbrecher, vor dem Zugriff seiner Verfolger oder Schergen geschützt. Konnte er diesen Platz erreichen, ja nur mit der Hand berühren oder einen Ring, der im Gemäuer befestigt war, ergreifen, so mußten seine Verfolger von ihm ablassen. Als Rechtsform ist dergleichen nur noch in Cambridge und Oxford erhalten, wo Studenten vor der universitären Justiz, dem nächtlich aufsichtsführenden Proctor, sich auf die Stufen eines Colleges, das die Dreifaltigkeit oder eine ihrer Personen im Namen führt, flüchten können und dort wirklich dem Zugriff des Ordnungshüters entzogen sind. Das ist natürlich selbst an den Stätten des üppigsten Traditionalismus heute nur noch ein belächeltes Relikt aus dem alten Kirchenrecht. Auf jedem Kinderspielplatz aber lebt dieses

Rechtsgut weiter fort und gehört zu den festen Bestandteilen des Spielrepertoires.

Zahlreich sind die Kinderspiele, in denen traditionelle Ämter oder liturgisch hervorgehobene Würden eine bedeutende Rolle spielen. Mag unser öffentliches Leben sich auch demokratisch gebärden: In Kinderspielen haben die alten Stände und sozialen Schichtungen noch ihren festen Platz. »Kaiser, König, Edelmann, Bürger, Bauer, Bettelmann« – so wird nach wie vor abgezählt; die Berliner Variante aus der Weimarer Zeit: »Ebert, Hase, Scheidemann« konnte dagegen nicht aufkommen (Künssberg, S. 42). Immerhin kennen die Schweizer neben den Kaiser- und Königsspielen, die auch ihnen reichlich zu Gebote stehen, auch solche, wo der Landammann, der Schultheiß oder der Präsident an die Stelle des Feudalherrn tritt. Die Herrschermacht ist in den Kinderspielen gewöhnlich unumschränkt, Herrschaft, Rechte und Befehlsgewalt kennen meist keine Bindungen und Grenzen. Aber Rivalitäten unter den Herrschern finden oft ihren Niederschlag; so etwa im schwäbischen Häsleinspiel, wo die Kinder, nach der Wahl eines Kaisers und eines Königs, durch ein Tor schlüpfen und sich, wenn sie angehalten werden, für den einen oder anderen Herrscher entscheiden müssen. Eine größere Anzahl von Spielen gab es auch, die heute wohl außer Gebrauch kommen, in denen Lehensverhältnisse und Freilassung das Thema ausmachen; etwa ein Ringelreihenspiel, in dessen Mitte ein Kind tanzt, das plötzlich versuchen muß, aus dem Kreis in einer Richtung auszubrechen. Rechtshistoriker sehen darin den Ausbruch des Leibeigenen aus dem Machtkreis des Herrn und seiner Sippe, der entweder mit seiner Freilassung enden kann oder damit, daß er wieder gefangen, bestraft und den anderen eingereiht wird.

Das alte Zoll- und Abgaberecht hat sich in den Tribut- und Pfänderspielen niedergeschlagen. Bis heute singen die Kinder »die Meiersche Brücke«, einen unverständlichen Text, bei dem durch die gebildete Brücke eine Reihe von Kindern durchgelassen, ein einzelnes aber gefangen wird. Dieses gefangene Kind wird nun entweder bestimmten Torturen unterworfen, oder es muß sich freikaufen. Offenbar handelt es sich hier um die Vorgänge an alten Grenzbrücken mit dem Brückenzoll und um das – bis heute akute – Gefühl der Grenzübergänger, daß in einem relativ willkürlichen Verfahren der eine mit Zoll belegt und der andere ungeprüft durchgelassen wird.

In den Pfändern selbst lassen sich Traditionen des germanischen Gerichtswesens nachweisen, zugleich auch Reste der »Vadiation«, nämlich einer symbolischen Bürgschaft (Künssberg, S. 48). Der Leiter des Gerichts ruft in der Gerichtsgemeinde die Pfänder auf. Er stellt an einen einzelnen oder an alle Mitspieler die Frage: »Was soll das Pfand in meiner Hand?« Und nun wird, ohne Ansehen der Person, ein Urteil über den Pfandbesitzer gefällt. Das Pfand stellt dabei keinen Wert dar, für dessen Auslösung es lohnen würde, sich der verhängten Strafe zu unterziehen; es symbolisiert nur den Geber, der sich mit der Abgabe des Pfandes im voraus verbürgt hat, die verhängte Strafe zur Auslösung auf sich zu nehmen. Andere Spiele beschäftigen sich mit dem Zins- und Bodenrecht, mit Eherecht, Brautwerbung und Hochzeit, auch mit dem Strafrecht in vielerlei Abwandlungen. Dabei wird zum Teil die Rechtsverletzung in das Spiel mit einbezogen. Es wird ein verbotener Grund betreten, im fremden Garten geerntet oder sonst etwas gestohlen oder auch an der Grenze geschmuggelt. Am bekanntesten ist wohl der Kinderreigen »Machet auf das Tor«, der ebenfalls von einem Diebstahl und seiner Ahndung handelt (Böhme 1897, S. 573 f.).

Auch altertümliche Strafen spielen eine große Rolle, etwa das »Aufhängespiel«, bei dem für jedes falsch geratene Wort ein Strich gezeichnet und schließlich daraus ein Galgen geformt wird. Bei einem schleswig-holsteinischen Pfänderspiel muß der Pfandgeber sagen: »Ik hang, ik hang«, darauf fragen die andern: »Na wem is din Verlang?« Dann nennt er eine Mitspielerin, die ihn mit einem Kuß vom Galgen erlösen kann. Dieses Spiel überliefert offenbar eine mittelalterliche Begnadigungsform, die darin bestand, daß eine Jungfrau den Verurteilten zum Ehemann begehren und ihn damit vom Galgentod erretten konnte.

Auch das Strafrecht der Schule hat vielerlei Niederschlag in Spielen gefunden. Ruten und Pritschenhölzer waren die einfachsten Instrumente körperlicher Strafe, die Rute sogar durch Jahrhunderte das Symbol der »Grammatica« und des Lehramts. Pranger, Schandbank und Schandmütze waren die üblichen Ehrenstrafen, das »Eselreiten« oder auch der aufgesetzte Eselskopf (asinus) sorgten für die Schadenfreude und die Spottlust der anderen Kinder. All das wurde im Spiel wiederholt, und im Schulespielen findet bis heute die Strafe einen breiten Raum.

Es ist bisher noch nicht hinreichend verständlich, warum einzelne Rechtsgüter und Reste einer längst versunkenen Feudalordnung in oft kuriosen Texten und Spielriten ein so langes Leben führen. Einige historische Themen werden festgehalten und durch Jahrhunderte überliefert, andere versinken oder werden durch die Überlieferung so verändert und entstellt, daß sie nicht mehr mit der Ursprungsform in Verbindung gebracht werden können. Wenn man auf Pieter Bruegels köstlichem Wiener Bild (1560) etwa 60 »Kinderspiele« des 16. Jahrhunderts dargestellt findet, oder wenn man die mehr als 200 Spiele identifiziert, die Rabelais seinen Gargantua spielen läßt (1535), oder gar die 629 Spielformen, die Fischart in seiner Geschichtsklitterung (1575/90) aufzuzählen weiß – und die Historiker und Volkskundler haben es sich nicht nehmen lassen, das alles mit großem Fleiß zu entschlüsseln (Hills 1957; Isler 1965) –, so ist man erstaunt über die Traditionsfestigkeit, mit der manche Spiele die Zeiten überdauern. Nicht nur Murmel- und Kreiselspiel, Reifenschlagen und Kegeln, Messerwerfen, Schaukeln, Stelzenlaufen, Bockspringen, Schwingen an Armen und Beinen, sondern auch Regelspiele wie Topfschlagen, Blindekuh, Plumpsack, Reiterkampf, Stehbock-Laufbock und ähnliches sind offenbar vor einem halben Jahrtausend genauso gespielt worden wie heute.

Aber man müßte noch die Gründe für die Beständigkeit und Auswahl aufzufinden suchen – sei es in sozialen Strukturen, die das Kinderspiel in Gang halten und auch in gewandelten politischen Formen wieder festigen; sei es in der seelischen Verfassung der Kinder und in der Thematik, die sie in diesen Spielen antreffen und reproduzieren. Man würde dabei freilich auf noch andere Motive und Deutungs- möglichkeiten des Spiels stoßen, wie sie erst in späteren Ka- piteln entfaltet werden können.

Traditionsspiele im Wandel

Nun haben sich freilich die Lebensverhältnisse der Kinder, vor allem durch den Straßenverkehr und durch die Informa- tions- und Unterhaltungsmedien, in den letzten Jahrzehnten so verändert, daß man zweifeln muß, ob sich die bisherigen Formen des Spiels, des spontanen wie des überlieferten, werden halten können. Räume für das improvisierte Spiel gehen verloren. Die Kinder werden einen zunehmenden Teil des Tages durch den Fernsehschirm unterhalten. Kom- merzielle Spielangebote suchen sich an die Stelle des sponta- nen, gar nichts kostenden Spielens zu setzen. Werden die Straßen- und Spielplatzspiele dadurch ganz verdrängt?

Jüngere Untersuchungen und Lokalerhebungen in Stadt und Land bestätigen allerdings vorerst diese Vermutungen nur zum Teil. Ob in Bremen und Niedersachsen (Cammann 1970), Nürnberg (Lorbe 1971), Berlin (Peesch 1957) oder in schwäbischen Dörfern und Städten (Baader 1979): Überall sehen wir das Kinderspiel vital, einfallsreich, traditionsver- haftet und zugleich neuerungsfreudig im Gange. Und das Bild, das sich in diesen Untersuchungen bis in die siebziger Jahre ergibt, findet sich in ähnlichen Studien aus anderen industrialisierten Ländern wieder: in der gründlichen Be- standsaufnahme über das Kinderspiel in England »Child- ren's Games in Street and Playground« (1969), die Iona und Peter Opie in zwanzigjähriger Arbeit erstellt haben; in den zahlreichen Spielinterpretationen und Untersuchungen amerikanischer Forscher, wie sie insbesondere in dem Band von E. M. Avedon und B. Sutton-Smith »The Study of Games« (1971) festgehalten und ausgewertet sind; in den Beobachtungen, die Jean Château in seinen Studien über

»Das Spiel des Kindes« (1969) angestellt hat; oder schließlich in den Erhebungen von Rivka Eifermann (1971), die das Spiel israelischer Kinder in der Schule, auf der Straße und in den Elternhäusern inventarisieren.

Überall, auch in den Städten der Industriegesellschaft, auch in der Beengung und Kinderfeindlichkeit der modernen Zivilisation, wird gespielt und bricht die Vitalität des Kinderspiels durch alle Restriktionen und Gefährdungen hindurch. Es gibt keine Stadt – so stellen I. und P. Opie fest –, in der die Straßenspiele nicht in Blüte stehen. »Wir haben während 20 Jahren unserer Untersuchungen nicht ein einziges Kind getroffen, das nicht imstande gewesen wäre, uns etwas Interessantes über das Spielen zu erzählen« (vgl. auch Opie 1994). Wenn auch ganze Zweige des Kinderspiels entweder durch äußere Bedingungen unmöglich werden oder durch die Technik und die veränderte Erlebniswelt der Kinder überflüssig, so kann doch noch keine Rede davon sein, daß das Kinderspielen im ganzen gefährdet sei. Gefährdet sind die Kinder, die keinen Spielplatz haben, die sich mitten im Verkehr oder in der Kleinwohnung ihr Spielfeld erkämpfen müssen, oder auch die, welche aus psychischen Gründen den Weg zum Spiel nicht mehr finden. Die Spiele selber aber formieren sich immer aufs neue. Für die zurückgehenden oder aussterbenden Spiele werden andere erfunden, die zu den technischen oder gesellschaftlichen Problemen der Gegenwart in näherer Beziehung stehen. Wenn etwa um die Jahrhundertwende in England die Singspiele einen breiten Raum einnahmen, so stand dies im Zusammenhang mit der Blüte des englischen Volksliedes und der allgemeinen Tendenz jener Zeit, solche Volkskünste auch für die Erwachsenen wieder aufleben zu lassen. Diese Tendenz hat ihre Zeit gehabt, und die Kinder haben hier nur das Urteil vollstreckt, das die Erwachsenen schon gesprochen hatten. So jedenfalls in England, während sich z. B. in Süddeutschland das Kinderlied und die Singspiele sehr viel länger erhalten haben (Lorbe 1971; Baader 1979) und auch heute noch anzutreffen sind.

Freilich stehen heute andere Tendenzen im Vordergrund,

andere Geschehnisse sind wichtiger und augenfälliger als die mittelalterliche Zollbrücke, als Türkenkriege oder Napoleon. Das Spiel bleibt immer offen auch für die unmittelbare Gegenwart. So wurden nach 1918 »Spartakus und Regierung«, im Zweiten Weltkrieg »Bombenangriff« und »brennende Stadt« gespielt. Nach beiden Kriegen gab es Lebensmittelmarken- und Schwarzmarktspiele (Opie 1969). In Berlin hat sich in Anlehnung an ältere Messerspiele (Cammann 1970) ein Spiel »Länder klauen« eingebürgert, in dem ein Stück Land in Sektoren aufgeteilt wird und jeder versuchen muß, seinen Sektor auf Kosten der anderen zu vergrößern (Peesch 1957). »Raketen-Start«, »Baader-Meinhof-Bande«, »Golfkrieg« und »Mafia« sind Themen aus jüngerer Zeit. Zu einem zentralen Spielthema ist heute, wie die Untersuchung von Opie zeigt und wie man es täglich beobachten kann, der Verkehrsunfall geworden, mit heulenden Polizeiautos, Krankenwagen, mit Spurenvermessung und Befragung von Zeugen. Damit wird gewiß nicht nur ein häufiges und interessantes Ereignis in Szene gesetzt, sondern auch der emotionale Akzent deutlich gemacht, der in unserer Zeit auf den Unfallberichten liegt. Der Verkehrsunfall – als Totentanz und Jedermann-Geschichte unserer Zeit – ist im Bewußtsein der Erwachsenen wohl noch stärker gegenwärtig als in dem, was das Kind gelegentlich selber erleben kann; nicht verwunderlich also, daß die Kinder diese Ängste übernehmen und daß sie auf ihre Weise damit fertigzuwerden versuchen. So wie andere öffentliche Ereignisse mit großer gesellschaftlicher Beachtung in das Kinderspiel eingegangen sind – Aufzüge der Faschingscliquen, Hochzeiten und Trauerzeremonien, Prozessionen und Feiern des Kirchenjahres –, so werden heute auch »Demos«, Geiselnahmen oder Polizeiaktionen zum Gegenstand des Kinderspiels.

Um solche Tendenzen und Wandlungen etwas genauer zu erfassen, haben S. Sutton-Smith und B. G. Rosenberg (1961) drei Untersuchungen miteinander verglichen, in denen 1898, 1921 und 1959 die Häufigkeit und Beliebtheit der Kinderspiele erhoben worden sind. Die drei Studien sind natürlich nicht mit den gleichen Methoden oder mit genau vergleichbaren Bevölkerungsgruppen durchgeführt worden; sie werden deshalb auch von den Autoren behutsam interpretiert. Dennoch scheinen sich einige Tendenzen hier deutlich abzuzeichnen: Die Singspiele, die Rate- und Fragespiele, die Paar- und Küßspiele haben in dieser Zeit abgenommen, überhaupt der ganze Umkreis jener Spiele, die traditionellerweise von Mädchen bevorzugt worden sind. Eine weitere Gruppe ist in der Häufigkeit und Beliebtheit etwa gleich geblieben: Nachahmungsspiele, Jagd- und Fangspiele, Spiele mit einer Zentralfigur, die nicht zu große Macht auszuüben hat. Demgegenüber haben die Führerspiele deutlich zugenommen, ferner die Wettbewerbsspiele, Geschicklichkeitsspiele und der organisierte Sport.

Stark gewandelt hat sich offenbar die Vorliebe der Geschlechter: Während die Mädchen einen Teil der überlieferten Mädchenspiele aufgegeben haben und dafür an den Spielen häufiger teilnehmen, die traditionellerweise von Jungen bevorzugt wurden, scheinen die Jungen ihrerseits intoleranter gegenüber Mädchenspielen zu werden und sich auf die stark männlich akzentuierten Spiele zurückzuziehen. Puppenspiel, Kochen, Haushalt, Singspiele, Kreisspiele und ähnliches zeigen eine abnehmende Tendenz. Kampf- und Wettspiele hingegen, Bauen, Schneeballen, Mannschaftsspiele, Boxen, aber auch Spiele von Besitz und Geschicklichkeit wie das Murmelspiel werden heute von beiden Geschlechtern begehrt, von den Jungen aber gern als ihre eigene Domäne beansprucht. Es scheint hier so, als wehrten sich die Jungen gegen die Verwischung der Rollen, während die Mädchen sich gegen die Festlegung ihrer Geschlechtsrolle in mädchenhaften Spielen wehren.

Vielleicht spiegelt sich in dieser Tendenz eine vorwiegende Haltung gegenüber der Geschlechtergleichheit und der Frauenemanzipation. Daß zugleich die Leistungs- und Geschicklichkeitsthematik innerhalb der Spiele zunimmt und das Wettbewerbsprinzip eine größere Zahl von Spielen in Anspruch zu nehmen scheint, könnte ebenfalls bestimmte Gesamttendenzen unseres gesellschaftlichen Lebens kennzeichnen und von ihnen hergeleitet werden. Auch ein weiteres Moment, das die Untersuchung von Sutton-Smith und Rosenberg herausgehoben hat, verdient in diesem Zusammenhang unsere Aufmerksamkeit: Die Spiele scheinen sich innerhalb dieser zwei Generationen deutlich zu entformalisieren. Spiele spontaner Organisation und improvisierte Rollenverteilung nehmen ebenso deutlich zu. Auch diese Tendenz könnte im Zusammenhang mit gesellschaftlichen Entwicklungen verstanden werden: Die formalisierten Lebenssituationen, in denen also das Handeln durch einen strengen Ablauf, durch eine vorgegebene Ordnung, durch Sitten und Verhaltensvorschriften festgelegt ist, gehen in unserem Lebensalltag deutlich zurück. Die formlose Geselligkeit ist zumindest für die Freizeit der Erwachsenen, die den Kindern besser sichtbar ist als die Berufswelt, bestimmend geworden.

So stehen die Wandlungen im Spiel der Kinder in einem einleuchtenden Zusammenhang mit Wandlungen des gesellschaftlichen Lebens. Sie verarbeiten diesen geschichtlichen Wandel allerdings auf ihre Weise, und nicht so, daß man sie schon aus jenen gesellschaftlichen Tendenzen voraussagen könnte.

Man mag einwenden, daß im Schul- und Medienzeitalter auch die Traditionen davon abhängen, ob sie durch den Traditionalismus unserer Lehranstalten und durch die Mittel der Publizistik aufrechterhalten oder auch geradezu wieder eingeführt werden. Für manche Spiele läßt sich jedoch nachweisen, daß sie nur bedingt von solchen Trägern abhängig sind. Gewiß haben die Kindergärten und deren Lehr- und Hilfsbücher einen wesentlichen Anteil an der Überlieferung der Kreis- und Singspiele. Und auch die Liederbücher der Schule enthalten einen weiteren Teil dieses Bestands. Vergleicht man ihn aber mit dem Gesamtbestand der Spiele, so sind mehr als die Hälfte (nach Baader 57 %) in den Hilfsbüchern der Pädagogen nicht zu finden. Und eine Befragung der Kindergärtnerinnen und Lehrer zeigt, daß die anderen, nicht gelehrten Singspiele den Erwachsenen gar nicht bekannt sind. Es sind Lieder mit Heirats- und Werbemotiven, mit sexuellen Anspielungen oder aggressiven Zügen, oft auch mit Themen aus der Schlagerwelt oder der Boulevardpresse. Da ist vom Massenmörder Haarmann die Rede oder von Zarah Leander, da wartet am »Braunschweiger Bahnhof« oder »unter der Laterne« ein Mädchen, »gepudert wie noch nie«. Da werden meist in halbverstandenen, verballhornten Versen Liebes-, Ehe- und Betrugsgeschichten erzählt. Schon von den Volkskundlern sind diese Lieder und Spiele nicht recht anerkannt; von den Erziehenden werden sie meist überhört oder unterdrückt.

Offenbart sich darin vielleicht etwas von der eigentlichen Kraft des Spielens und von der Entschiedenheit der Kinder, ihre eigene Kultur und spielende Weltdeutung zu erhalten? Hier scheint der Gegenstand der Volkskunde, der sonst bis in jeden Winkel hinein von Fremdenverkehrs- und Heimatvereinsbedürfnissen ausgebeutet und damit seiner Eigenart und Unschuld beraubt ist, noch unverfälscht lebendig: in den Kinderspielen und Kinderversen, und zwar gerade in denen, die *nicht* in die Kindergärten, Schulen und Rundfunksendungen Eingang gefunden haben.

In diesen Zeugnissen die selbständige und kritische Kraft der Kinder zu sehen und damit eine Art Anti-Volkskunde des Kinderverses und der Versspiele zu schreiben, hat Peter Rühmkorf (1967; ähnlich Borneman 1980/81) versucht. Er sieht in dem drastischen, affektvollen und banal-aktuellen Kindervers das »Volksvermögen« am Werke. Er zeigt, wie sich in diesen Versen die Kinder gegen die Erwachsenen wehren, Respektspersonen verunglimpfen, wie sie das Hohle und Phrasenhafte entlarven, die Reklame verhöhnen, wie sie spotten und provozieren, analen Vergnügungen mit Worten frönen und sich auf die Sphäre des Sexuellen einen Vers zu machen suchen.

Der aufbegehrende oder unanständige Kindervers verträgt aber eine Verklärung als ursprüngliches »Volksvermögen« ebensowenig wie der märchenhafte Ringelreihn. Die notwendige Korrektur und Ergänzung der andächtigen und womöglich volkstümelnden Brauchtumsforschung (vgl. Bausinger 1972) läuft selbst wieder Gefahr, zuviel Weisheit im Kindermund zu suchen und Äußerungen mit psychologischem und politischem Tiefsinn zu befrachten, die eben nichts anderes bezeugen als banales oder auch kreatives, einfaches oder kompliziertes, tradiertes und immer neu erfundenes Kinderspiel.

Untersuchungen über das Spielmilieu

Schon die eben geschilderten Entwicklungen im geschichtlichen und gesellschaftlichen Wandel zeigen, wie die Spielthematik von solchen Faktoren abhängig ist, die in der Umgebung des Kindes wirksam sind. Mit der Einsicht in die epochalen Veränderungen hat man zwar etwas über die Spielsituation heutiger Kinder dazugelernt. Aber man hat noch keine Antwort auf die Frage bekommen, die den Erzieher in erster Linie interessieren muß: Wie sich ein günstiges von einem ungünstigen Spielmilieu unterscheidet und mit welchen Kategorien sich überhaupt kindliche Tätigkeit in verschiedenen Situationen erfassen läßt.

Als Beispiele für solche Milieustudien unter pädagogischer Fragestellung können uns die Untersuchungen dienen, die Fritz Redl mit seinen Mitarbeitern in seinen berühmten Sommerlagern – University of Michigan Fresh Air Camps (Redl 1971) – angestellt hat. Hier galt es zunächst einmal, Situationen der kindlichen Aktivität besser kennenzulernen und festzustellen, was bestimmte Spiel- oder Beschäftigungsangebote für die Kinder bedeuten und wie sie deren Aktivität strukturieren und beeinflussen.

In gut überschaubaren und kontrastierenden Situationen wurden zunächst die sozialen Kontakte der Kinder beobachtet und in einfache Kategorien aufgeschlüsselt (Gump/Sutton-Smith 1955). Innerhalb der sozialen Aktivitäten wurde unterschieden: 1) gemeinsame Sache machen, 2) sich gegenseitig helfen, 3) die Aufmerksamkeit des anderen suchen, 4) gemeinsame Tätigkeiten blockieren, 5) entschiedene Forderungen an den anderen stellen, 6) den anderen tätlich angreifen. Als konträre Situationen wurden einerseits ge-

meinsames *Basteln* in der Werkstatt, andererseits gemeinsames *Baden* im Schwimmbad gewählt. Beide Aktivitäten
wurden systematisch beobachtet und die geschehenen Interaktionen durch getrennte Beobachter den genannten sechs
Kategorien zugeordnet. Es zeigte sich dabei, daß die Werk-
statt-Tätigkeit nicht nur Sorgfalt und genaue Zusammenarbeit erfordert, sondern sie auch in viel höherem Maße als
andere Situationen selbst hervorbringt. Die Kinder sind
dabei auf die eigene Aufgabe konzentriert, ihre Zusammenarbeit beschränkt sich auf das sachlich Notwendige. Sie
bleiben in dieser Tätigkeit weithin auf die Erziehenden angewiesen, weil sie die Sache besser können und über Schwierigkeiten hinweghelfen. Die Situation der *Lehre* und der
Abhängigkeit bestimmt die Sozialkontakte im Untersu-
chungsfeld.

Ein völlig anderes Sozialklima beherrscht die Szene im
Schwimmbad. Es ist viel unmittelbarer durch die *Vital-
sphäre* und durch ein hohes Maß *sozialen Austauschs* bestimmt. Die Kinder stellen ihr Können oder auch einfach
ihren Körper dar, erheischen Aufmerksamkeit, greifen sich
an, tunken oder behindern sich. Kaum eines übt vor sich
hin, fast alle sind nach außen gewendet, miteinander beschäftigt, sozial gewissermaßen entfesselt. Um die Erzieher
kümmern sie sich kaum und sind ihrer offenbar nicht bedürftig. Hier erzeugt also das Angebot, und zwar ohne Rücksicht auf die Mentalität oder die subjektiven Neigungen der
Kinder, ganz verschiedene Sozialklimata: ein abhängig-
konzentriertes, lernbestimmtes und ein robust-vitales, so-
zial-aktives. Beide Formen der Aktivität haben ihren Sinn,
beide sind für die Kindesentwicklung bedeutsam. Nur lassen
sie sich nicht durch einander ersetzen oder mit Lehrformen
oder Sozialansprüchen füllen, die ihrer eigenen Richtung
zuwiderlaufen.

Aus einer Reihe anderer Untersuchungen derselben For-
schungsgruppe sei hier noch eine weitere Studie hervorgehoben, die sehr viel gründlicher das Spieldetail analysiert
und damit auch der Frage der Qualität des Spielens näher
kommt (Gump/Schoggen/Redl 1963). Darin versuchen die

Autoren, nahezu vollständig den Bestand der Aktivitäten eines Kindes im Laufe zweier Tage aufzunehmen und dabei einen normalen Tag, den das Kind in seinem Milieu verbringt, mit einem Tag in einem der genannten Sommerlager zu vergleichen. Das Thema und die Bedeutung dieser Untersuchung reichen über die Spielforschung weit hinaus, nämlich zu der Frage hin, wie überhaupt ein günstiges Milieu beschaffen sein muß, wie der familiäre Alltag aus der Perspektive eines Kindes beurteilt werden kann und wie man von der Aufgabe eines Heims, einer therapeutischen Einheit oder eines Ferienlagers her Kriterien für die Gestaltung des Milieus gewinnt.

Die Methode der Untersuchung ist hier nur anzudeuten. Sie bestand in teilnehmender Beobachtung, in der jede »Episode« festgehalten wurde, d. h. jede Verhaltenseinheit, die durch eine bestimmte Zielrichtung des Verhaltens gekennzeichnet ist. Von solchen Episoden wurden im Laufe des Tages über tausend sowohl nach ihrer Richtung als auch nach ihrer Dauer vermerkt.

Die grobe Auszählung erbrachte noch keine großen Unterschiede. *Im Lager* wurden bei dem beobachteten neunjährigen Jungen Wally 1054, *zu Hause* 1016 »Episoden« gezählt. Im Lager ließen sich davon 284, zu Hause 307 als »Spiel« oder Unterhaltung klassifizieren. Sie nahmen im Lager 497 Minuten oder 43%, zu Hause 633 Minuten oder 56% des Tages in Anspruch.

Erst die qualitative Analyse bringt die große Verschiedenheit des einen und des anderen Ablaufs zutage. Die ausgedehnteste Unterhaltungsform stellt *zu Hause* das Fernsehen dar, oft verbunden mit kleinen Spielereien und Handbeschäftigungen, in denen sich der Aktivitätsmangel bei gleichzeitiger Reizaufnahme eine Art nervöser Abfuhr schafft. Ungezieltes Toben hat offenbar eine ähnliche Funktion und gehört nur zu Hause zu den spontanen Bedürfnissen. Daneben spielen die Karten- und Würfelspiele und andere Regelspiele zu Hause eine wesentliche Rolle. Im *Lager* überwiegen eindeutig die Erkundungs- und Rollenspiele, die Bau- und Konstruktionsbeschäftigungen, der unorganisierte Sport – also Formen der Aktivität, die eine Kinder ansprechende, nicht vorgeformte Gestaltung ermöglichen, die ihre Neugier befriedigen und ihre eigene Phantasie in Szene setzen. Der Alltag im Ferienlager ist viel stärker nach den Bedürfnissen der Kinder selber organisiert. Er läßt nicht, wie das Fernsehen oder auch das Herumstreifen im öffentlichen, mit Vorschriften beschilderten Park wesentliche Aktivitäts- oder Erkundungsbedürfnisse der Kinder unbefriedigt. Zu denken gibt besonders, daß die Wettbewerbs- und Glücksspiele, die im Lager nicht ausdrücklich angeboten wurden, ebenso wie das dort fehlende Fernsehen den Kindern ohne weiteres entbehrlich sind, wenn genügend Möglichkeiten für eigene Aktivitäten zur Verfügung stehen.

Die Analyse der Sozialbeziehungen in diesen beiden Milieus ergab, daß die Kinder, wenn ihnen Gelegenheit dazu geboten wird, offenbar gern mit Erwachsenen zusammen spielen und tätig sind, insbesondere, wenn nicht bestimmte Rollen und Abhängigkeiten festgelegt, sondern partnerschaftliche Sozialbeziehungen angeboten werden. Auch in den Beziehungen der Kinder untereinander ist die Entlastung von relativ gleichförmigen Herrschafts- oder Rivalitätsproblemen, wie sie für die Geschwister in der Familie kennzeichnend sind, deutlich zu spüren. Das sind zum Teil natürlich Wirkungen der ohnehin entlastenden Feriensituation, zum Teil auch Möglichkeiten des Lagerlebens, für die vermutlich die untersuchte Altersstufe besonders empfänglich ist.

Ein günstiges Erziehungsmilieu wird von einer Anzahl wichtiger Faktoren bestimmt, über die es zwar mancherlei Erfahrungen gibt, die aber im ganzen noch nicht genau erforscht und beschrieben sind. Wichtig sind zweifellos das Erzieherverhalten und die Erziehungsstile, wie sie von der psychologischen Interaktionsforschung ergründet werden. Aber sie stellen nur eine Richtung oder Beziehung dar in dem Gesamtfeld der Kräfte und Einflüsse, die das seelische Geschehen bestimmen und die Aktivität und Entwicklungsmöglichkeit des Kindes herausfordern oder hemmen. *Kurt*

Lewin (1931) hat versucht, dieses Feld im ganzen in Modellen darzustellen und einzelne Feldkräfte auch in genaueren Analysen zu bestimmen. Die Berichte über die Kindestätigkeit und die Beobachtung der seelischen Verfassung des Kindes in diesen verschiedenen Aktivitäten, wie sie in den genannten Untersuchungen angebahnt wird, stellen erste Beiträge zu einer Kinderforschung dar, die eine spätere Generation unter den Begriffen »Ökologie« oder »ökologische Psychologie« bearbeitet hat. Ihre Fragen sollen unten, im Kapitel 6 dieses Buches, aufgenommen werden. Vorher aber gilt es, weitere Positionen der Spielforschung im 20. Jahrhundert darzustellen, beginnend mit solchen aus der Entwicklungs- und Kognitionspsychologie.

3 Entwicklungspsychologie und Lernforschung

Spielen als eine Form des Lernens

Schon die klassischen Spieltheorien hatten eine Reihe von lerntheoretischen Aussagen gemacht, jedoch mehr in der Form von Vermutung oder spekulativer Behauptung. Als die empirisch orientierte Lernpsychologie sich des Themas Spiel annahm, lag ihr vordergründiges Ziel darin, die klassischen Theorien zu widerlegen und die Spielphänomene als lerntheoretisch beschreibbare Akte zu erklären. »Spiel« sei ein außerwissenschaftlicher Begriff; er fasse verschiedenartige Verhaltensformen zusammen, die sich durchaus in anderen, präziseren Begriffen bezeichnen und ordnen lassen. Die Psychologie könne somit auf diesen Begriff überhaupt verzichten. »Die Tatsachen, die unter dem Begriff ›Spiel‹ subsumiert werden, lassen sich wesentlich besser mit den spezifisch lerntheoretischen Begriffen, also Reiz und Reaktion (stimulus-response) erfassen«, ohne daß dabei etwas Besonderes für die wissenschaftliche Beschreibung und kausale Erklärung verlorenginge, so resümiert z. B. Harold Schlosberg (1947) seine Kritik. Die phänomenologische Methode – d. h. eben die Beschreibung von Spielerscheinungen, mit der die klassischen Theorien vorwiegend gearbeitet hatten – ist aus dieser Sicht vorwissenschaftlicher Natur. Zu ihrer Überwindung hat F. A. Beach (1945) ein ganzes Forschungsprogramm entwickelt, mit dessen Hilfe erst festgestellt werden müsse, wo im Spielen Lernprozesse, wo Imitationsvorgänge, wo Sozialreaktionen, wo noch andere, bisher nicht entdeckte Kausalitäten oder Verhaltenszusammenhänge aufzufinden seien. Aber auch wo man sich nicht auf ein einfaches lerntheoretisches Modell beschränkt, wird in der amerikanischen Forschung der vierziger und fünfziger Jahre das Spiel als eine Kategorie wissenschaftlich faßbarer Handlungen in Frage gestellt.

Aber die Lernpsychologie hat sich selber in jüngerer Zeit

sehr verändert und ist von den einfachen theoretischen Schemata, welche in der genannten Generation von Lernforschern herrschten, abgerückt (vgl. Hilgard/Bower 1970; Berlyne 1974; Rubin u. a. 1983). Das Reiz-Reaktions-Schema, die Belohnungs- oder Verstärkungslehre, die Tendenz des Organismus zum Ausgleich seiner Bedürfnisspannungen werden als nicht mehr hinreichend angesehen, um die Lernvorgänge zu erklären. Die *Motivation* des Lernens rückt an eine zentrale Stelle der Forschung. Die *Lernhemmungen* und andere psychodynamische Probleme werden untersucht. Das *Neugierverhalten* als ein Hauptphänomen gerade des frühkindlichen Lern- und Spieleifers wird erforscht. Schließlich findet der *soziale Zusammenhang* von Lernverhalten und Lernbereitschaft zunehmendes Interesse: Ein gewisser Stil des Lernens, der in unserer technologischen und wettbewerbsorientierten Gesellschaft sehr wirksam ist, erweist sich, wenn nicht geradezu als mittelständisches Phänomen, so doch offensichtlich an Zusammenhänge gebunden, die in bestimmten Soziallagen außerordentlich verstärkt, in anderen gering geachtet werden.

Spiel und Exploration

Mit dem Erkundungs- oder Explorationsverhalten von Kindern und von hoch organisierten Tieren haben sich insbesondere russische Verhaltensforscher beschäftigt. I. P. Pawlow ging dabei aus von der Beobachtung, daß alles Neue zunächst die Aufmerksamkeit des Organismus erregen kann. Gegenüber einem neuen Ereignis hinreichender Auffälligkeit unterbricht das Tier seine Tätigkeit oder seine Bewegung, richtet sich ganz auf Erkundung des Neuen, auf die Richtung des neuen Reizes. Pawlow nannte dieses Verhalten den Forschungskomplex oder »Was-ist-das?«-Reflex; aus der englischsprachigen Wissenschaft hat sich der Begriff »Orientierungsreflex« durchgesetzt. Russische und amerikanische Forscher haben diesen Orientierungsreflex gründlich ausgelotet. Bei den Tieren nimmt die reflexartige

Orientierung über das Neue ab, wenn sich dieses Neue als nicht lebenswichtig für das Tier erweist. Die anfängliche Neugier allem sinnlich Erfahrenen gegenüber, das deutlich in den Lebenskreis des Tieres eintritt, erlischt dann also, und die Neugier flaut ab. Das neue Ereignis hat keinen Bedeutungston, wenn ihm nicht ein solcher ausdrücklich verliehen wird. Auf diesen ursprünglichen Orientierungsreflex führen neuere russische Forscher das Spiel- und Explorationsverhalten zurück. Spielen und Explorieren gehören in diesen Untersuchungen eng zusammen (Millar 1973). Das Explorieren, dem beim Tier bestimmte Grenzen gesetzt sind, nämlich solche der Einordnung des Neuen in seinen Lebenszusammenhang, läßt sich durch Erweiterung dieses Lebenszusammenhangs, durch Verknüpfung von neuen Gegenständen oder Handlungen mit solchen, die für das Tier eine Bedeutung haben, also durch Lern- und Gewöhnungsprozesse, sehr ausdehnen.

Von diesem Zusammenhang gehen zunächst auch amerikanische Untersuchungen über das Explorationsverhalten kleiner Kinder aus. Spielen und Explorieren gehören offensichtlich eng zusammen, beides sind aus sich selbst heraus motivierte Aktivitäten. Beides liegt in der Nähe oder jedenfalls in einer hohen Korrelation zur allgemeinen Informationssuche, zu einem generellen Neuigkeitsbedürfnis des kindlichen Organismus.

Neue Gegenstände im Lebensraum des Kindes – Bauklötze oder anderes Spielmaterial, Farben oder Töne – erregen unmittelbar die Neugier, d. h. die Erkundungs- und Betätigungsbereitschaft des Kindes. Je mehr Verschiedenes man mit einem Gegenstand tun kann, wenn man ihn etwa abtasten, verändern, bewegen, neu kombinieren kann, um so höher ist das Reaktionsniveau des Kindes. Neben der Neuigkeit fördern also andere Merkmale die Explorations- und Spielbereitschaft: die Unbestimmtheit des Gegenstands, die Möglichkeit, Überraschung auszulösen, die Komplexität oder Verwickeltheit, die Möglichkeit, Konflikte in Gang zu setzen (Berlyne 1969; Herron/Sutton-Smith 1971). Wenn sich jedoch keine neuen Tätigkeitsweisen oder Kombinationsmöglichkeiten mit dem Gegenstand mehr ergeben, so flaut das Interesse bald ab – das ist den Erziehern besonders bei solchem mechanischen Spielzeug, das auf *einen* Ablauf festgelegt ist, seit langem bekannt. Wie andere Explorationssysteme kann das spontane Spiel- oder Erkundungsverhalten durch »Verstärkungen« sehr gesteigert oder gemindert werden. Während bei Tieren ziemlich eindeutig festgelegt ist, was für sie eine Bedeutung hat und an welche Instinkte, z. B. in der Dressur, angeknüpft werden muß, ist beim Kind das Spontaninteresse durch seine Sozialumgebung vielfältig formbar: durch das Interesse der Eltern oder Erzieher, durch ihr Mitspielen, durch die Gemeinschaft der Altersgenossen und so fort.

Die Versuchung liegt nun nahe, insgesamt die Verhaltensweisen, die nicht durch andere biologische Funktionen erklärt werden können, als Spiel *oder* als Exploration zu bezeichnen. Berlyne spricht vom spielerischen Verhalten (ludic behavior) und meint damit »jegliches Verhalten, das keine für uns klar erkennbare biologische Funktion hat« (1974, S. 24).

Barnett (1963) definiert ähnlich, vom explorativen Verhalten ausgehend: »any behavior which tends to increase the rate of change in the stimulation ... which is not impelled by homeostatic or reproductive need« (nach Herron/Sutton-Smith 1971, S. 232). Solche pauschalen Definitionen bekommen freilich das Spezifische des Spielens noch nicht in den Blick.

Einen erfolgreichen Versuch, »Spielen« und »Erkunden/Explorieren« voneinander zu unterscheiden, hat Corinne Hutt (1966) unternommen und mit einer empirischen Versuchsreihe begleitet. Die charakteristischen Züge des Erkundungsverhaltens sind, so betont sie, in der Verhaltensbiologie hinreichend genau beschrieben. Unbekannte Gegenstände werden beschnuppert, betrachtet, betastet, benagt oder anders ausprobiert. Neue Situationen werden exploriert und versuchsweise angeeignet, wobei die Grenzen dessen, was sie als »neu« bemerken, für die verschiedenen Tierarten sehr verschieden gezogen sind.

Bei Kindern ist das, was sie als Neues wahrnehmen, schwer vorauszusehen. Eine große Bedeutung hat für sie offenbar das Sicherheitsgefühl: Sie sind zum Explorieren und zum Spielen vor allem dann bereit, wenn sie sich, z. B. durch Anwesenheit der Mutter oder durch Vertrautheit der Umgebung, geborgen wissen. Schon das krabbelnde Kind kehrt auf Erkundungszügen durch Zimmer und Wohnung zwischendurch immer wieder zurück oder versichert sich durch Blickkontakte, daß die Ausgangswelt noch in Ordnung ist – wobei Temperament und Neugier von früh auf natürlich individuell verschieden sind. In der Versuchsreihe von Corinne Hutt waren die Kinder deutlich bereiter, Neues zu erkunden, wenn vertraute Erwachsene zugegen waren; und das Neugier- und Erkundungsverhalten war dann am ausgeprägtesten, wenn sie in einer an sich vertrauten Umgebung einen neuen Gegenstand fanden. Der neue Gegenstand oder die neue Teilsituation interessieren als solche, und zwar so lange, wie die Neuheitserfahrung anhält. Berlyne spricht hier von »specific exploration«, also von spezifischer, auf dieses Objekt und seine Erkundung gerichteter Explorationstätigkeit.

Davon unterscheidet er eine »diversive exploration«, eine allgemeine, unspezifische Erkundungstätigkeit, durch die neue Felder angeschaut und geprüft, neue Anwendungsmöglichkeiten von Gegenständen ausprobiert, neue Zusammenhänge hergestellt werden – Tätigkeiten also, die offensichtlich auch im Spiel ihren Platz haben. Dennoch will Hutt das Spielen nicht einfach den explorativen Tätigkeiten eingeordnet sehen. Gespielt wird mehr im »entspannten Feld« (Bally 1945), in breiter, vielseitiger Aufmerksamkeit, während Exploration in einem davon unterscheidbaren, neugierbestimmten Erkunden und Probieren besteht, das von Aufmerksamkeitsspannungen begleitet ist.

In der Versuchsreihe von Corinne Hutt zeigte sich, daß bei neuen Gegenständen und in neuen Situationen eine explorative Phase, die der Aneignung des Neuen dient, nach einiger Zeit, wenn das Kind mit dem Neuen vertrauter ist, abgelöst wird durch eine Phase des Spielens. Der Gegenstand wird in irgendwelchen seiner Funktionen und Möglichkeiten in das Spiel, das auf einen weiteren Umkreis von Gegenständen ausgedehnt ist, mit eingebaut. Die explorative Kurve hat einen steilen Anstieg und fällt langsamer ab, wenn der Gegenstand vertraut geworden ist; die Kurve der Spielaktivität jedoch steigt an und zeigt einen flacheren, stetigeren Verlauf. Gewiß erschöpfen sich auch Spiele, aber sie können auch durch lange Zeit, durch Auf und Ab fortgesetzt werden, während die Exploration nur so lange anhält, als der Gegenstand neuen Stoff bietet. Wenn wir den psychophysischen Organismus als einen solchen ansehen, in dem ausgeglichenere, entspanntere homöostatische Zustände die Voraussetzung sind für »anamorphische«, d. h. solche des Wachstums, des Lernens, der Erweiterung und Zunahme, so gehört das Spiel, nach diesen Untersuchungen von Hutt, mehr auf die homöostatische Seite ausgleichender Tätigkeit, die Exploration mehr auf die Seite des Lernens. Selbstverständlich kann auch beides miteinander auftreten. Dann wird in der Regel die steile Kurve der Exploration, des ersten Kennenlernens, von der flacheren Kurve oder der Sinus-Linie des Spielens abgelöst.

Spiel und kognitive Entwicklung

An den Fragen der kognitiven Entwicklung und Frühförderung hat sich die jüngere Vorschuldebatte entzündet. Die kognitive Förderung an die Stelle des Spielens zu setzen war, jedenfalls in einer ersten Phase der Diskussion, erklärte Absicht eines Teils der Reformer. Wie ist das Verhältnis von Lernen und Spielen genauer zu fassen, und was macht das Überwiegen der Bedeutung der Spielprozesse auch im Bereich der kognitiven Entwicklung wahrscheinlich?

Wir folgen hier den Untersuchungen von J. Nina Lieberman (1965) und Brian Sutton-Smith (1967). Lieberman hat sich vor allem mit dem Zusammenhang der Spielhaltung von Kindern, mit ihrer Kreativität, ihrer Erfindungsgabe und

Kombinationsfähigkeit befaßt. Dabei geht sie aus von der bekannten Tatsache, daß Kinder in sehr verschiedenem Maße bereit und auch befähigt sind zu spielen. Sie hat dafür den Begriff »playfulness« (Spiellust, Spielbegeisterung) eingeführt und durch eine Analyse folgende Momente als charakteristisch herausgestellt:

1. die Anzahl der kindlichen spontanen Bewegungen und Aktivitäten während des Spiels (Hüpfen, Springen, Rüttelbewegung eines Teils oder des ganzen Körpers als Zeichen einer lustvoll-intensiven Beteiligung);

2. die Anzahl der Freudenäußerungen während der Spieltätigkeit (Ausrufe: »das macht Spaß«, Singsang, Lachen und andere klare Vergnügensbezeugungen);

3. die Anzahl der Zeichen von Humor während des Spiels (Sprachspiele, Reime, Ironie, Überraschungen im Arrangement);

4. die Anzahl der Zeichen von Flexibilität im Austausch mit der umgebenden Gruppe (Veränderung oder Wechsel der Gruppe, Teilnahme und Entfernung auf der Grundlage von Meinungsaustausch, d. h. ohne beleidigte oder aggressive Reaktion usw.).

Nachdem auf diese Weise »playfulness« einigermaßen genau bestimmt war, wurde ihr Zusammenhang mit einer Reihe von kreativen Aufgaben untersucht. Kinder mit mehr Spielbereitschaft zeigten sich eindeutig auch bei Kreativaufgaben als fähiger: bei bestimmten Vorschlägen zur Veränderung des Spiels, beim Finden von Titeln für illustrierte Testgeschichten, bei der Aufzählung von ungewöhnlichen Tieren oder Speisen und bei anderen Aufgaben aus der Reihe der Kreativitätsuntersuchungen. Allerdings haben »playfulness« und Kreativität einen stärkeren statistischen Zusammenhang mit der Intelligenz als untereinander, so daß die Untersuchungen Liebermans zunächst noch die Deutung offen lassen, der gemeinsame Intelligenzfaktor sei für die Verbindung ausschlaggebend.

Dennoch ist die Auseinandersetzung mit dem Spielverhalten eine der Grundlagen für die Kreativitätsforschung geworden. Wallach und Kogan (1965) haben sich in ihren

Untersuchungen gerade für *den* Typus von Kreativität interessiert, der nicht von Intelligenz abhängig ist, ja nicht unbedingt mit Intelligenz zusammen auftritt (Mutschler 1969). Denn Test-Intelligenz hängt offenbar auch mit der Fähigkeit zusammen, die Testsituation mit ihrem besonderen Klima und ihrer psychischen Belastung zu meistern. Die Definition von Intelligenz, die allen üblichen Intelligenzprüfungen zugrunde liegt, umfaßt also beides: einmal die intelligente Kombinationsfähigkeit selber, zum andern die Fähigkeit, diese Intelligenz in den Testsituationen auch einsetzen zu können.

Wallach und Kogan haben sich mit dem Problem beschäftigt, wie man aus diesem Anforderungssystem herauskommen kann, ohne durch den Untersuchungsvorgang selber die Kinder wieder weitgehend dem gleichen Anforderungstypus zu unterwerfen, der ihnen in den Intelligenztests gegenübersteht (vgl. Sutton-Smith 1967, S. 253). Die Versuchsleiter wurden als Besucher eingeführt, die Interesse für Kinderspiele hätten, und verbrachten zunächst einige Wochen mit den Kindern ohne Testtätigkeit, mit bloßer Beobachtung und Teilnahme am Spiel. Sie konnten dann ihre Tests in einer gelockerten und druckfreien Atmosphäre durchführen und versuchten ausdrücklich, die Testaufgaben ganz in die Spielhandlung der Kinder einzufügen. Dabei ergaben sich teilweise sehr hohe Kreativitätswerte, die auch von den Intelligenzwerten weit abwichen. Der hohe statistische Zusammenhang von Kreativität und »playfulness« wurde damit als ein Eigenwert, der nicht von dem gemeinsamen Intelligenzfaktor abhängig ist, bestätigt und damit die Liebermansche Hypothese gestützt.

Ein eigener Versuch Sutton-Smiths (1967) ging der Frage nach: Steht den spielintensiven Kindern auf der Basis des Spielens, also nachweislich durch seinen Einfluß und aufgrund der dort gewonnenen Erfahrungen, ein größeres Handlungsrepertoire zur Verfügung als Kindern, die entsprechende Spiele nicht getrieben haben? Und welcher Teil der kindlichen Handlungsfähigkeit wird durch das Spielen tatsächlich erweitert? Die Versuchsanordnung beruht darauf, daß die Vertrautheit mit dem Gegenstand und die intellektuelle Fähigkeit bei den Kindern, die zu dem Versuch herangezogen wurden, etwa gleich sein sollten, die praktische Spielerfahrung jedoch verschieden. Gewählt wurden deshalb Spielmittel, die durch die geschlechtsübliche Bevorzugung einen sehr verschiedenen Erfahrungswert für die einzelnen Kinder hatten. Es wurde die Vertrautheit mit bestimmten Handlungssituationen und die Vorstellung davon abgefragt, was man mit diesen Spielzeugen anfangen könne. Das geschah mit Hilfe des Blinder-Mann-Spiels (blind game). Der fingierte blinde Mann läßt sich zunächst von dem Kind das Spielzeug beschreiben. Sodann läßt sich der blinde Mann erzählen, was man alles mit diesem Spielzeug anfangen kann – wobei in einer möglichst entspannten Atmosphäre, auch mit Zwischenspiel oder Zwischenäußerungen, gefragt wird. In dieser Untersuchung wurden bis zu 72 Antworten über die Verwendungsfähigkeit des Spiels gegeben. In der detaillierten Beschreibung des Spielzeugs selbst, die die Kinder auf diese Weise gaben, bestand kein Unterschied zwischen Mädchen und Buben: Beide kannten beide Arten von Spielzeug gut und konnten sie genau schildern. In der Beschreibung der Anwendungsbereiche, des Spielzeuggebrauchs, waren jedoch deutliche Abweichungen zugunsten der Spielzeuge, mit denen das jeweilige Geschlecht besser vertraut war, zu registrieren. Die Mädchen wußten sehr viel mehr Anwendungen von Puppen und Geschirr, die Buben sehr viel mehr Anwendungen von Bausteinen und Fahrzeugen zu nennen. Der Reichtum der Aussagen ließ sich jeweils nicht mit der gemessenen Intelligenz der Kinder in Zusammenhang bringen. Zwar sind Handlungs*phantasie*, die allein hier abgefragt wird, und Handlungs*vermögen* nicht das gleiche. Die direkte Spielbeobachtung würde aber, so darf man mit Sutton-Smith annehmen, zu ebenso deutlichen Resultaten führen.

Dieser Versuch bestätigt die Vermutung, daß durch reiches Spielen und durch die große Zahl der Möglichkeiten, die dem Kind dabei entweder selber einfallen oder von anderen Kindern und auch von Erwachsenen zugespielt werden, einfach das Gesamt-Repertoire größer wird. Durch reiches Spielen haben nicht die rein kognitiven Funktionen gewonnen: Die Beschreibung der Spielgegenstände wich in den beiden Gruppen nicht voneinander ab. Wohl aber haben Kreativität und Flexibilität im Hinblick auf die Anwendungsbereiche erheblich zugenommen, womit sich allerdings auch neue Kombinationsmöglichkeiten im kognitiven Feld ergeben. Spielen wäre in diesem Sinne nicht in erster Linie Training der Erkenntnis, sondern Ausweitung der Handlungsmöglichkeiten. Es stellt vor allem einen großen Variationsreichtum möglichen Verhaltens und möglicher Reaktionen zur Verfügung. Dadurch kann die Handlungssicherheit zunehmen, das Vertrauen in die Verfügbarkeit der Gegenstände wachsen; es werden Situationen geläufig, in denen man sich zurechtfinden, auf die man reagieren und in denen man handeln kann. Auch von da aus hängt also reiches Spielen unmittelbar zusammen mit sogenannter »Kreativität«, also mit der Fähigkeit, nicht bloß eingleisig zu fahren, sondern eine Vielfalt von Einfällen hervorzubringen und Möglichkeiten auszuprobieren.

Es spricht also manches dafür, daß Spielen und kognitive Entwicklung in einem Funktionszusammenhang stehen. Aber die Beziehung ist gewiß eine lockere. Das Spiel ist, ebenso wie andere Formen expressiven Verhaltens (Lachen, Humor, Kunst) nicht in eigentlichem Sinne für andere Funktionen zu vereinnahmen. Es bildet eine eigene Größe, die nicht ohne weiteres in der kognitiven Entwicklung aufgeht. Die expressiven Verhaltensweisen aber bringen einen Überfluß auch an kognitiven Möglichkeiten mit sich. Sie bieten eine Fülle fiktiver Situationen und durchgespielter Varianten, die für die kreativen Fähigkeiten dann zur Verfügung stehen. Man kann sich kein zutreffendes Bild von der Entwicklung der kindlichen Intelligenz und der Handlungsmöglichkeiten des Kindes machen, ohne das Spiel als einen wesentlichen Faktor wahrzunehmen und als Hintergrund und Ausdrucksform der kognitiven Entwicklung gründlicher kennenzulernen.

In diesem Zusammenhang läßt sich das große System der Entwicklungsforschung nicht übergehen, das Jean Piaget und seine Mitarbeiter aufgebaut haben und das auch eine originelle und wirksame Theorie des Kinderspiels enthält. Sutton-Smith nennt sie überhaupt die am stärksten ausgearbeitete Spieltheorie neben der psychoanalytischen. Gerade aber weil unsere akademische Psychologie der Psychoanalyse weitgehend kritisch gegenübersteht, ist für sie das System Piagets auch für die Spieldeutung so wichtig geworden. Piagets Spiellehre unter dem Titel »Nachahmung, Spiel und Traum« (1969) hat gewiß das Ihre dazu beigetragen, daß die Spieltheorie durch die Psychologie der kognitiven Entwicklung überformt und teilweise geradezu blockiert worden ist. Indem Piaget eine ausführliche und anspruchsvolle Theorie des Spiels entwarf, fügte er das Spiel in seine Intelligenz- und Entwicklungspsychologie ein, freilich so, daß erhebliche Teile seiner Phänomenalität und seiner pädagogischen Bedeutung dabei ganz aus dem Blick gerieten. Die neuere Spielforschung hat gewissermaßen Piaget nunmehr auf seiner eigenen Ebene widersprochen und dabei das Spiel als Forschungsgegenstand erst wieder recht freigelegt. Die Kontroverse zwischen Jean Piaget und Brian Sutton-Smith ist für die theoretische Auseinandersetzung auf diesem Gebiet kennzeichnend. Sie soll uns als Leitfaden dienen, wenn wir in den gegenwärtigen Forschungs- und Diskussionsstand einzuführen suchen.

Zunächst Piagets eigene Theorie: Piaget beschreibt die Entwicklung der Intelligenz mit Hilfe zweier grundlegender Kategorien: Akkommodation und Assimilation. Die *Akkommodation* ist die Angleichung des Organismus an die äußere Welt. Ohne eine solche Angleichung oder Anpassung könnte ein Organismus nichts von der Welt, die ihn umgibt, aufnehmen. Die *Assimilation* ist die Einverleibung des Aufgenommenen in den eigenen Organismus, d. h. die Einordnung in das, was der Organismus selber ist und was er schon assimiliert hat, die Aufnahme des Fremden in das

Selbst. Die Akkommodation kann man sich klarmachen bei der Anpassung des Auges an die Helligkeit des Lichts. Das Auge stellt sich auf den Sehvorgang ein und wird dabei durch das Äußere, nämlich durch die Helligkeit, gesteuert. Für die Assimilation ist das einfachste Beispiel der Vorgang des Essens und der Verdauung; die Nahrungsmittel werden aufgenommen, verarbeitet und einverleibt, dem Organismus assimiliert. Bei jedem Lebensprozeß findet immer beides statt. Das Sehen kommt erst zustande, wenn das erfaßte Bild auch aufgenommen werden konnte, und Aufnahme und Verdauen von Nahrung setzt voraus, daß der Mund sich öffnet und die Kautechnik sich der Größe und Art der Speise anpaßt, daß sich der Speichelfluß der Zusammensetzung der Speise akkommodiert usf. Das Grundmodell bleiben diese organismischen Vorgänge. Piaget selber war offenbar bei der Entwicklung dieses Modells sehr beeindruckt durch Beobachtung von Mollusken, niedrigsten Organismen, die sich der Umgebung anpaßten und sie zugleich aktiv assimilierten.

Hier sieht Piaget das Grundmodell auch für die intelligenten Aktivitäten höherer Organismen. Mit diesem Modell beschreibt er immer wieder die Entwicklung der Intelligenz – die kognitive, sprachliche, soziale und moralische Entwicklung – als Ineinander von Akkommodation und Assimilation.

In dieses Grundkonzept werden nun zwei weitere Phänomene eingeordnet, in denen das Verhältnis von Akkommodation und Assimilation sich ausdrückt: Imitation und Spiel. Wenn die Akkommodation überwiegt, d. h. der Organismus mehrheitlich damit beschäftigt ist, sich den vorgegebenen Eindrücken anzupassen, so wird dieser Zustand von Piaget als *Imitation* beschrieben. Überwiegt umgekehrt der Vorgang der Assimilation über die Akkommodation, d. h. ist der Organismus vorwiegend damit beschäftigt, Realitäten in sich aufzunehmen und sie für diese Aufnahme zuzubereiten, sie sich zu eigen zu machen, sie einzupassen in das schon Vorhandene, in den eigenen Intellekt und seine bisherigen Erfahrungen, so werden dieser Zustand und die damit verbundene Aktivität von Piaget als *Spiel* bezeichnet. Das Kinderspiel ist im wesentlichen die Loslösung einer Erfahrung von der Realität, die Wiederholung und Selbsthandhabung dieser Erfahrung, ihre Zubereitung und Formung mit dem Ziel, diese Erfahrung assimilieren zu können, d. h. sie in das eigene Verstehen völlig einzubauen. Das Spiel hat also seinen ganz bestimmten Ort in der Entwicklung der intelligenten Funktionen. Es gehört zu den Techniken der Weltaneignung. Während der erwachsene Mensch sich der Realität voll aussetzen kann und von ihr eben einiges aufnimmt, anderes beiseite läßt, besteht die spezifische Bewältigungsweise des Kindes darin, daß es sich zunächst diese Gegenstände angewöhnen, d. h. sie von ihrer Realität loslösen muß und mit ihnen, als Realitätssymbolen, so lange umgeht, bis es sie sich angeeignet hat.

Entsprechend dieser Funktion des Spiels als des kindlichen Mediums zur Bewältigung des Vorgangs der Assimilation hat Piaget drei Hauptformen unterschieden: das *Übungsspiel*, das *Symbolspiel* und das *Regelspiel*. Es sind zugleich drei Stadien der Intelligenzentwicklung, die aufeinander folgen, sich aber auch überlappen.

1. Das *Übungsspiel*, das der sensumotorischen Entwicklung, Übung und Intelligenz entspricht, hat offenbar die Funktion der Einübung von Verhaltensschemata und ist durchaus auch im Tierreich anzutreffen. Fast alle sensumotorischen Schemata werden spielerisch geübt. Sie sind beim Kind aber offenbar nicht so stark instinktiver Natur, nicht auf Schemata der Jagd, des Kämpfens, des Sexualverhaltens, d. h. der Lebenserhaltungstechniken ausgerichtet, sondern sie sind überwiegend funktionelle Übung, Spaß am Betätigen von erfundenen oder beobachteten Schemata, Nachübung einer vorher notwendigen Bewegung, begleitende Übung oder auch Vorübung, Wiederholung mit der inneren Tendenz zur Perfektionierung. (Dieser Typus, wiewohl vorwiegend sensumotorischer Natur, wird auch bei höheren Funktionen noch vorgefunden, bei der Wiederholung der Fragen, Übung der Fragetechnik usw.)

2. Eine weitere Kategorie kindlicher Spieltätigkeit bilden

die *Symbolspiele*. Das Symbol setzt »die Vorstellung eines abwesenden Objekts voraus«. Es arbeitet mit fiktiven Darstellungen und Handlungen an Gegenständen. »Z. B. stellt ein Kind, das eine Schachtel herumschiebt und sich dabei ein Automobil vorstellt, das letztere durch die erste symbolisch dar und begnügt sich mit einer Fiktion, da die Verbindung zwischen den Zeichen und dem Bezeichneten völlig subjektiv bleibt« (S. 148). Während also die »Übung« noch wenig Assimilation enthält, ist das Symbolspiel schon durch welthafte Momente bestimmt; es enthält vorgestellte Gegenstände oder Aktionen, die allerdings von der Realität losgelöst und damit der eigenen Verfügbarkeit stark unterworfen sind. Das ist auch zunächst der Sinn dieses Symbolismus, daß die Gegenstände oder Aktionen in eine bewältigbare Nähe rücken. Das Kind kann das Auto assimilieren, mit ihm umgehen, die Eindrücke verarbeiten, indem es sie als eigene Handlungen hervorbringt – Handlungen, die freilich durch die Realität Auto ausgelöst worden sind und diese Realität weiterhin meinen.

3. Eine dritte große Kategorie stellen die *Spiele nach Regeln* dar. Nach Piaget setzt das Regelspiel »notwendigerweise soziale oder inter-individuelle Beziehungen voraus... Die Regel ist eine Regelmäßigkeit, die von einer Gruppe auferlegt wird, so daß ihre Verletzung ein Fehlverhalten darstellt« (S. 149f.). Die Regel ist eine festgeschriebene soziale Vereinbarung, Teil der sozialen Außenwelt, die direkt in das Verhalten eingreift und dieses kontrolliert. Sie verlangt also einen wiederum höheren Grad von Akkommodation, ohne daß das Regelspiel schon selbst »Realität« wäre, also der Spielcharakter des Ganzen aufgehoben würde. Regelspiel gehört noch zu den Assimilationsvorgängen (das Kind macht sich die Regeln der Welt zu eigen, in einer ihm erreichbaren Form), enthält aber starke Akkommodationsforderungen (das Kind muß sich den gegebenen Regeln unterwerfen; die Regeln sind nicht mehr beliebig verfügbar).

Piaget sieht in diesen Spielformen drei wesentliche Stufen der Intelligenzentwicklung. »Übung, Symbol und Regel scheinen also die drei aufeinanderfolgenden Etappen zu sein, die die großen Kategorien der Spiele charakterisieren, jedenfalls vom Gesichtspunkt ihrer geistigen Strukturen aus« (S. 150). Man kann sie als drei Stadien begreifen, die durch die aufeinanderfolgenden Formen der Intelligenz gekennzeichnet sind: »Sensumotorik, Vorstellung und Überlegung«. Spiele, die in diese Abfolge nicht hineinpassen, wie etwa die Konstruktionsspiele oder die schöpferischen Hervorbringungen, sieht Piaget als Kombinationen, insbesondere der zweiten und dritten Stufe, an.

Kritik

Piaget fügt also die Theorie und die Phänomene des Spiels vollständig in die Intelligenzpsychologie ein. Spiel wird damit ein wichtiges, auf den psychischen Mechanismus der Bewältigung kognitiver Aufgaben weithin eingegrenztes Stadium der Intelligenzentwicklung. Es ist ebenso wie Piagets ganzes Schema der Intelligenzentwicklung in einzelne Etappen gegliedert; das Nachfolgende ist jeweils die Überwindung des Vorausgehenden, und das ganze Spiel ist ein Durchgangsstadium, eine überwindbare, auch abkürzbare Phase von nur subjektiver Notwendigkeit. Und hier setzt nun die Kritik von *Brian Sutton-Smith* und anderen ein: daß nämlich der Akkommodationsvorgang der eigentlich wichtige innerhalb der Piagetschen Theorie sei. Letztlich muß sich der individuelle Geist der objektiven Struktur des Geistes anbequemen, und letztlich wird auch das Spiel den Vorgängen der Akkommodation untergeordnet. Die schöpferischen Momente des Spiels bleiben auf diese Weise unsichtbar. Alle Spielerscheinungen werden gemessen am Niveau der Realitätserkenntnis, die sie enthalten.

Piaget hat zwar seine Vorläufer kritisiert wegen ihres naiven Realismus, und wegen ihrer ›Abbildungstheorie‹ der Erkenntnis. Er hat darauf insistiert, daß das repräsentative Denken nicht die Realität abbildet oder nachahmt, sondern vielmehr in einem langen Prozeß der Interaktion zwischen dem Organismus und seiner Umgebung, zwischen Subjekt und Realität zustandekommt, indem eben beide Seiten einander beeinflussen. Dennoch überwiegt – so hat Brian Sutton-Smith mit Recht eingewandt – in Piagets Spielkonzeption das Nachahmungsgeschehen. Die im Spiel enthaltene Akkommodation ist für Piaget eine aktive Abbildung (an active copy), eben doch nicht ein eigener erfindender, schöpferischer, hervorbringender Prozeß, nicht eine Alternative zur Zweckhaftigkeit unserer Handelns- und Erkenntnisformen. Die Aktivität des Spiels ist – Piaget selber braucht die Bilder vom Negativ und vom positiven Abzug der Fotografie – in erster Linie eine reproduktive Funktion. Spiel kann nichts Eigenes schaffen, es bleibt eine Nachahmung, wenn auch in den Möglichkeiten und Vorgegebenheiten des Subjekts. »Play can merely repeat; it can never originate« (Herron/ Sutton-Smith 1971, S. 329). Die Symbolspiele sind im wesentlichen Reproduktionen der Bilder, die durch die Imitation festgelegt sind. Sutton-Smith spricht deswegen von der Asymmetrie des Piagetschen Systems. Es bleibt im Grunde eine Philosophie der objektiven Erkenntnis. Die Intelligenzentwicklung wird wesentlich als Einfügung in die objektiven Gegebenheiten des geistigen Lebens angesehen. Die Piagetsche Spieltheorie bleibt, wenn auch nicht mehr auf der Stufe des naiven Realismus, dennoch selber eine Abbildtheorie (a copy-theory of knowledge, a copyist epistemology).

Ein zweiter Einwand richtet sich auf das Verhältnis von den kognitiven zu den affektiven Funktionen in Piagets Spieltheorie. Piaget ist zwar darauf aus, diese Funktionen beide zu berücksichtigen und in ein Gleichgewicht zu bringen. Faktisch rechnet er das Spiel aber weitgehend auf die affektive Seite. Es ist für ihn das Mittel psychischer Bewältigung von kognitiven Funktionen, die direkt nicht bewältigt werden können; es dient gewissermaßen zum Ausgleich des psychischen Haushalts, solange das Denken den gestellten Aufgaben noch nicht gewachsen ist. Das Spiel muß also behelfsmäßig bewältigen, was der Realitätsbezug noch nicht zu fassen vermag. Auf diese Weise entsteht nicht ein gleichgewichtiges Deutungsschema, sondern eine eindeutige Überordnung der kognitiven über die affektive Seite.

Ein dritter Einwand stellt das Entwicklungskonzept in Frage und weist auf den Widerspruch hin, der darin liegt, daß Piagets Entwicklungsstufen eigentlich als Abfolgen von jeweils in sich charakteristischen und vollständigen Denkorganisationen ausgegeben werden, daß sie aber eben doch eine lineare Folge darstellen, in der die spätere Stufe deutlich die frühere überholt und auch deutlich die höher organisierte Stufe darstellt. Während das kleine Kind angeblich Mühe hat, sein seelisches Gleichgewicht immer wieder herzustellen, sind die späteren, rationaleren Stufen leichter zu bewältigen und der Wirklichkeit adäquater. Übersehen wird dabei, »daß das Spiel – und insbesondere das Symbolspiel – nicht mit dem Schulalter mehr und mehr verschwindet – wie Piaget behauptet –, sondern daß es sich in differenzierter und zum Teil internalisierter Form bis ins Erwachsenenalter fortsetzt« (Nitsch-Berg 1978, S. 304).

Piaget beschäftigt sich also nicht mit Problemen wie Imagination, divergentem Denken, symbolischen und rituellen Vorgängen, nicht mit dem Spiel als Lebensbezug der Erwachsenen. Die phantasievollen und künstlerischen Denk- und Tätigkeitsformen, die offenbar in einem unmittelbaren Zusammenhang mit dem Kinderspiel und den kindlichen Formen der Erfindung und des Denkens stehen, kommen in Piagets Entwicklungslehre nicht zum Zug. Im Grunde hat bei ihm das Spiel im wesentlichen eine kompensatorische Funktion für noch nicht erreichte Formen rationalen Erwachsenendenkens. Es wird überholt und ist dann »irrelevant für die Natur der erwachsenen intellektuellen Operationen«.

Und schließlich ein vierter Einwand, der von der israelischen Forscherin Rivka Eifermann (1971) stammt. Sie hat in ihren weitgespannten Beobachtungen von Kinderspielen in verschiedenen Lebensaltern festgestellt, daß die von Piaget behauptete Abfolge von drei Spielstufen in ihren Erhebungen nicht so auszumachen war. Insbesondere hat das Regelspiel, das nach Piaget ja die reifste und dem Erwachsenenleben nächstliegende Form des Spiels bildet, in den Untersuchungen von R. Eifermann seinen Höhepunkt im Alter von

9–10 Jahren und nimmt nach dem 11. Lebensjahr, absolut und im Verhältnis zu anderen Spielformen, wieder stark ab.

Dabei wird deutlich, daß sich Piaget in seinen Untersuchungen auf die Spielphänomene selber doch nur ausschnittweise eingelassen hat. Er hat im Rahmen seiner Entwicklungstheorie die moralische Entwicklung des Kindes untersucht und ist dabei auf einige Spiele – wie das Murmelspiel, über das im Kap. 5 noch berichtet wird – gestoßen. Er hat vor allem die kognitive Entwicklung studiert und dabei das Spielen in sein System eingeordnet; Untersuchungen über die Vielfalt der Erscheinungsformen des kindlichen Spielens aber fehlen bei ihm. Mehr als an anderen Stellen wird hier der Konstruktionscharakter dieses monumentalen Werks über die menschliche Entwicklung deutlich.

Neuere Ansätze zu einer Psychologie des Spielens

Eine Reihe von neueren Ansätzen oder Schwerpunkten der psychologischen Forschung führt wieder näher an die Spielphänomene heran. Die Lewin-Schule hat die Psychologie der Regel- und Aufgabenspiele erforscht und ist dabei schon auf die eigentümliche Spannung gestoßen, die für viele Spielarten kennzeichnend ist. Die Motivationsforschung hat zu ergründen gesucht, welche Faktoren diese Spannung begründen und aufrechterhalten und wie die Spielmotivation mit anderen Motivationen – dem Neugierverhalten und der Lern- und Leistungsmotivation – zusammenhängt (Berlyne 1969; 1974). Innerhalb der deutschen Forschung hat in erster Linie *Heinz Heckhausen* diesen Ansatz bearbeitet und ihn sowohl von der Motivationspsychologie her weitergeführt als auch eine eigene »Psychologie des Spielens« (1964) auf ihrer Grundlage entworfen.

Im Mittelpunkt der Heckhausenschen Überlegungen steht ebenfalls die eigentümlich lustvolle Spannung, die über das Spielen ausgebreitet ist und die vom Spielenden als ein wesentlicher Bestandteil und als eine Triebkraft des Spiels offenbar immer wieder gesucht und neu aufgerichtet wird. Die *Zweckhandlungen* des Menschen sind durch ihre Zielrichtung mit einem Spannungsmoment versehen. Die Handlungen zur *Befriedigung leiblicher Bedürfnisse* können mit dem biologischen Modell der »Homöostase«, eines erstrebten Gleichgewichtszustands, erklärt werden: Durst, Hunger oder Geschlechtstrieb erzeugen eine Spannung im Organismus, die auf Minderung oder Abbau drängt. Für das *Spielen* jedoch ist weder das Erreichen eines Handlungsziels noch der Abbau bestimmter Spannungen kennzeichnend. Vielmehr sucht der Spieler geradezu eine psychische Spannung von gewisser Höhe auf, »die nach mehr oder weniger kurzer Frist, und zwar möglichst plötzlich, abfällt, sich wieder auflädt, abfällt ... und dies in ständiger Wiederholungsfolge« (S. 228). Heckhausen nennt diesen Ablauf einen »Aktivierungszirkel«, wobei der »Zirkel« nur den Wiederholungscharakter bezeichnen soll, die Verlaufsform aber zackenförmig in steilen oder flachen Auf- oder Abstiegskurven zu denken ist. Kennzeichnend für das Spiel ist die Gewißheit, daß die Entspannung auf die Spannung folgt. Als Beispiel können etwa die Fang- oder Versteckspiele dienen, die vom Kind abgebrochen werden – es läßt sich dann fangen oder finden –, wenn der Bogen der Erregung überspannt zu werden droht. Ähnlich wie beim Explorationsverhalten gilt hier, daß die richtig dosierte Spannung, also ein mittlerer Grad der Aktivierung und ein mittleres Tempo von Anstieg und Abfall das Spielen am besten in Gang halten. Es gibt natürlich Verlaufskurven mit kleinen oder großen Zacken, mit raschem oder langsamem Rhythmus; all das gehört noch zu diesem mittleren Bereich und macht die formale Vielfalt des Spiels aus. Oft werden aber auch die Grenzen dessen, was hier als mittlerer Bereich bezeichnet wird, überschritten. Dann verflacht sich die Kurve zur Langeweile; oder sie überschlägt sich, gerät außer Kontrolle und artet in Toberei aus. Auf beide Weisen bricht das Spiel zusammen.

In diesen Beobachtungen und Deutungen rückt das Spielen in die Nähe des Neugierverhaltens. Unter den Diskrepanzen, also dem Spannungsgefälle, mit dem man es bei der

Spielmotivation zu tun hat, unterscheidet Heckhausen vier Arten oder Möglichkeiten; 1. die Diskrepanz von Gegenwärtigem und Früherem, also die bloße *Neuheit*, den Wechsel von Wahrgenommenem oder Erlebten; 2. die Diskrepanz von Gegenwärtigem und Erwartetem, also den *Überraschungsgehalt* der Spielsituation; 3. die Diskrepanz von verschiedenen Teilen eines Wahrnehmungs- oder Erlebnisfeldes, also die *Verwickeltheit* einer Situation; 4. die Diskrepanz verschiedener Tendenzen, die das Gefährliche, Riskante, den Konflikt ins Spiel bringen, die *Ungewißheit des Ausgangs*, die Spekulation mit hohem Einsatz. Alle vier Diskrepanzen oder Spannungsarten vermögen auf ihre Weise das Spiel in Gang zu halten und zu bestimmen.

Diese Deutung des Spiels vom Spannungsbedürfnis und von der Suche nach Diskrepanzen her steht zweifellos im Gegensatz zu den oben aufgeführten Definitionen von Corinne Hutt und zu der im nächsten Abschnitt zu behandelnden psychoanalytischen Spieltheorie, in der das Spiel geradezu in den Dienst seelischer Verarbeitung von Eindrücken und Spannungen tritt. Heckhausen diskutiert diese Differenz nur in aller Kürze und bietet ein Deutungsmodell an, das auch den psychoanalytischen Ansatz gelten läßt und die fraglosen Erfolge der Spieltherapie einzubeziehen erlaubt. Indem er von einer optimalen Spannungslage ausgeht, die das nervöse System aufrechtzuerhalten oder wiederzufinden trachtet, kann das Spielen nach beiden Seiten als Regulator wirken. Es kann sowohl zur Spannung und Anregung des erlebnishungrigen Kindes als auch zur Verarbeitung und Entspannung, also zum Abbau überstarker Spannungseindrücke dienen, zum Aufrechterhalten also gleichermaßen wie zum Vermindern der »zentralen Funktionsaktivierung«. Das therapeutische Spiel hätte damit eine Teilfunktion innerhalb einer umgreifenden Theorie der Motivation zweckfreier Tätigkeiten. Freilich werden sich die Anhänger einer psychoanalytischen Spiellehre ungern auf diese Weise in ein anderes System vereinnahmt sehen. Aber Heckhausens Theorie stellt für sie vielleicht eine Herausforderung dar, die Reichweite ihrer Spieldeutung zu diskutieren und die

Probleme der Diskrepanzen, der Spannungssuche und der Spannungslosigkeit genauer zu fassen.

Auch gegenüber Heckhausens Entwurf ist aber zu fragen, ob er nicht selber wieder auf ein homöostatisches Deutungs-modell zusteuert, wie er es eigentlich widerlegen und über-winden wollte; freilich auf ein raffinierteres Modell, dessen Normalebene nicht die Spannungslosigkeit darstellt, son-dern ein optimales Spannungsniveau und ein um diese Ni-veaulinie pendelnder Spannungs- und Aktivierungsverlauf. Eine weitere Frage muß sich darauf richten, ob dieses Mo-dell nicht die Motivation und die Steuerung des Spiels ganz aus endogenen Kräften erklärt und ob es die Einflüsse und Impulse aus der sozialen Umgebung und aus dem mate-rialen Spielangebot hinreichend einbeziehen kann. Eine Ausweitung und Konkretisierung in einer bestimmten Rich-tung hat das Deutungsmodell von Berlyne und Heckhausen erhalten durch die Psychologie des »Flow«-Erlebens, die vor allem Mihalyi Csikszentmihalyi (1985; 1991) entwickelt hat. Als »flow« bezeichnet er das Erlebnis glücklicher Hoch-spannung, wie sie etwa Bergkletterer, Chirurgen, Abfahrts-läufer, auch Künstler bei ihrem Schaffen erleben. Diese extremen Konzentrations- und Spannungsformen über-schneiden sich mit Erscheinungen, die wir als Spiel bezeich-nen. Auch Kinder können, wenn Ort, Zeit und Naturell es erlauben, ganz vertieft sein in ihr Spiel. Sie scheinen dann wie abgeschirmt gegen ihre Umgebung, vergessen die Zeit und alle Bedürfnisse und hören nicht, wenn sie angesprochen werden. Gewiß könnte man die Flow-Erfahrungen, die bis-her erst für die Erwachsenen und älteren Jugendlichen ana-lysiert worden sind, auch im Bereich des Kinderspiels noch genauer beschreiben (Ansätze bei Oerter 1993, S. 6 f.).

Die Bestimmung von »Funktionen« des Spielens, die in der Entwicklungs- und Lernpsychologie einen so großen Raum einnimmt, führt jeweils dazu, daß ein Teil der Spiel-phänomene dadurch überzeugend gedeutet, ein anderer übergangen wird. Je phantasiehaltiger, je gesellschaftlich-geformter und je mehr mit kulturellen Inhalten gefüllt die Spielweisen sind, desto mehr entziehen sie sich einer eindeutigen Funktionsbestimmung. Wolfgang Einsiedler hat zur Veranschaulichung dieses Tatbestands ein Skalenmodell differentieller Funktionen des Spiels vorgeschlagen: »Am einen Ende der Skala sind Spiele anzusiedeln, die größtenteils biologische Funktionen haben und die Lebensmöglichkeiten des Individuums und der Gruppe verbessern... Am anderen Pol der Skala stehen die Spiele, die keine biologische Funktion haben, sondern kulturell bestimmt sind und überwiegend individuellen Genuß oder Freude an Geselligkeit versprechen« (1990, S. 23). Auch die künstlerischen Spiele gehören auf diese Seite. Zwischen diesen Polen nun sind die Phantasiespiele, die dramatischen Spiele, Konstruktionsspiele, kindliche Regelspiele angesiedelt. »Sie haben zum Teil Funktionen für die sozial-kognitive Entwicklung... Zum Teil führen sie sozusagen ein kulturelles Eigenleben, und die Forschung tut sich schwer mit Funktionsnachweisen.« Die Fragen, die sich hier stellen, sollen im 6. und 7. Kapitel weiter erörtert werden.

4 Psychoanalytische Spieldeutung und Spieltherapie

Neben den kognitiv-entwicklungspsychologisch orientierten Spieltheorien stellt die psychoanalytische Lehre vom Spiel das am stärksten ausgearbeitete theoretische System dar. Sie ist hervorgewachsen einmal aus der Beschäftigung mit psychischen Phänomenen, die als verwandt angesehen werden: Träumen, Tagträumen und Phantasieren. Der Mensch träumt nicht von ungefähr, sondern aus der augenblicklichen Situation seiner seelischen Beschäftigung oder aus Spannungen, die im Traum wiederholt, verwandelt und ›verarbeitet‹ werden. Auch seine übrigen Phantasieleistungen bis hin zu künstlerischen Gebilden sind unmittelbar auf sein bewußtes oder unbewußtes Seelenleben bezogen. Zum anderen stellt die psychoanalytische Spieltheorie eine Fortsetzung oder Neufassung der alten Lehre von der Katharsis dar. Die reinigende Funktion des Spiels liegt in der Möglichkeit des Menschen, sich von den Spannungen, die das tägliche Leben schafft, spielend zu entlasten.

Ansätze bei Sigmund Freud

Sigmund Freud hat das Spiel den Phantasieleistungen und damit den Ausdrucksformen des Unbewußten zugeordnet. Das Spiel gehört zu den Fähigkeiten des psychischen Apparats, mit Unannehmlichkeiten fertig zu werden; wie das Phantasieleben dient es vor allem der Entspannung. Der seelische Haushalt ist ebenso wie der organische auf Homöostase, auf Ausgeglichenheit angelegt. Treten Spannungen und schwierige Situationen auf und fühlt sich der Mensch verletzt oder blamiert, so hilft sich sein seelischer Haushalt entweder mit Verdrängung oder mit Abreaktion, sei es durch wirkliche Handlungen, sei es in der Phantasie. Im wirklichen Handeln: durch Unterdrückung, durch Superioritätsansprüche, durch Schimpfen, Befehlen oder ähnliches gegenüber schwächeren Menschen. Oder eben in Gebilden der Phantasie: die Phantasieleistungen verhelfen dazu, mit den Spannungen fertig zu werden. Die Phantasie verbessert die Geschehnisse, ergänzt sie und malt sie sich aus. Sie fügt sich den Wünschen und trägt über die verletzende Wirklichkeit hinweg.

Dem Kind stehen außer etwa dem Renommieren nur wenige andere Kompensationsmöglichkeiten zur Verfügung. Es ist klein, abhängig und schwach und bekommt dies auf Schritt und Tritt zu spüren. Seine Wünsche, groß und stark zu sein, an den Vorrechten der Erwachsenen teilnehmen zu können und selbst seinen Tageslauf, sein Insbettgehen und seine Benehmensformen zu bestimmen, selbst ein Auto zu steuern oder ein Kind zu pflegen, lassen sich nur in der Phantasie verwirklichen. Das Spiel ist die charakteristische Phantasiebetätigung des Kindes. Das Kind spielt nach Freud in erster Linie Erwachsenensituationen, also Szenen, in denen es unabhängig von anderen Selbstbestätigung finden, Macht ausüben oder andere Wünsche befriedigen kann. Das ist der erste theoretische Ansatz von Freud. Stark entwickelt hat er diese Theorie selber nicht, die eigentliche Ausarbeitung hat hier erst die Generation seiner Schüler vorgenommen.

Eine bedeutende Korrektur und Ergänzung hat Freud jedoch selber angebracht. Die einfache Versetzung in erfreuliche und mächtige Situationen mit Hilfe des Phantasiespiels erklärt noch nicht, wieso Kinder sehr oft Erregendes, Sensationelles, Unangenehmes oder Schmerzvolles spielen. Eine Zufallsbeobachtung Freuds und eine anschließend unternommene Kindertherapie haben ihn hier weitergebracht. Der klassische Bericht Freuds über seine Entdeckung – von der Vorläuferschaft Fröbels hat er offensichtlich nichts gewußt – findet sich in »Jenseits des Lustprinzips« (1920). Er folgt hier im Wortlaut:

»Ich habe, ohne das Ganze dieser Erscheinungen [des Spiels] umfassen zu wollen, eine Gelegenheit ausgenützt, die sich mir bot, um das erste selbstgeschaffene Spiel eines Knaben im Alter von anderthalb Jahren aufzuklären. Es war mehr als eine flüchtige Beobachtung, denn ich lebte durch einige Wochen mit dem Kinde und dessen Eltern unter einem Dach, und es dauerte ziemlich lange, bis das rätselhafte und andauernd wiederholte Tun mir seinen Sinn verriet.

Das Kind war in seiner intellektuellen Entwicklung keineswegs voreilig, es sprach mit anderthalb Jahren erst wenige verständliche Worte und verfügte außerdem über mehrere bedeutungsvolle Laute, die von der Umgebung verstanden wurden. Aber es war in gutem Rapport mit den Eltern und dem einzigen Dienstmädchen und wurde wegen seines ›anständigen‹ Charakters gelobt. Es störte die Eltern nicht zur Nachtzeit, befolgte gewissenhaft die Verbote, manche Gegenstände zu berühren und in gewisse Räume zu gehen, und vor allem anderen, es weinte nie, wenn die Mutter es für Stunden verließ, obwohl es dieser Mutter zärtlich anhing, die das Kind nicht nur selbst genährt, sondern auch ohne jede fremde Beihilfe gepflegt und betreut hatte. Dieses brave Kind zeigte nun die gelegentlich störende Gewohnheit, alle kleinen Gegenstände, deren es habhaft wurde, weit weg von sich in eine Zimmerecke, unter ein Bett usw. zu schleudern, so daß das Zusammensuchen seines Spielzeugs oft keine leichte Arbeit war. Dabei brachte es mit dem Ausdruck von Interesse und Befriedigung ein lautes, langgezogenes o-o-o-o hervor, das nach dem übereinstimmenden Urteil der Mutter und des Beobachters keine Interjektion war, sondern ›Fort‹ bedeutete. Ich merkte endlich, daß das ein Spiel sei und daß das Kind alle seine Spielsachen nur dazu benütze, mit ihnen ›fortsein‹ zu spielen. Eines Tages machte ich dann die Beobachtung, die meine Auffassung bestätigte. Das Kind hatte eine Holzspule, die mit einem Bindfaden umwickelt war. Es fiel ihm nie ein, sie z. B. am Boden hinter sich herzuziehen, also Wagen mit ihr zu spielen, sondern es warf die am Faden gehaltene Spule mit großem Geschick über den Rand seines verhängten Bettchens, so daß sie darin verschwand, sagte dazu sein bedeutungsvolles o-o-o-o und zog dann die Spule am Faden wieder aus dem Bett heraus, begrüßte aber deren Erscheinen jetzt mit einem freudigen ›Da‹. Das war also das komplette Spiel, Verschwinden und Wiederkommen, wovon man zumeist nur den ersten Akt zu sehen bekam, und dieser wurde für sich allein unermüdlich als Spiel wiederholt, obwohl die größere Lust unzweifelhaft dem zweiten Akt anhing.

Die Deutung des Spieles lag dann nahe. Es war im Zusammenhang mit der großen kulturellen Leistung des Kindes, mit dem von ihm zustande gebrachten Triebverzicht (Verzicht auf Triebbefriedigung), das Fortgehen der Mutter ohne Sträuben zu gestatten. Es entschädigte sich gleichsam dafür, indem es dasselbe Verschwinden und Wiederkommen mit den ihm erreichbaren Gegenständen selbst in Szene setzte. Für die affektive Einschätzung dieses Spiels ist es natürlich gleichgültig, ob das Kind es selbst erfunden oder sich infolge einer Anregung zu eigen gemacht hatte. Unser Interesse wird sich einem anderen Punkte zuwenden. Das Fortgehen der Mutter kann dem Kinde unmöglich angenehm oder auch nur gleichgültig gewesen sein. Wie stimmt es also zum Lustprinzip, daß es dieses ihm peinliche Erlebnis als Spiel wiederholt? Man wird vielleicht antworten wollen, das Fortgehen müßte als Vorbedingung des erfreulichen Wiedererscheinens gespielt werden, im letzteren sei die eigentliche Spielabsicht gelegen. Dem würde die Beobachtung widersprechen, daß der erste Akt, das Fortgehen, für sich allein als Spiel inszeniert wurde, und zwar ungleich häufiger als das zum lustvollen Ende fortgeführte Ganze.

Die Analyse eines solchen einzelnen Falles ergibt keine sichere Entscheidung; bei unbefangener Betrachtung gewinnt man den Eindruck, daß das Kind das Erlebnis aus einem anderen Motiv zum Spiel gemacht hat. Es war dabei passiv, wurde vom Erlebnis betroffen und bringt sich nun in eine aktive Rolle, indem es dasselbe, trotzdem es unlustvoll war, als Spiel wiederholt« (S. 11–13).

Das also führte zu einer zweiten oder ergänzenden theoretischen Annahme Freuds. Eine Spielsituation kann dadurch bedingt und erklärlich sein, daß das Kind eine Demütigung oder Spannung, die es erlebt hat oder noch erleidet, in eine aktive Situation verwandelt. Freud bringt diese seelische Funktion mit einer an anderer Stelle entwickelten theoretischen Annahme zusammen: dem Wiederholungszwang. Eine erlebte spannungsvolle Situation wird im Spiel symbolisch wieder hergestellt, eventuell immer wieder neu in Szene gesetzt und so lange wiederholt, bis sie assimiliert, bis sie seelisch gemeistert ist. Man kennt im Alltag die Neigung mancher Leute, ein spannungsreiches Ereignis wieder und wieder zu erzählen, solange bis sie es zusammen mit ihrer sozialen Umwelt sich völlig angeeignet haben und das Ereignis auf diese Weise für sie handhabbar geworden ist.

Hier ist die Theorie von der Katharsis erst voll entwickelt. Das Spiel reinigt die Seele, indem es das Geschehene, Verletzende verfügbar macht. Im Spiel kann das spielende Kind selber in Szene setzen und damit in seine Gewalt bekommen, was ihm vorher als fremder Eindruck oder gar als gefährliche Macht gegenübergetreten ist. Es kann also aktiv werden dort, wo es vorher das Übel bloß erdulden mußte. Das Spielleben des Kindes ist Manifestation des Unbewußten. Es steht also dem Traumleben der Erwachsenen nahe – nur daß Träume eben nicht verfügbar sind, nicht so ausgehen, wie der Träumende will. Sie sind eine Wiederholung des psychischen Spannungszustands, gewiß mit dem »Ziel«, das Gleichgewicht des seelischen Haushalts wiederherzustellen. Wo sie diesen Dienst nicht leisten, kann nach psychoanalytischer Theorie das Bewußtsein unter therapeutischer Anleitung nachhelfen, diesen Spannungszustand aufzuarbeiten und damit zu bewältigen. Dem Kind steht dieser Weg der Aufarbeitung im Bewußtsein nicht zur Verfügung. Aber es beherrscht eben den leichter und sicherer wirkenden »Mechanismus« des Spiels, der das Gleichgewicht im Spielarrangement wiederherstellt und ihm damit hilft, die starken Spannungen, die sich in seiner empfindlichen Psyche durch die Alltagsereignisse aufbauen, zu mindern und zu verarbeiten. Es ergibt sich aus dieser Theorie von selbst die hohe Bedeutung des *freien* Spiels: Seine reinigende Funktion kann das Spiel nur erfüllen, wenn das Kind sein Spielthema selber wählt und den Spielverlauf genauso einrichtet, wie es seinen seelischen Bedürfnissen entspricht. Offenbar können Kinder dabei trotzdem sehr gut miteinander spielen, indem sie sich in ihren Bedürfnissen ergänzen und Hilfe leisten und in einem gemeinsamen Spiel dennoch die psychischen Ziele des einzelnen verfolgen.

Spieldeutung

Die psychoanalytische Theorie ist aber nicht bei diesen Grundüberlegungen stehen geblieben, sondern hat sich auf die Vielfalt der Spielphänomene eingelassen, sie beobachtet und interpretiert. Wieder lassen sich nur Beispiele dafür geben; eine systematisch geordnete Interpretation oder auch nur ein Leitfaden der Spieldeutung fehlen in der einschlägigen Literatur. Die Deutungen wurden meistens an Einzelfällen oder an einer Gruppe von Spielen angeknüpft. Es widerstrebt wohl der Zunft der Psychoanalytiker und Psychagogen, aus diesen Falldeutungen eine Spiellehre zu jedermanns Verwendung zu machen. Auch würden dem Mißbrauch der Deutungen Tür und Tor geöffnet, wenn man den Deutungszusammenhang auflöste und z. B. bestimmte Spiele einer bestimmten seelischen Thematik zuordnen wollte. Dennoch lassen sich die Grundrichtungen des Deutungsverfahrens angeben und an Beispielen erläutern.

Das Kinderspiel ist in psychoanalytischer Sicht zunächst *Triebbetätigung*. Kinder balgen sich und umarmen sich, sie planschen mit Wonne im Wasser und spritzen sich an, sie schmieren mit Lehm oder Fingerfarben oder lassen sich Sand über die Haut laufen. Sie wippen und schaukeln, daß es sie im Bauch kitzelt. Sie rutschen auf dem Geländer und dem Hosenboden, gleiten auf Schnee und Eis. Sie sind also darauf aus und sind findig dabei, ihren ganzen Körper einzusetzen, um sinnliches Vergnügen zu gewinnen, und ein Teil unserer Spielvorrichtungen billigt ihnen diesen Anspruch auf Lustgewinn auch zu. Insbesondere am Strand und auf Badeplätzen haben diese Spielweisen ihr Tummelfeld. Aber auch Kindergärten kommen ihnen mit Einrichtungen für Wasserspiel, mit Ton- und Knetarbeiten, mit Fingerfarben und Sandkästen, mit Schaukeln und Wippen entgegen (Hartley 1969).

Eine wichtige und schon sehr viel kompliziertere Funktion des Spiels könnte man die der *Selbstermächtigung* nennen: das Kind sucht sich aktiv und selbständig in eine Situation zu versetzen, die es gewöhnlich passiv und schwach erdulden muß. Das hatte Freud schon aus dem Säuglingsspiel mit der Spule herausgelesen: das Kind werde nicht nur dadurch aktiv, daß es selber die Spule werfe und wieder heranziehe. Vielmehr sei das Wegwerfen geradezu getönt von der Stimmung »geh fort, ich brauch' dich nicht, ich schicke dich sogar selber fort!« Damit wird das Kind Meister der unangenehmen Situation. Das allgemeinste dieser Spiele ist das Puppen- oder Familienspiel. Die Puppenmutter kann über das Puppenkind verfügen, es an- und ausziehen, den Tag regulieren, die Speisen vorschreiben. Gehen die Kinder bei diesem Spiel hart und diktatorisch mit ihren Puppen oder Spielgenossen um, so kann man daraus nicht etwa ablesen, wie sie selber behandelt werden. »Das Kinderspiel spiegelt dabei die Gefühle des Kindes, nicht die Behandlung, die es selbst erfahren hat« (Peller 1952) – und diese Gefühle kommen durch die ganze Lebensgeschichte oder durch augenblickliche Umstände zustande; sie brauchen nicht in Ressentiments gegen die eigene Erziehung zu bestehen.

Die Spiele, die man gewöhnlich als Nachahmung (Imitationsspiel) versteht, könnten so als Übernahme der »Macht« der Erwachsenen gedeutet werden – freilich nur unter Ausblendung anderer Faktoren, die das Nachahmen, seine Begleit- und Komplikationserscheinungen kennzeichnen. Fruchtbarer und für den psychoanalytischen Zugang charakteristischer ist die Deutung von Rollen, die das Kind nach *Angst- oder Verletzungserlebnissen* übernimmt. Ein Kind spielt »Geist« oder »Gespenst«, weil es durch eine dunkle Halle gehen muß; es übernimmt damit das Schreckenerregende selber und aktiv, um ihm nicht passiv anheimzufallen (Peller 1952). Es spielt Doktor oder Zahnarzt, weil es sich ausgeliefert fühlte, vielleicht Schmerz erlitten hat und sich nun selbst in die Rolle des mächtigen Heilers und Leidenbringers versetzt, sogar seine Gefährten oder sein Spielzeug malträtieren und damit die erlittenen Gefühle umwandeln kann (Waelder 1932; A. Freud 1975). Hierher gehört auch das Schulespielen in einem seiner Aspekte, oder genauer: das Lehrerspiel (Ross 1968). Eine amerikanische Untersuchung hat festgestellt, daß schwarze Kinder, für die die Schule in der Regel viel entmutigender, viel reicher an Mißerfolgen ist als für weiße, im Durchschnitt viel häufiger »Schule« spielen (Lehmann/Witty 1926). Das mag den kompensatorischen oder entlastenden Zug bestätigen, der dieses Spiel mit bestimmt.

Wie läßt sich aber dann erklären, daß sich auch immer Kinder finden, die die unterlegene Rolle zu übernehmen bereit sind: die des kranken Kindes, das ins Bett gehen und unangenehme Medizin schlucken muß, des gefangenen Feindes, des verurteilten Diebs oder Räubers, der seiner Strafe entgegensieht? Eine einfache Erklärung wäre die, daß schwächere oder weniger anerkannte Kinder diese Rolle lieber übernehmen, als überhaupt aus dem Spiel ausgeschlossen zu sein; sie kaufen sich gewissermaßen damit in das Spiel ein. Eine andere Erklärung ginge dahin, daß man es hier mit selbstquälerischen Tendenzen, mit einem kindlichen Masochismus zu tun habe. Einfacher und im gewöhnlichen Fall läßt es sich mit dem besprochenen Ansatz erklären, nämlich dem Wunsch, *eine passive in eine aktive Situation zu verwandeln*. Ein Kind, das freiwillig die Rolle des Unterlegenen wählt, bekommt auch diese schlechte Rolle ein Stück weit selber in den Griff. In solchem Umwandeln einer spannungsvollen Situation in eine aktiv-verfügbare liegt auch das Prinzip der Spieltherapie beschlossen (Peller 1952).

Nicht weit von Piagets Symbolspiel liegen die psychoanalytischen Deutungen des Spiels als einer *symbolischen Darstellung elementarer Vorgänge der Erwachsenenwelt*. Hier ist es in erster Linie das *Verhältnis der Geschlechter*, das die Kinder im einzelnen kaum verstehen, aber als eine Grundthematik des Menschen miterleben und deshalb symbolisch zu deuten und darzustellen suchen. Von den Familien- und Doktorspielen über Bauspiele und Figurenarrangements – bei denen das Phallus-Bauen, das Spritzen und Stoßen, das Schießen und Empfangen häufige Themen sein sollen (Erikson 1951) – bis hin zu überkommenen Reigentexten (Mädchen willst du mit mir geh'n – muß ich erst die Mutter fragen – nein mein Kind das darfst du nicht) gibt es hier eine Serie von Spielen, die zur Veranschaulichung dieses Deutungsvorschlags dienen können. Hier ist es vor allem der ödipale Konflikt, der sich in vielen Spielen niederschlägt (Nitsch-Berg 1978).

Diese symbolischen Arrangements können aber auch ganz andere Themen enthalten und sich zu ganzen *Spiel-Utopien* ausweiten. Hans Zulliger (1952) hat eine blühende Utopie dieser Art unter dem Namen »Sangoi-Land« beschrieben. Und wenn er auch selbst dieses fiktive Reich, das sich drei Geschwister ausgedacht haben, von Themen der Freudschen Sexualentwicklung durchzogen sieht, so zeigt seine plastische Darstellung doch alles mögliche weitere Material, das sich dieser Einseitigkeit nicht fügt. Gerda Sauer (1953) hat eine ganze Reihe anderer Kinderutopien gesammelt und sie auch von anderen Fragestellungen aus gedeutet. Das Thema verdiente mit einer differenzierten Spieltheorie noch einmal gründlicher bearbeitet zu werden.

Während eine solche Kinderutopie eine Übereinkunft von zwei oder mehr Kindern voraussetzt und meistens wirkliche Spieldinge, Örtlichkeiten und Personen mit dem erfundenen Geschehen verbindet, sind die *Phantasiegefährten* im ganzen Gebilde reiner Erfindung oder Fiktion (Singer/Singer 1990; Weiß 1994). Ein großer Bruder, eine Freundin, eine oft allmächtige, oft auch ganz abhängige Person ist als Begleiter und Partner ständig zur Hand. Ein anschauliches Beispiel hat Lilly Peller (1952) aufgezeichnet: Ein dreieinhalbjähriger Junge hat ein »Popsy« als ständigen Genossen. Beim Autofahren möchte er immer, daß sein Vater andere Autos überholt; als einmal ein anderes Auto schnell vorüberzieht, kichert er: das Auto wird von seinem Popsy gesteuert. Beim allseitigen Bewundern eines schönen neuen Schulhauses stellt sich heraus, daß Popsy Lehrer an dieser Schule ist. Als er nachts einmal bloß liegt und die Mutter ruft, damit sie ihn zudeckt, erklärt er ihr: »Popsy hat mir alle Decken heruntergezogen. Schrecklicher Kerl, nicht?« Hier werden nun alle Wünsche und Spannungen in eine Figur gefaßt, die für alles zuständig ist, sowohl die eigenen Schwächen übernehmen als auch die eigenen Geltungs- und Überlegenheitswünsche symbolisch vollziehen kann. Einen häufigen Typus der Phantasiegefährten stellen die Zwillingsgeschwister dar. Dorothee Burlingham (1945) bringt dieses Phänomen, sicher zu Recht, mit der Identitätsproblematik zusammen, mit der Art von Stützung und gemeinschaftlicher Elternablösung, die man sich von einer solchen anderen Hälfte erwarten könnte. Neben der im Spiel ausgeformten Zwillingsphantasie findet sich ja auch der unmittelbar geäußerte Wunsch nach einer Zwillingssituation recht häufig. Das an vielen Stellen greifbare allgemeine Zwillingsinteresse, wie es im Mythos, in der Literatur und vor allem im Alltagsumgang sichtbar ist, mag mit diesen Phantasien und den Rätseln, die das Zwillingsproblem für die menschliche Identität enthält, zusammenhängen.

Die Beispiele mögen genügen, um die Breite der seelischen Funktionen deutlich zu machen, die das Spiel in tiefenpsychologischer Sicht auszuüben vermag. Kinder spielen zum sensuellen Vergnügen. Sie spielen Themen aus dem sozialen und geschlechtlichen Leben, mit denen sie beschäftigt sind. Sie spielen zum Aufbau ihres Selbstbewußtseins. Sie befreien sich spielend aus der kindlichen Abhängigkeit und Schwäche, aus Rivalitäten, aus Ängsten und aus der Isolation. Sie bringen im Spiel die Welt ihrer Eindrücke, der starken und bedrohlichen Eindrücke, mit der Welt ihrer Gefühle und Wünsche zusammen. Und in diesem Zusammenbringen, im spielenden Zurechtrücken der Welt liegen auch die Möglichkeiten, die von der analytischen Psychologie erst entdeckt und ausgebildet worden sind, nämlich die der Selbstheilung des seelisch verletzten Kindes durch das Spiel.

Spieltherapie

Die Elemente dieser Lehre und Praxis sind schon von Freud gefunden und oben beschrieben worden. Schon in der Zeit, als Freud noch an die direkte Kinderanalyse glaubte, also Traumdeutung, Assoziation und Bewußtmachen der Ängste auch bei Kindern für möglich hielt, hat er die »Phobie eines fünfjährigen Knaben« (1909) beschrieben. Er stellte fest, daß das Kind das Thema seiner Angst *spielte*, nämlich ausschlug und biß wie ein wildes Pferd, eben weil es Angst vor Pferden hatte.

Die Schüler Freuds haben seine fragmentarische Theorie weiter entwickelt und in die Praxis hinein ergänzt. *Melanie Klein* versuchte, das freie Spielen quasi als Assoziation direkt in die Therapie einzubauen und dabei ebenfalls, wie die Assoziationen dem Erwachsenen, so das Spiel dem Kind zu erläutern. Erläutern heißt natürlich nicht, daß sie jederzeit das Spiel auflöste in Gespräch und Diskussion, wohl aber, daß sie sich in das Spiel einschaltete durch Fragen, durch Deutungsangebote und durch die Beobachtung der Art und Weise, wie ein Kind auf solche Angebote einging: ob es sie ängstlich annahm, ob es sie ignorierte, oder ob es sie entschieden zurückwies. In diesem Sinn hat sie aber doch Kinder-*Analyse* angestrebt.

Anna Freud (1975) hingegen, die den Gebrauch des Spiels auch als Teil der Kindertherapie entwickelt hat, lehnte die

Deutung und Erklärung gegenüber dem Kind völlig ab und versuchte, therapeutische und erzieherische Impulse und Handlungen miteinander zu verbinden. In ihren Spielbeobachtungen hat sie insbesondere den »Abwehrmechanismus« als sehr wirksam und oft vorherrschend angesehen: Kinder arrangieren eine Situation, die sie lieber wollen als die Wirklichkeit und der gegenüber sie die Wirklichkeit in den Hintergrund drängen können. Anna Freud hat dabei also wieder die Wunschfunktion der ersten Freudschen Deutung in den Vordergrund gestellt und planmäßig zur Heilung und Stärkung des Kindes verwendet.

Eine wichtige Ergänzung hat *Erik Erikson* aus seinen Spielbeobachtungen hinzugefügt: Das Spiel kann dem Kind auch aus der Hand gleiten, es kann auch selber Angst erzeugen. So wie andere irrationale Zusammenhänge für den Menschen »todernst« werden können, kann sich auch das Kind von der Spielsituation übermannen lassen. Plötzlich fühlt sich das Kind wirklich gejagt, von Bären umzingelt oder überfahren. Die angsterzeugenden Figuren oder Tiere, über die es hatte verfügen wollen, machen sich selbständig, und die latente Angst fällt wieder her über das Kind. Damit widerspricht Erikson auch entschieden der These, daß ein Spiel immer durch Spielfreude und Entlastung gekennzeichnet sei (Château 1969). Nicht nur das Spiel, in dem das Kind von Ängsten überwältigt wird, sondern auch die Spiele, die der Durcharbeitung schwerer Probleme dienen, stellen für das Kind eine sehr ernste Angelegenheit dar. Kinder können nicht nur mit Hingabe, sondern auch mit Verbohrtheit oder mit irritierter, erregter Gespanntheit spielen, die mit dem Ernst der dahinterstehenden psychischen Thematik zusammenhängt.

Aus diesen Ansätzen haben sich nun verschiedene Verfahren und Schulen der Spielbehandlung entwickelt. Sie gehen gemeinsam von der Vorstellung aus, daß die Kindesseele labil und verletzbar ist und daß sie von starken Eindrücken und Anforderungen immer wieder bedrängt wird. Das Spiel ist, in seiner wesentlichsten, geradezu lebensschützenden Funktion, die deutende Bewältigung der Eindrücke und Themen, mit denen die Kindesseele befaßt ist. Man kann in diesem Sinne sagen – und darin liegt sicher eine der wichtigsten Entdeckungen, die auf dem Gebiet gemacht worden sind –, das freie Kinderspiel sei, im normalen oder günstigen Falle, ein fortwährender Prozeß der *Selbstheilung*. Starke Spannungen im Seelenleben des Kindes sind unvermeidlich; aber das Kind vermag sich mit ihnen immer wieder zu arrangieren im Spiel.

Die einzelnen therapeutischen Verfahren suchen nun das, was das Spiel normalerweise leistet, beim spannungsbelasteten oder seelisch erkrankten Kind absichtlich einzusetzen. Es sind dabei eine Reihe von Untersuchungsverfahren entwickelt worden, mit deren Hilfe die Hauptthemen der kindlichen Spannung oder Erkrankung aufgespürt werden sollen. Sie beruhen meist auf einem Angebot von Spielmaterialien, die das Kind einladen, sein Problem damit zu inszenieren: Spiel- oder Kasperpuppen, Familienfiguren, Elemente der Wohnung, Tiere. Durch Erfahrung mit diesem Material sind die Deutungen mit der Zeit sicherer geworden. Das Öffnen oder Schließen des Hauses, die Verwendung oder Hervorhebung bestimmter Figuren, das Schicksal der Figur, mit der das Kind sich identifiziert, offenbaren dem Therapeuten/der Therapeutin, mit welchen Themen das Kind vornehmlich beschäftigt ist. Auf verschiedene Weise setzen sie nun selber das Spiel ein, um seine Heilungstendenzen zu verstärken. Sie helfen dem Kind, seine gebremsten oder unterdrückten Wünsche auszuspielen. Oder sie wiederholen das Angebot mit dem gleichen Material und rechnen darauf, daß das Kind durch Gewöhnung an die aufgebauten Konflikte die Kraft zu ihrer Bewältigung findet (Staabs 1951; Lowenfeld 1935, 1969). Oder sie spiegeln die begleitenden Worte des Kindes nur zurück, damit sie dem Kind selber ins Bewußtsein kommen (Axline 1972). Oder schließlich: sie versuchen, das Kind ohne Deutung in aktiven Umgang mit leicht bearbeitbaren Materialien zu bringen, an denen es eventuell zusammen mit den Personen seines vorwiegenden Konflikts sich ausagieren und seine Beziehungen neu strukturieren kann.

Am anschaulichsten hat *Hans Zulliger* in den vielen Therapieverläufen, von denen er berichtet hat, das Verfahren der deutungsfreien Kindertherapie geschildert. Zullinger läßt das Kind sich zunächst durch das Spiel mitteilen, und der Therapeut gibt seine Antwort durch analoge Spielsignale oder durch eine direkte Einmischung in das Spiel des Kindes. Er greift ein, um den Spielsinn auf eine solche Weise weiterzuentwickeln, daß das Kind im Verfolg des Spiels Befriedigung, Trost oder Angstbefreiung erfährt. So ist das Spiel nicht nur Ausdrucksgebärde des Kindes, sondern es wirft auch die Frage des Kindes auf und teilt sie dem Erwachsenen mit, und dieser kann seinerseits, durch Intervention oder »Mitspielen«, Antworten auf Fragen und Bedürfnisse geben oder das Kind seine eigenen Antworten finden lassen. Für das alles wird keine andere Sprache gesprochen als die des Spiels und der Spielerläuterung. Und die Fähigkeit des Therapeuten muß darin bestehen, die Spielsignale des Kindes so zu verstehen, daß er im gleichen Signalsystem antworten und mit dieser Antwort das Kind befriedigen kann. Zulliger selber hat diese Zeichensprache des Kinderspiels bis zur Virtuosität erlernt. Auch dort, wo uns seine Übersetzungen in die verbalen Deutungsschemata der Psychoanalyse nicht gefallen oder nicht einleuchten – und oft scheinen sie gar zu simpel –, leuchtet dennoch sein praktischer Spieleingriff ein. Die Zeichen, die er den Kindern zurückgibt, werden von den Kindern direkt, d. h. innerhalb ihres Spiels, verstanden, und somit kann offenbleiben, ob die theoretischen Erläuterungen dazu überzeugen oder nicht.

Zulliger läßt das Kind mit dem Spiel beginnen und regt allenfalls durch Fragen oder durch bereitgestellte Materialien zum Spielen an. Da er seine Therapiespiele oft ins Freie verlegt und mit einem Spaziergang verbindet, sind es meist ungeformte und physiognomisch vielgestaltige Gegenstände oder Gewächse der Natur, mit denen das Spiel anfängt. Zwei Tannenzapfen und ein kleiner dritter sind genug, das Kind haucht ihnen ein Spielleben ein, und dieser Hauch enthält sehr bald etwas Erkennbares aus der Lebenswelt und aus der psychischen Problematik des Kindes. Zulliger spielt mit, führt andere Figuren ein oder arrangiert das Spiel versuchsweise so, daß das Kind darauf eingeht. Jetzt kommen Zuneigung oder Durchsetzungswille, Rivalität oder Aggression des Kindes zum Vorschein. Da ist der Bruder, auf den das Kind eifersüchtig ist und an dessen Anerkennung ihm doch alles liegt; oder der Vater, der sich mit ihm nie beschäftigt und ihm die Mutter streitig macht. Sind sie aus Rüben geschnitzt, kann man sie behandeln, wie immer man will; die Rübenköpfe lassen sich auch immer wieder herstellen und nehmen die Behandlung nicht übel. Sie erzeugen keine Schuldgefühle, wenn das Kind sie malträtiert oder zerstört. Das Ausagieren ist aber nur eine Durchgangsstufe: es gilt nun ein positives und disziplinierendes Verhältnis im Spiel zu finden. Es werden z. B. schönere Köpfe geschnitzt oder aus Papiermaché gefertigt, die man bemalen und zu einem Puppenspiel ausbauen kann. Das erfordert Kunst und sorgfältigen Umgang. Man muß beim Puppenspiel den Angreifer richtig führen, aber ebenso die angegriffene Puppe. Das Kind ist nicht mehr nur Partei, sondern für das Gelingen des ganzen Spiels verantwortlich. Wenn sich womöglich dann der Vater oder der Bruder noch an diesem Puppenspiel beteiligen kann, so ist der Weg zu neuen Verhältnissen gebahnt.

Das Herstellen des Spielmaterials nimmt in den Heilspielen Zulligers einen wichtigen Platz ein. Die Destruktion und das Chaotische, dem man durchaus eine Durchgangsfunktion einräumen kann, müssen vom Kind selbst überwunden werden. Auf dem Müllplatz oder Schrotthaufen kann man zunächst sich am Chaos weiden, kann zerstören, Lärm erzeugen und Geschirr zerbrechen. Aber man kann auch Gegenstände sammeln, aus denen sich wieder neue Gebilde formen lassen: abstrakte Plastiken, Trommeln oder Klangkörper, auf denen sich ein kunstvoller Ton erzeugen läßt. In den elementaren Kultivierungsunternehmungen liegen oft die einfachsten Möglichkeiten des Kindes, seine Emotionen und Triebe in eine aufbauende Tätigkeit umzuformen, die auch neue Sozialbeziehungen schafft. Häuser bauen oder

Zeltplätze, ein Gärtlein anlegen, Puppen oder Kasperfiguren herstellen und ihnen ein solches Leben einrichten, wie es den eigenen Wünschen entspricht; Instrumente basteln und darauf einfache Tonfolgen üben; Dörfer errichten oder Häfen und Urwälder für die expansive Phantasie – das alles wird von Zulliger benutzt und angeregt, um das Kind neue Selbsterfahrungen und neue Sozialbeziehungen kennen zu lehren. Hinter allen Beschreibungen von Therapie-Verläufen zeichnet sich Zulligers unerschöpflicher Reichtum von Spieleinfällen ab, die mit den Ausdruckszeichen des Kindes in Verbindung stehen und die dem Kind ermöglichen, seine Spannungen und seine Konfliktthemen in eine beziehungsstiftende Aktivität umzuformen und mit der neuen Spielweise, die das Kind damit erlernt, eine neue Weise der Konfliktbewältigung zu entdecken. Indem das Kind mit Hilfe des Therapeuten spielen lernt, lernt es mit seinen Schwierigkeiten, sie lösend und sich befreiend, zurechtzukommen. Es lernt also das, was ein weniger belastetes Kind ohnehin ständig tut: mit seinen Affekten und Spannungen derart symbolisch umzugehen, daß es sie zu bewältigen vermag, daß es an ihnen wächst und Neues erfährt und daß es selber im Spiel sich neue Spannungen und neues Lernen und Wachsen suchen kann.

Empirische Arbeiten auf der Basis der psychoanalytischen Spieltheorie

Das eigentliche Feld der Psychoanalyse ist die Therapie und die Beobachtung des Einzelfalls. Hier hat sie ihre Hypothesen entwickelt und hier auch ihre breite klinische Erfahrung gewonnen. Darum sind auch im Bereich der Spielforschung die Beschreibung und Deutung von einzelnen Szenen und Spielabläufen ihre Domäne geblieben, während systematisch-empirische Untersuchungen, die methodisch über die deutende Beobachtung und therapeutisch-kasuistische Verwendung hinausgehen, von ihr nur in begrenztem Maße geleistet oder ausgelöst worden sind. Dennoch sind solche

empirischen, statistisch auswertbaren Untersuchungen un-
entbehrlich, wenn man weiterreichende Folgerungen aus
den psychoanalytischen Hypothesen ziehen will. Man denke
daran, welch unabmeßbare Bedeutung die systematischen
Untersuchungen über das Hospitalismusproblem auf der
Basis einer psychoanalytischen These erreicht haben. Die
These selber ist schon viel älter, aber in ihrer unerhärteten
Form blieb sie ohne Auswirkung. Erst die entsprechenden
empirischen Untersuchungen haben eine neue Sicht der
Heimversorgung, insbesondere im Säuglingsalter, durchgesetzt (Rutter 1981) und dafür gesorgt, daß Pflegeformen,
wie sie lange üblich waren, weitgehend aufgehoben oder
doch so eingerichtet worden sind, daß die Grundbedürfnisse
kleiner Kinder darin beachtet werden.

Eine eigentlich experimentelle Forschung ist auf der Basis
der psychoanalytischen Spieltheorie nur in zwei Richtungen
angestellt worden: im Puppenspiel (doll-play) und in den
Tests zur Spielthematik. Experimentelle Untersuchungen
mit Hilfe des *Puppenspiels* sind in großer Zahl durchgeführt
worden; ein Übersichtsbericht von H. Levin und E. Ward-
well (1962) wertet die wichtigsten 32 Untersuchungen aus
und vergleicht ihre Methoden und Ergebnisse. Die systematische Verwendung von Spielpuppen begann zunächst als
klinisches Verfahren. Anna Freud schreibt die Anfänge Melanie Klein zu, die mit Spielpuppen in der Diagnose und
Behandlung von emotional gestörten Kindern arbeitete.
Später, etwa von 1933 an, wurde das Puppenspiel auch für
systematische und experimentelle Untersuchungen verwendet, und zwar in sehr verschiedenartigen Forschungsarran-
gements. Im allgemeinen wird dem Kind eine Anzahl von
Puppen gezeigt – z. B. Puppen einer Familiensituation, die
eine Art Wohnung, ein Spielhaus bevölkern –, und das Kind
wird aufgefordert, eine Geschichte über diese Puppenfami-
lie zu erzählen und dabei mit den Puppen zu spielen. Die
Handlungen des Kindes und die Erzählungen werden beobachtet und protokolliert, die Protokolle dann systematisch
ausgewertet. Berühmte und oft zitierte Untersuchungen
dieser Art, welche die ganze Forschungsrichtung metho-

disch stabilisiert haben, waren die von Sears u. a. (1946). Darin wurde das Spiel von Kindern, deren Väter kriegsbedingt lange Zeit von der Familie getrennt gewesen waren, untersucht. Die Hauptthemen dieser Forschung mit Hilfe des Puppenspiels blieben: Aggression, Stereotypie, Bevorzugung von bestimmten Puppen (spielen die Kinder z. B. mit Eltern- oder mit Kinderpuppen? Spielen sie nur mit der engsten Familie oder auch mit außenstehenden Personen?), ferner die Trennung von den Eltern oder einzelnen Elternteilen (diese Untersuchungen haben dazu beigetragen, die Rolle und die Bedeutung auch des abwesenden Vaters wieder zu entdecken); weiter die Vorurteilsbildung unter Kindern, mit dem Hauptthema der rassischen Vorurteile.

Ein interessantes Ergebnis erbrachten zum Beispiel die Untersuchungen über den Zusammenhang von Aggressivitätsäußerungen von Kindern mit den Bestrafungen, die sie für offene Aggressivität erhielten. Frühere Untersuchungsergebnisse hatten gezeigt, daß Kinder, die entweder sehr wenig oder sehr stark für Aggressivität bestraft wurden, gleichermaßen sehr viel weniger Aggressivitätsäußerungen zeigten als mittelmäßig bestrafte Kinder. Dieses Ergebnis ließ sich lerntheoretisch so deuten, daß den Kindern im einen Fall – bei wenig Strafe – wenig Anlaß zur Aggressivität gegeben, im anderen Fall – bei starker Bestrafung – die Aggressivität erfolgreich unterdrückt wird. Untersuchte man nunmehr mit Hilfe des Puppenspiels die Aggressionsphantasien, so zeigte sich ein geradliniges Ansteigen der Aggressivität mit der Bestrafung für Aggressivität. Die stark bestraften Kinder erwiesen sich also im Puppenspiel als die weitaus aggressivsten, auch wo sie in ihrem offenen Alltagsverhalten – auf Grund der wirksamen Unterdrückung – wenig aggressive Handlungen zeigten (Berlyne 1969).

Die methodischen Unterschiede innerhalb der Puppenspiel-Techniken sind allerdings noch groß; von einer hinreichenden Standardisierung, wie sie für die Beurteilung des normalen Spielens und die verschiedenen Abweichungen nützlich wäre, kann noch nicht die Rede sein. Aber es liegt hier doch schon ein breites und auch aufgearbeitetes

Material der Kinderforschung vor, das auch die grundsätzlichen Möglichkeiten einer Spielforschung mit psychoanalytischen Hypothesen erweist.

Eine weitere Gruppe empirischer Arbeiten hat sich den Spielgegenständen anderer Art zugewandt und aus der Bevorzugung oder Ablehnung sowie aus dem thematischen Ablauf objektivierbare Daten zu gewinnen versucht. Als Beispiele dienen uns eine psychoanalytisch orientierte Untersuchung von Erik Erikson und eine distanziert-unparteiische von Bernard Gilmore.

Erikson (1951; 1965) wählte ein bestimmtes Standardmaterial aus (122 Bauklötze, 38 Möbelstücke, 14 Puppen, 9 Autos, 11 Tiere), das er nach und nach mehr als 450 psychisch gesunden Kindern von 11–13 Jahren vorlegte mit der sparsamen Anweisung, sie sollten sich vorstellen, der Spieltisch sei ein Filmatelier, die Spielsachen Schauspieler und Kulissen, und nun gelte es, »auf dem Tisch eine aufregende Szene aus einem ausgedachten Film aufzubauen«. Die so entstandenen, protokollierten und fotografierten Szenen versuchten die eingesetzten Auswerter dann nach einem in Vorversuchen gewonnenen Schema zu klassifizieren, sie als Türme, Gebäude, Straßen, Durchfahrten, hohe oder tiefe Einfriedungen, Innenräume ohne oder mit Wänden zu bezeichnen. Nur ganz wenige der Kinder haben dabei filmartige Szenen gebaut, die meisten folgten momentanen Assoziationen. Nur einige erzählten eine mehr oder minder aufregende Geschichte dazu, die anderen ließen es beim Szenenbau bewenden. Erikson war nun einerseits an den einzigartigen Besonderheiten einzelner Bauszenen und deren Entschlüsselung an Hand der Biographie der Kinder interessiert – das kann hier außer acht bleiben. Zum anderen aber suchte er die Gemeinsamkeiten, die kollektiven Strukturen des freien Spielens auszumachen. Er stieß dabei auf typische Bauarrangements der beiden Geschlechter. Während die Buben »Strukturen, Gebäude, Türme oder Straßen« bauten, neigten die Mädchen deutlich dazu, »den Spieltisch als Inneres eines Hauses zu verwerten« und die Bauklötze kaum zu benutzen. Für die Buben waren neben den Hochbauten die Ruinen, Einstürze oder Zusammenstöße häufig, ferner die Kanalisierung oder Blockierung des Verkehrs. Der Polizist war die am häufigsten verwendete Puppenfigur. Bei den Mädchen wogen die Familienszenen vor, das Innere eines Hauses, das manchmal durch Wände geschützt ist, oft aber auch wandlos offensteht. In einer Zahl von Fällen – leider fehlen genaue Zahlenangaben – bricht in diese Familienszene von außen jemand ein: ein Schwein, ein Tiger, ein Mann. Dieser Einbruch wird aber nicht als Katastrophe, sondern als humorvolle oder freudig-erregende Angelegenheit angesehen. Offenbar werden hier – so folgert Erikson – zugleich organische Symbole wie auch soziale Situationen der Geschlechter gespielt. Das Eindringen und Empfangen, die konstruk-

tiv-expandierende und die häusliche, einbruchsoffene Rolle sollen symbolisch ausgedrückt werden.

Allerdings spürt man hier auf Schritt und Tritt (wie ja auch bei den ersten
Hospitalismus-Arbeiten), wie die Interpretation überall schon in die Dar-
bietung der Befunde einfließt, und auch die Versicherung des Autors, daß
er anderes erwartet und gesucht habe, überzeugt den Leser nicht. Hier
müßte wohl noch sorgfältiger zu Werke gegangen werden, wobei man freilich kaum hoffen darf, eine organische und eine sozial bedingte Ge-
schlechtsthematik auseinanderdividieren zu können.

Einer Prüfung von außen und damit einer Entscheidungs-
hilfe für oder gegen die psychoanalytische und die lerntheoretisch orientierte Lehre vom Spiel widmet *J. B. Gilmore*
(1966) seine Untersuchungen. Die gegeneinander stehen-
den Hypothesen, zwischen denen er empirische Entscheidung sucht, lauten:

1. Kinder spielen lieber mit Spielzeug, das für sie von gewisser Neuheit ist, als mit einfachem und schon bekanntem
Material.

2. Ängstliche Kinder sind weniger an neuem Spielmaterial als an schon bekanntem interessiert; sie spielen aber besonders mit solchen Spielsachen, die auf irgendeine Weise
mit der Quelle ihrer Angst zu tun haben.

Die Untersuchungen wurden zum Teil an Kindern durchgeführt, die eine
Mandeloperation unmittelbar hinter sich hatten, von denen also vermutet
werden konnte, daß sie ein gewisses Angsterlebnis durchlaufen haben. Bei
diesen Kindern war tatsächlich ein Zusammenhang der Spielthematik mit
der Angstthematik eindeutig nachzuweisen, so wie es der psychoanalytischen Hypothese entspricht. Auf der anderen Seite zeigte sich nicht, daß
die ängstlichen Kinder mehr nach dem altvertrauten Spielzeug griffen.
Vielmehr zogen alle Kinder eindeutig neues Spielzeug vor. Darin also
scheint sich die lerntheoretische Hypothese zu bestätigen. Es zeigt sich aber
weiter in diesen Untersuchungen, daß, wenn die Angst-Affektion ein gewisses Maß überschreitet, nun aber auch die Angst-relevanten Themen innerhalb des Spiels vermieden werden. Offenbar gibt es hier, ähnlich wie bei
dem Neugkeitsphänomen, eine Schwelle, jenseits derer der Wunsch und
die Fähigkeit zur Aufarbeitung der Angst durch Spiel sich nicht mehr
durchsetzen können. Die Angst beherrscht das Kind so, daß sein Spielen
und seine Neugier blockiert sind.

Die Untersuchung gibt ein gutes Beispiel für den verschiedenartigen Erklärungswert unterschiedlicher Theorien. In-

dem eine lerntheoretische und eine psychoanalytische Hypothese eingegeben wurden, kam es nicht – wie auch nicht zu erwarten war – zu einem Entscheidungsbefund, sondern vielmehr zu Ergebnissen, in denen beide Theorien teilweise bestätigt werden und nur eine gegenseitige Ergänzung oder Überlagerung beider Deutungssysteme zu einem hinreichenden Verständnis des Experimentergebnisses führt.

Die Welt-Technik

Auf denselben Gedanken wie die Spieltheorie basierend, aber unabhängig von ihr unter anderen theoretischen Voraussetzungen entwickelt, nimmt auch die »Welt-Technik« von Margret Lowenfeld eine Art Zwischenstellung zwischen der psychoanalytischen Theorie und den entwicklungs- und persönlichkeitspsychologischen Kinderuntersuchungen ein. Sie ist, zumal in der Weiterentwicklung durch Charlotte Bühler und ihren Kreis (1955), ein sorgfältig durchgearbeitetes Spielverfahren und für Diagnostik und Spieluntersuchung international im Gebrauch. Als Spielmaterial hat sich nach einigen zufälligen Anfängen allmählich eine Ausrüstung entwickelt, die in folgenden Gruppen zusammengehalten wird:

»*Lebewesen:* gewöhnliche Männer, Frauen und Kinder, Soldaten, Cowboys und Indianer, Tänzer, Akrobaten, Clowns, Menschen anderer Rasse; prähistorische, wilde und gezähmte Tiere. *Gebäude* verschiedener Art, Bäume, Büsche, Blumen, Zäune, Tore und Brücken, Fahrzeuge für Straße, Bahn, Luft und Wasser. *Ausstattung* für Schule, Krankenhaus, Bauernhof und Gärten, Spielplätze, Parks, Jahrmärkte etc. Zusammen mit diesen Gegenständen gebraucht man *amorphe* Materialien: hölzerne Scheiben, Trichter, Gummischläuche, Behälter von verschiedener Form und Größe.

Die *Einführung* des Kindes in die Handhabung der ›Welt‹-Apparatur ist standardisiert. Es wird dem Kind in einfachen, seinem Alter und geistigen Niveau entsprechenden Worten erklärt, daß die meisten Kinder Ideen im Kopf haben, die ›nicht in Worte zu fassen sind‹, daß viele Ideen leichter in Bildern und Handlungen ›gesagt‹ werden können als in Worten und daß dies eine natürliche Art des ›Denkens‹ ist. Dann wird dem Kind die Apparatur gezeigt, und es wird aufgefordert, damit zu machen, ›was ihm einfällt‹.

Während das Kind die ›Welt‹ aufbaut, sitzt der Therapeut daneben, beobachtet das Kind aufmerksam, zeigt Interesse an dem, was vor sich geht, ist in jeder erdenklichen Weise behilflich, die sich bei dem betreffenden Kind ergibt« (Lowenfeld 1969).

M. Lowenfeld möchte mit so wenigen Hypothesen wie möglich das Material und die entstehenden Gebilde für sich selber sprechen lassen. Zur Deutung soll nur das dienen, was das Kind selber baut und erläutert. Die Spielgebilde werden von ihr nicht durchweg als Erscheinung des Unbewußten im eigentlichen Sinne angesehen. Es handelt sich nach ihrer Meinung viel mehr um das dem Kind eigentümliche vorsprachliche und vorlogische Denken und Erleben, das seinen unmittelbaren Ausdruck in solchen Spielgebilden findet. Margret Lowenfeld bezeichnet es als das »primary system« und unterscheidet es vom »secondary system«, nämlich der Rationalität und symbolischen Strukturiertheit des Erwachsenendenkens. Sie ist aber nicht an einer standardisierten Diagnostik interessiert, sondern an der psychohygienischen und -therapeutischen Wirkung, die diese Ausdrucksmöglichkeiten für das Kind enthalten. Sie geht davon aus, daß in den gebauten Welten »die Gegenstände und ihre gegenseitigen Beziehungen sozusagen Symbole für die Ideen, Gefühle, Phantasien und Vorstellungen sind«, die das Kind beschäftigen. Im Bauen vermag das Kind auszudrücken, was es sonst nicht mitteilen könnte. Zugleich hat aber diese Mitteilungsform therapeutische Wirkung, auch dann, wenn sie nur teilweise vom Therapeuten verstanden wird. Kinder mit widerstandsfähigen Schwierigkeiten erhalten die Möglichkeit, durch lange Zeit hindurch eine große Anzahl von Welten zu bauen und damit sowohl in der Fähigkeit der Mitteilung wie in der Fähigkeit, diese Welten zu bearbeiten und leidlich selber in Ordnung zu bringen, voranzukommen und sich zu stärken. Dabei sind Kinder oft auffallend damit beschäftigt, eine Ordnung oder Gliederung für diese dargestellte Welt zu finden. Sie suchen von den anfänglichen, relativ chaotischen Gebilden zu strukturierten, gegliederten und verständlichen Bildern überzugehen. Diese Gliederungen werden von M. Lowenfeld und ihren Nachfolgern stark unter raumsymbolischen Gesichtspunkten ausgelegt: es werden lockere und übersichtliche Gliederungen, heitere, geordnete Landschaften von eng umschanzten, ängstlich-defensiv gebauten Gruppierungen, von chaotisch gestreuten Anordnungen oder von massigen, dramatisch zusammengefügten Szenen, Unfällen, Einstürzen und ähnlichem unterschieden.

Charlotte Bühler hat die Welt-Technik 1934 in London kennengelernt und bald daran zu arbeiten begonnen, das Material und die Auswertung zu standardisieren und daraus ein Test-Instrumentarium zu entwickeln. Da von ihrem Schülerkreis und von anderen eine große Zahl von Nachfolgeuntersuchungen mit diesem Material gemacht worden sind, ist daraus ein Testverfahren geworden, das als die »heute sicher am besten geeichte Spielmethode« (Höhn 1964) bezeichnet wird. Es sind einmal bestimmte Alterskriterien, d. h. alterstypische Spielverläufe, untersucht worden, zum anderen die Spielformen von gehemmten, stotternden und geistig behinderten Kindern. Hildegard Hetzer und Elfriede Höhn haben für die deutsche Ausgabe des Welt-Tests Kontrolluntersuchungen durchgeführt. Auch bei Erwachsenen wurde dieser Welt-Test angewandt, so daß nunmehr eine große Zahl von Anwendungsmöglichkeiten für dieses Material erschlossen worden ist. Es kann dazu dienen, Entwicklungs- und Persönlichkeitsuntersuchungen durchzuführen, und wird zur Erkenntnis von Konflikten und neurotischen Störungen verwendet. Und es dient schließlich seinem ursprünglichen Zweck, nämlich als ein Instrument des Ausdrucks von Kindern und als eine Gelegenheit, mit einem zunehmend vertrauter werdenden Material sich auch mit den eigenen Themen zunehmend vertrauter zu machen und durch eine Folge von Spielarrangements die eigenen Schwierigkeiten und Spannungen zu bewältigen.

Auf der Grundlage der psychoanalytischen Spieltheorie haben sich also sehr verschiedene Konzepte und Arbeitsrichtungen der Spielforschung entwickelt. Sie reichen von der streng auf das einzelne Kind und seine neurotischen Störungen bezogenen Spieltherapie bis hin zu standardisierten Spieltechniken mit quantitativ auswertbaren Beobachtungen über die Spielthematik und den Spielverlauf. In den zuletzt genannten Untersuchungen zum Puppenspiel, zur Angst- und Aggressionsbeobachtung und zur »Welt-Technik« werden Tendenzen deutlich, die gegenwärtige, vorwiegend experimentell arbeitende Psychologie und die praktischen Erfahrungen einer psychoanalytisch orientierten klinischen Psychologie miteinander in Verbindung zu bringen und das eine für das andere fruchtbar zu machen. Beide Arbeitsrichtungen haben noch verhältnismäßig wenig dafür geleistet, über die engen Bereiche therapeutischer oder experimenteller Facharbeit hinauszugehen und die gewonnenen Einsichten und praktischen Erfahrungen für die Kleinkindererziehung im ganzen zu nutzen. Die eigentlich therapeutische Arbeit wird natürlich das Feld von Fachleuten bleiben. Das Verständnis der Erzieher für die Spielthemen des Kindes und die Hilfe zur Überwindung von Spielschwierigkeiten oder Blockaden, aber auch die Einrichtung einer günstigen Spielumgebung und die ganze Psychohygiene eines hilfreichen, befreienden und aufbauenden Kinderspiels könnten sehr gefördert werden, wenn die Spiellehre psychoanalytischer Orientierung ausführlicher und faßlicher zu Händen der Praktiker dargestellt wäre. Hier liegt eine der wichtigsten Aufgaben und Möglichkeiten, Ergebnisse der psychoanalytischen Spielforschung für die Arbeit des Kindergartens und für die Förderung der Spielpraxis fruchtbar zu machen (vgl. Kap. 6).

5 Sozialpsychologische Aspekte – Rollenspiel und Kindertheater

Spielen ist weithin ein soziales Phänomen. Die ausgeformten Spiele (games), die eine bestimmte Regel oder einen festgelegten Verlauf haben, sind zum größten Teil auf Spielpartner angewiesen. Aber auch die spontane Spieltätigkeit (play) wird von früh auf vor allem als Sozialereignis veranstaltet und gewünscht. Das Vor-sich-hin-Spielen wird zunehmend ergänzt oder abgelöst durch Spielen zu zweien oder in der Gruppe.

Es gibt manche Gründe dafür, daß die Sozialentwicklung und -erziehung mehr und mehr wissenschaftliches und öffentliches Interesse findet. Die frühen Kompetenzen des Kindes allgemein und besonders im Sozialbereich, die Möglichkeiten früher Förderung, aber auch frühe Ursachen von Fehlentwicklungen im sozialen Verhalten nehmen in der heutigen Kinderforschung einen großen Raum ein. Der wichtigste Anlaß ist aber die veränderte Soziallage des Kindes in der heutigen Durchschnittsfamilie, die nicht nur oft keine Geschwister und keine dichten familiären Sozialbeziehungen mehr bietet, sondern auch vom Familienalltag her, von der Nachbarschaft, der ferngerückten Arbeitswelt, der Berufstätigkeit der Eltern her für die Kinder kein selbstverständliches Milieu vielfältiger Sozialerfahrungen mehr schafft. Vereinbarte Spielgruppen oder öffentliche Erziehung beginnen heute eher denn je. Sie lenken die Aufmerksamkeit auf das frühe Sozialleben und auf spontanes und veranstaltetes Zusammenspiel (vgl. Hartrup 1983; Scales u. a. 1991).

Entwicklung des kindlichen Sozialverhaltens

Die Entwicklungspsychologie der vorigen Generation hat versucht, Beobachtungen über das Sozialverhalten des Kindes mit bestimmten durchschnittlichen Altersangaben zu verbinden. Diese Angaben galten unter den üblichen Bedingungen der europäisch-amerikanischen Welt und für den Durchschnitt – d. h. mehr als die Hälfte – der Kinder, die in diesen Bedingungen leben. In jüngerer Zeit aber sind wir über die Reichweite und den Sinn solcher Aussagen, wie sie etwa die weltweit verbreiteten Bücher von Arnold Gesell kennzeichnen, unsicher geworden. Ist der Durchschnittsverlauf eigentlich hinreichend interessant? Fast die Hälfte der Kinder macht doch *andere* Entwicklungen durch. Man müßte zum Durchschnitt mindestens noch die Verteilung und die Spielbreite der anderen Entwicklungsverläufe kennen, um zu wissen, auf was man bei den Kindern, die man jeweils vor sich hat, eingestellt sein muß. Das gilt generell für die Altersangaben der Entwicklungspsychologie; es gilt aber in besonderem Maße für die der sozialen Entwicklung. Denn die sozialen Fähigkeiten der Kinder, die Möglichkeit, miteinander zu spielen, sich einem sozialen Regelsystem einzufügen und an dem Zusammenspiel mit anderen Kindern Vergnügen zu finden, ist noch mehr als andere Entwicklungsmomente davon abhängig, in welcher sozialen Situation das Kind aufwächst. Hat das Kind Geschwister? Hatte es von früh an gleichaltrige Spielgefährten? Wächst es in einer Erziehungseinrichtung mit vielen oder wenigen Sozialkontakten auf? Die Häufigkeit und Intensität der Sozialerfahrungen, der Austausch mit Erwachsenen und Kindern der Umgebung entscheiden über die sozialen Fähigkeiten der Kinder in hohem Maße.

Die Wiener Psychologenschule und William Stern hatten innerhalb des ganzen Spielrepertoires der Kinder auch die Sozialspiele beobachtet und versucht, die typische Abfolge ausfindig zu machen, in der die Kinder soziales Spielen lernen und ausbilden. So hat *William Stern* (1921) beschrieben, wie die Kinder schon mit zwei Jahren durch ihre Nachahmungsfähigkeit oder das Angestecktwerden – Stern spricht geradezu von psychischer »Infektion« – in eine Spielgemeinschaft mit Erwachsenen oder anderen Kindern hereingezogen werden. Ein Kleinkind imitiert, »macht mit« und wirkt dadurch auch auf sein Vorbild zurück. Die Gemeinsamkeit etwa des Lärmerzeugens oder Herumrennens fügt die Kinder zu einem Spielsystem zusammen, das sich durch sich selber steigert. Es entsteht eine Art von Gruppensuggestion, die man zwar noch nicht als ein regelrechtes Miteinander, wohl aber als einen Sozialvorgang bezeichnen kann, von dem auch kleine Kinder schon mitgerissen werden.

Gegenüber diesen frühen Formen, in denen ein gleichartiges und sich ansteckendes Verhalten der Kinder noch vorwiegend ›regellos nebeneinander her‹ läuft, verfügen schon etwa dreijährige Kinder über die Fähigkeit, an Kreis- und Reigenspielen teilzunehmen. Der Reiz liegt wie auf der vorigen Stufe in dem »Mitmachen«, das durch die ursprüngliche Fähigkeit zum »Nachmachen« ermöglicht wird. Das Kind genießt die Teilnahme an einem regelhaften Zusammenhang, schaut sich die Handlungsfolgen und die Verhaltensregeln ab und singt die vorgesungenen Weisen mit. Es wird also durch die Chorwirkung affiziert und von dem Rhythmus, der kollektiven Bewegung, den Ausdrucksformen in diese Gemeinsamkeit hereingezogen.

Eine nächste Stufe bilden die Spiele, in denen die einzelnen Glieder der Spielgemeinschaft *verschiedene* Tätigkeiten ausüben. Die Mitspieler müssen die Gesamtaufgabe erfassen und ihre einzelne Rolle dabei selbständig wahrnehmen. Hier muß das Kind also sowohl seinen eigenen Nachahmungstrieb überwinden, als auch die eigene Spontaneität mindestens soweit eingrenzen, daß sie in das gemeinsame Spiel einmündet. Die Fähigkeit zu einer solchen ›Spielteilung‹ wird nach W. Stern erst im Laufe des fünften Lebensjahres erworben. Spätere Stufen stellen dann vorbereitete Rollenspiele dar, die Ansätze zu einem regelrechten Szenen- oder Theaterspiel enthalten. Und noch eine weitere Stufe bilden die Konkurrenz- und Wettbewerbsspiele des »Knabenalters«. So beginnen die Sozialspiele, sagt Stern in seiner Darstellung der frühen Kindheit, mit einem »Nebeneinander«, sie führen in einer zweiten Etappe zu einem »Miteinander« und in einer dritten zum »Gegeneinander« der Kampf- und Kriegsspiele, in denen sich die junge Persönlichkeit zu festigen und durchzusetzen sucht.

Ähnliche Abfolgen sind von der zeitgenössischen Kinderforschung in mancherlei Variationen beobachtet und beschrieben worden. *Mildred B. Parten* (1933) z. B. sieht für die
drei- bis siebenjährigen Kinder eine Reihenfolge der Sozialformen als üblich an, die sie folgendermaßen kennzeichnet:
1. Nichtstun – 2. Einzelspiel – 3. Zusehen – 4. Parallelspiel –
5. gemeinsames Spiel – 6. organisiertes oder kooperatives
Gruppenspiel. In einer auch statistisch ausgewerteten Studie
auf der Basis eines großen Beobachtungsmaterials kommt sie
zu folgenden Ergebnissen: Die Dreijährigen spielen am liebsten in Zweiergruppen. Diese Zweiergruppen werden zu
zwei Dritteln von Kindern gleichen Geschlechts gebildet;
auch die Wahl des liebsten Spielgefährten fällt überwiegend
zugunsten des gleichen Geschlechts. Weiter ist die Wahl der
Spielgefährten zwar durch die Altersstufe und durch die
häusliche Umgebung – durch Wohngegend und soziale
Schicht – beeinflußt, von der Höhe der Intelligenz jedoch so
gut wie unabhängig. Geschwister bilden vorzugsweise auch
im Kindergarten eigene Spielgruppen oder gehören gern derselben Spielgruppe an. Es gibt eine Reihe von Spielen, die
besonders für das Nebeneinanderherspielen geeignet sind:
Sandspiel und Bauen, Spiele mit Farben, Ton und Knete
lassen sich besonders gut auf die Weise betreiben, die das
Parallelspiel charakterisiert, die also ermöglicht, daß die Kinder beieinander sind, einander zugucken, sich auch gegenseitig in Gang halten, aber nicht aufeinander als Spielpartner
angewiesen sind; sie können das eigene Spiel nach ihren
spontanen Impulsen und Phantasien lenken und die Sozialkontakte nach Belieben aufnehmen und wieder beenden.
Auch in diesen Untersuchungen hat sich gezeigt, daß die
Neigung zu Gruppen, die die Zweierzahl überschreiten, mit
dem Alter steigt und damit auch die Bedeutung von Spielmaterialien zunimmt, die ein Zusammenspiel ermöglichen
oder geradezu erfordern.

Zwischen dem Nebeneinanderspielen und der gleich-
rangigen Gemeinsamkeit gibt es Formen einer *partiellen
Teilnahme*, wie sie besonders *Jean Château* (1969, § 34) beschrieben hat: Ein größeres Kind hat eine Schleuder, eine

Gruppe kleinerer begleitet es auf seiner Jagd. »Sie durchsuchen mit dem Jäger die Sträucher, schätzen die Entfernungen und wägen die Chancen ab. Sie geben Ratschläge, sie begutachten die Schüsse, schlagen neue Ziele vor, hier ein Elsternnest, dort einen Baum, über den man mit einer Schleuder einen Stein schießen könnte, oder einen weitentfernten Strauch.« Ohne dieses Publikum hätte der Besitzer kaum Vergnügen an seiner Schleuder. Aber auch die Kleinen kommen auf ihre Rechnung. Sie sind dabei, sind selber auf der Jagd, auch wenn sie nicht einmal zu einem Probeschuß zugelassen werden. Es gibt eine Reihe von Spielen, die neben den Hauptakteuren einen Kreis von Spielern zweiten Ranges einbeziehen. Für diese sind die Rollen unschärfer definiert, aber auch der Regelzwang gelockert. Der »Wolf« verfolgt die Randspieler nicht, wenn er aus der Höhle hervorschießt; beim »Plumpsack« oder »Faul'Ei« werden die weniger wendigen Spieler bald zum Zuschauerchor, der nicht mehr eigentlich mitspielt, aber doch noch dabei ist. Auch bei »Blindekuh« oder »Katz und Maus« ist die Mehrzahl der Kinder in einer Art Publikumsrolle. Diese Spiele scheinen wie dafür erfunden, kleinere Kinder als Nebenspieler mit aufzunehmen und damit verschiedene Stufen sozialer Spielfähigkeit zusammenzuführen.

Innerhalb der entwicklungspsychologischen Versuche, typische Formen des Sozialspiels auf den verschiedenen Altersstufen zu charakterisieren, nimmt wiederum *Jean Piaget* mit seinen methodisch aufwendigen Untersuchungen eine Sonderstellung ein.

Piaget (1954) hat das Murmelspiel der Kinder in Genf und Neuchâtel erforscht. Und zwar ist er gerade auf dieses Spiel verfallen, weil es in der ausgebildeten Form, so wie es die elf- bis vierzehnjährigen Kinder spielen, ein hochkompliziertes Regelsystem darstellt, das in sehr vielen Abweichungen gespielt werden kann und bei dem die Spielpartner die Regeln teils durch vorausgehende Abmachungen, teils durch bestimmte Zurufe und Gegenrufe im Laufe des Spiels festlegen und ausdifferenzieren. Nach diesen Untersuchungen erscheint die Entwicklung des Sozialspiels bis hin zu einem wirklichen und bewußten Regelspiel als ein sehr langwieriger Prozeß, der von Piaget bis in alle Einzelheiten und Varianten verfolgt wird, und zwar sowohl des Verhaltens der Kinder als auch ihres Bewußtseins oder mindestens der Fähigkeit, Auskunft über den Stand der Dinge zu geben.

Piaget unterscheidet vier Hauptetappen dieses Entwicklungsprozesses:

»Ein erstes rein *motorisches* und *individuelles* Stadium, in dessen Verlauf das Kind mit den Murmeln nach seinen eigenen Wünschen und motorischen Gewohnheiten umgeht. Es entstehen bei dieser Gelegenheit mehr oder weniger ritualisierte Schemata, da jedoch das Spiel individuell bleibt, kann man nur von motorischen Regeln und nicht von eigentlichen Kollektivregeln sprechen.

Ein zweites Stadium ließe sich das *egozentrische* nennen. Dieses Stadium beginnt mit dem Augenblick, wo das Kind von außen das Beispiel festgelegter Regeln erhält, d. h. je nachdem zwischen 2 und 5 Jahren. Jedoch spielt das Kind, auch wenn es Beispiele nachahmt, entweder ganz allein, ohne sich Mitspieler zu suchen, oder mit anderen, ohne zu versuchen, sie zu besiegen, d. h. ohne die verschiedenen Spielarten zu vereinheitlichen. Mit anderen Worten, in diesem Stadium spielen die Kinder auch im Zusammenspiel noch einzeln für sich (jedes kann gleichzeitig Gewinner sein) und kümmern sich nicht um die Festlegung der Regeln. Diesen Doppelcharakter: Nachahmung und individuelle Anwendung der erhaltenen Beispiele bezeichnen wir als Egozentrismus.

Ein drittes Stadium, welches wir das der *beginnenden Zusammenarbeit* nennen werden, tritt zwischen 7 und 8 Jahren auf. Jeder Spieler sucht seinen Nachbarn zu besiegen, daher tritt die Besorgnis um eine gegenseitige Kontrolle und die Vereinheitlichung der Regeln in Erscheinung. Nur herrscht, wenn sich auch die Partner im großen und ganzen während ein und derselben Partie einig werden, hinsichtlich der allgemeinen Spielregeln ein beträchtliches Schwanken. Mit anderen Worten, die Kinder der gleichen Schulklasse von 8 bis 9 Jahren, die doch ständig miteinander spielen, geben, wenn man sie einzeln fragt, sehr verschiedene und oft gänzlich widerspruchsvolle Auskünfte über die Regeln des Murmelspiels.

Ungefähr zwischen 11 und 12 Jahren schließlich setzt das vierte Stadium, das der *Kodifizierung der Regeln* ein. Von nun an sind nicht nur die Partien selbst in ihrem Verlauf mit peinlicher Genauigkeit geregelt, sondern die Gesamtheit der zu befolgenden Regeln ist jetzt der ganzen Gesellschaft bekannt. Die 11- bis 12jährigen Kinder derselben Schulklasse geben in der Tat bemerkenswert übereinstimmende Antworten, wenn man sie über die Spielregeln und ihre möglichen Abweichungen befragt« (Piaget 1954, S. 22 f.).

Piaget kommt hier also aufgrund seiner Zielsetzung, nämlich der Untersuchung eines differenzierten Regelverhaltens, auf eine sehr langgestreckte Kurve der Sozialentwicklung. Zur vollen Beherrschung dieser Art der Kooperation gelangt das Kind dabei erst in der Vorpubertät. Andere Versuchs- und Beobachtungsanordnungen haben zu Entwicklungskurven geführt, die sehr viel früher abgeschlossen sind. So ist etwa in einem Versuch von K. Gottschaldt und Ch. Frühauf-Ziegler (1958) festgestellt worden, in welchem Alter die Kinder durchschnittlich imstande sind, 1. gemeinsam ihre Interessen zu wahren in einer Situation, in der sie auf Zusammenarbeit angewiesen sind, 2. sich gegenseitig Hilfe zu leisten in Situationen, in denen das Kind jeweils nur dem anderen, nicht sich selber helfen kann, 3. jeweils einem anderen Hilfe zu leisten, ohne selber Vorteil davon zu haben. Es wurden drei Versuchsanordnungen erdacht, in denen ein begehrenswertes Spielzeug nur durch diese Kooperation erreicht werden bzw. dem anderen Kind zugespielt werden kann. Von fünf- bis sechsjährigen Kindern wurden in der Regel schon alle drei Aufgaben gelöst. Interessant ist bei dieser Versuchsreihe, daß bei mehrmaliger Wiederholung und zwischendurch gegebener Hilfe des Versuchsleiters sich diese Fähigkeit deutlich vorverlegt und die Aufgaben schon von den Drei- bis Vierjährigen gemeistert werden (Hundertmarck 1969, S. 18 f.). Wie weit solches Lernen dann auf andere Situationen, die diesem Versuch nicht ähneln, übertragen werden kann, ist noch nicht hinreichend geprüft worden. Auch ist bei diesem Versuch natürlich nicht auszumachen, welche Erfahrungen sozialen Lernens die untersuchten Kinder schon mitgebracht haben und wie sich ihre Lernfähigkeit, entsprechend der Familiengröße, der Sozialschicht, dem Stil des Umgangs mit Kindern und ähnlichen Faktoren verteilt. Gisela Hundertmarck hat, indem sie Spielbeobachtungen gesammelt und selber angestellt hat, die Sensibilität von drei- bis sechsjährigen Kindern für Sozialerlebnisse, für Kooperation und Abhängigkeit, auch für Freundschaften und Schwärmerei füreinander, in ihrer Vielfalt aufgezeigt. In der englischsprachigen Welt bildet

Susan Isaacs' »Social Development in Young Children« (1933) auch heute noch eine Fundgrube von Beobachtungen über die Sozialbeziehungen im kindlichen Spiel.

Daß in diesen Beobachtungen die Kurve der Sozialfähigkeit so viel schneller steigt, daß wesentliche Leistungen schon mit fünf oder sechs Jahren erreicht sind, das Regelspiel schon mit sieben oder acht Jahren beherrscht und angestrebt wird, steht zu den Ergebnissen von Piaget, der bei sieben/acht Jahren erst von »beginnender Zusammenarbeit« spricht, im Widerspruch. Tatsächlich lassen sich weder die Ergebnisse von Gottschaldt und Frühauf-Ziegler noch diejenigen von Piaget verallgemeinern. Sie sind jeweils durch die gestellte Aufgabe – das Erreichen eines begehrenswerten Spielzeugs in der einen, und die Beherrschung des komplizierten Regelspiels in der anderen Untersuchung – mitbestimmt. Der Unterschied in den Ergebnissen legt es nahe, die Fähigkeit zum Sozialverhalten künftig nicht mehr so pauschal zu untersuchen, sondern zu differenzieren, sowohl im Hinblick auf die vorausgehenden Sozialerfahrungen des Milieus – z. B. die soziale Situation des Kindes innerhalb der Familienkonstellation – als auch im Hinblick auf die Inhalte des sozialen Handelns, nämlich die Situationen, in denen die Sozialhandlungen beobachtet und die Motive ergründet werden, die bei diesen Handlungen mit im Spiel sein mögen.

Untersuchungen über das soziodramatische Spiel

Eine wichtige Teiluntersuchung und die gesonderte Erörterung eines bestimmten Typus des Sozialspiels ist der israelischen Pädagogin *Sara Smilansky* (1968) zu verdanken. Es handelt sich dabei um einen Spieltypus – sie nennt ihn ›soziodramatisches Spiel‹ –, der den Erziehenden durchaus geläufig ist. Kinder übernehmen im Zusammenspiel bestimmte Rollen. Sie ›sind‹ oder spielen andere Personen, meist erwachsene Familienmitglieder oder Berufspersonen, und benutzen dabei die Kenntnisse, die sie von deren Handlungs- und Sprechweise haben. Dieses Rollenspiel ist auf eigentümliche Weise gemischt einerseits aus Kenntnis und Imitation der Wirklichkeit: das Kind handelt und spricht möglichst so wie die nachgeahmte Person – das ist das imitierend-realistische Moment dieses Spiels. Andererseits besteht es in phantasievoller Umgestaltung der Wirklichkeit. Das Kind macht sich in Gedanken die Realität für dieses Spiel zurecht: ein Brett wird zum Ladentisch, Steine zu Spielgeld erklärt usf. Es wird also eine Übereinkunft mit den anderen Spielern über die Bedeutung der Gegenstände hergestellt und dabei fortwährend Neues erfunden. Dieses fiktive Moment des Spiels bleibt den Kindern ebenfalls weitgehend bewußt, wie man an ihren fortwährenden Absprachen (oft mit Gebrauch des Konjunktivs: »das wär' jetzt . . .«) und an mannigfachen Kompromissen zwischen Erfindung und Realität beobachten kann.

Die Entstehung der Fähigkeit zum Rollenspiel ist von der Kleinkinderpsychologie der zwanziger Jahre auch schon beobachtet worden (Werner 1926). Sie wächst aus der Nachahmung und aus den darstellenden Spielen hervor und zeigt sich in der zweiten Hälfte des 3. Lebensjahres jedenfalls schon in Ansätzen. Zu ihren Voraussetzungen gehört offenbar, daß das Kind die unscharfe Trennung zwischen seinem Ich und seiner Umgebung stufenweise überwindet. Die Nachahmung und das darstellende Spiel sind oft noch das Zeugnis des kindlichen Ausgeliefertseins an starke Eindrücke. Das Kind wiederholt Handlungen und Ereignisse, die ihm Eindruck gemacht haben und identifiziert sich darin ein Stück weit mit der Quelle dieser Eindrücke, vor allem mit Personen, aber auch mit Tieren, mit lauten Fahrzeugen oder Baumaschinen. Erst allmählich – im Laufe des 4. oder 5. Lebensjahres – werden die Nachahmungsfreude und die Unschärfe im Selbstbewußtsein abgelöst durch das bewußtere Rollenspiel. Das Kind schlüpft in eine Rolle, es empfindet »Freude an der Selbstversetzung in ein anderes Wesen« (Jaskulski 1933). Die Unterscheidung des eigenen Ich von der gespielten Person bleibt »mindestens im Hintergrund des Spiels gegenwärtig«. Das Spiel ist nicht mehr Anzeichen der Labilität und Unbegrenztheit des Subjekts, sondern ein Ausgreifen des selbstbewußteren Kindes in andere Lebensbereiche.

Es ist auch in den zwanziger Jahren schon festgestellt worden, daß geistesschwache Kinder die Fähigkeit zum Rollenspiel überhaupt nicht oder nur in den Vorformen erwerben können. Daraus wurde schon die Vermutung gezogen, daß für die geistige Entwicklung und die seelische Expansion des Kindes die Fähigkeit zum Rollenspiel eine zentrale Bedeutung habe.

Diese Vermutung hat auch Sara Smilansky bei ihren Untersuchungen an Einwandererkindern geleitet. Sie hat zunächst das soziale Rollenspiel (sociodramatic play) genauer charakterisiert und für ihre Untersuchung handhabbar gemacht. Folgende Elemente sieht sie für diesen Spieltypus als kennzeichnend an:

1. *Imitation:* eine Rolle wird übernommen, die Handlungen und die Reden von eindrucksvollen Erwachsenen und von Trägern bestimmter, dem Kinde verständlicher Berufe werden nachgeahmt;

2. *fiktive Veränderungen der Realität:* Gegenstände werden durch Handlungen oder durch Erklärungen zu bestimmten Objekten des Spiels gemacht;

3. *fiktive Handlungen:* Handlungs-Andeutungen oder mündliche Erläuterungen treten an die Stelle realen Handelns;

4. *Kontinuität:* die Rolle wird eine bestimmte Zeit lang – Smilansky setzt in ihrer Untersuchung ein Minimum von 10 Minuten an – durchgehalten;

5. *Zusammenspiel:* mindestens zwei oder drei Kinder einigen sich auf den gleichen Spielinhalt;

6. *mündlicher Austausch:* die Kinder unterhalten sich beim Spielen, und zwar sowohl in ihren Rollen wie in der Spielregie, nämlich zur gegenseitigen Verständigung über den Fortgang des Spiels.

Sara Smilansky gibt eine sorgfältige Analyse der kindlichen Fähigkeiten, die in diesem soziodramatischen Verhalten zum Zuge kommen. Das wichtigste Kennzeichen ist wohl dies, daß die große Zahl der Anforderungen an das Kind – an das Durchhalten der Rolle, die Einordnung und eigene Weiterbildung des Spiels, die Sensitivität für die anderen Spieler, Improvisation und Kooperation – durch das Spiel selbst aufrechterhalten wird. Es wird also nicht als Erwachsenenvorschrift und nicht als Regelzwang erlebt, sondern als Aufgabe im eigenen Verfügungsbereich der Kinder. Es ermöglicht andererseits die Erfahrung, daß man sich in verschiedenen Rollen bewegen und ihnen selber etwas abgewinnen kann. Die Anforderung, die in der Rolle liegt, hält das Kind durchaus innerhalb des gegebenen Rahmens fest; die daraus erwachsenden Aufgaben können aber in eigener Verfügung und Gestaltung erfüllt werden. Schließlich weist Sara Smilansky darauf hin, daß auch das Schulleben, ja die Beschäftigung mit Literatur, mit Gestaltungsaufgaben, mit fernen Ländern, mit Zeichensystemen gerade die Fähigkeit des Rollenspiels verlangen, nämlich des Mitmachens in einem Rahmen des Irrealen oder Symbolischen, das man nicht nur rezeptiv aufnehmen, sondern in dem man sich selbständig und nachdenkend bewegen soll.

Ausgangspunkt der eigenen Untersuchung und des damit verbundenen Erziehungsversuchs ist Sara Smilanskys Feststellung, daß die aus ärmstem Anregungsniveau kommenden Immigrantenkinder, mit denen sie zu arbeiten hatte, nicht imstande waren, sich an solchen soziodramatischen Spielen zu beteiligen.

»Die wenigen, die gelegentlich mitspielen, tun es auf ungemäße Weise; ihr Spiel zeigt die oben genannten Kennzeichen des soziodramatischen Spiels nur teilweise. Obwohl also solche soziokulturell benachteiligten Kinder in Israel seit einer Reihe von Jahren Kindergärten besuchen und dort alle stimulierenden und ermutigenden Bedingungen antreffen (Spielzeug und anderes Material, Raum, Zeit und Freiheit, auch Erwachsene, die sie nicht dirigieren), entwickelt sich unter den meisten von ihnen keine Fähigkeit zu soziodramatischem Spiel« (S. 93, übers.).

Das bedeutet aber nicht, daß diese Kinder auch das Spiel nach Regeln nicht erlernten; ein großer Teil der Kinder hat damit offenbar keine Schwierigkeiten. Die beiden Spielformen gehen also nicht auseinander hervor. Das freie Rollenspiel verlangt andere Fähigkeiten und Aktivitäten; es ist durch reiche Interaktionen, sprachliche Erläuterung und Phantasieaktivität gekennzeichnet und deshalb in seinen psychischen Anforderungen wie in seinen Lernmöglichkeiten etwas ganz anderes – Smilansky sagt: wichtigeres – als das vorgegebene Regelspiel.

Sara Smilansky hat nun durch sehr sorgfältig angelegte und interpretierte Versuche festgestellt, auf welche Weise man die Fähigkeit zum soziodramatischen Spiel in Gang setzen kann.

Sie hat an drei Gruppen (je 140) und einer Kontrollgruppe (362) schwer benachteiligter orientalischer und afrikanischer Kinder mit verschiedenen Methoden eine systematische Förderung versucht. Von diesen Kindern haben 70 % überhaupt nicht an solchen Spielen teilgenommen, nur 11 % waren anfangs imstande, an einem eigentlichen Rollenspiel mitzuwirken. Es wurden nun bestimmte Spielthemen ausprobiert (Krankenhaus, Kaufladen), die einmal in einem gründlichen Informationsunterricht (mit Demonstrationen, Besichtigungen, Geschichten, Aussprachen mit dem Personal bzw. den Verkäufern, Beschaffung einschlägiger Geräte usf.), zum anderen in eingeübten Spielsituationen (ohne weitreichende Information) bestanden. Schließlich wurde noch mit einer weiteren Gruppe eine Kombination dieser beiden Verfahren ausprobiert.

Bei der ersten Gruppe, die nur einen gründlichen (unserer Grundschultradition entsprechenden) Unterricht erhielt, ist der Versuch gescheitert. Er beruhte auf der Annahme, daß Informationen und reichliche Anschauungen über Gebiete der Erwachsenentätigkeit, die zudem beide in der Regel bei Kindern auf besonderes Interesse stoßen, die Spielfähigkeit in diesem Themenkreis fördern müßten. Auch die intensive thematische Beschäftigung der Erzieher und der Vertreter aus diesen Berufen hat die Fähigkeit, mit diesem Thema ein Rollenspiel durchzuführen, nicht verbessert.

Anders bei der zweiten Gruppe, die zwar viel weniger Anschauung und sachliche Information bekam, in der die Erzieher jedoch das Rollenspiel systematisch anregten, zum Teil durch Fragen, Vorschläge, Herstellung von Kontakten, zum Teil durch das Übernehmen einer eigenen Spielrolle und mitspielendes Anregen der anderen. Nach einem solchen Kursus von neun Wochen hatte mehr als ein Drittel der Kinder das volle soziodramatische Spielen so weit erlernt, daß alle oben aufgeführten Merkmale bestätigt werden konnten. Ein weiteres Drittel war immerhin zu dem unvollkommeneren Rollenspiel ohne hinreichende Sozialkontakte gelangt. Die dritte Gruppe, die auf der Grundlage eines ebenso durchgeführten Trainings außerdem noch umfassende Informationen und Materialien (ähnlich wie die erste Gruppe) erhielt, zeigte noch einmal wesentlich bessere Ergebnisse:

106

fast die Hälfte (48 %) hatte das volle soziodramatische Spielen gelernt, 41 % das unvollkommene Rollenspiel, so daß nur noch 11 % Nichtspieler (gegenüber 70 % zuvor) übriggeblieben waren. Unter den perfekten Rollenspielern sind die Mädchen stärker als die Jungen, die älteren Kinder stärker als die jüngeren vertreten. Die gemessene Intelligenz jedoch scheint keinen Einfluß auf das Gelingen zu haben und hat sich bei diesem Lernprozeß auch nicht verändert.

Das ist zunächst nur das Ergebnis eines begrenzten Experiments. S. Smilansky hat damit aber zugleich ein Arbeitsmodell geschaffen und auch bis in die Spielanleitungen, bis in die Praxis der Kontrolle und der gezielten Überwindung von Spielschwierigkeiten hinein vorgelegt. Ohne eine hohe Bereitschaft auch der nichtspielenden Kinder, sich ein solches Spielverhalten anzueignen und es dann auch ganz frei weiterzuführen, ist das rasche Gelingen dieser Art von Spielförderung gar nicht zu erklären. Das soziodramatische Spiel kommt offenbar der Neigung und der Problematik dieser Altersstufe sehr entgegen. Die Disposition für diese Spielweise muß hier im Sinne einer sensiblen Periode auch bei kulturell ganz unerschlossenen Kindern bereitstehen. Es bedarf nur der richtigen Auslösung, deren Methoden Sara Smilansky gefunden zu haben scheint. Eine längere zeitliche Dauer dieser Rollenspielübungen könnte sicher das Ergebnis noch festigen.

Interessanterweise ist auch das Sprachverhalten bei der zweiten und dritten Gruppe deutlich entwickelt worden. Der verwendete Wortschatz, die Wörterzahl in einem Satz und die Anzahl der selteneren Wörter – d. h. solcher, die das Kind selber im Laufe einer Viertelstunde nicht wiederholt –, haben signifikant zugenommen, und zwar nur durch das Spielarrangement und die dadurch geschaffene soziale und emotionale Anregung.

Das soziale Rollenspiel bringt eine Folge von Situationen mit sich, die zum Dialog einladen. Sie erzeugen fortwährend die Motivation zu abwechslungsreichem Sprechen. Denn die Spielenden suchen einerseits rollengetreu zu handeln und zu sprechen, sie ahmen die Muster der übernommenen Rolle so genau als möglich nach. Zum anderen werden sie durch den Spielgang immer wieder veranlaßt, sich über die vorgestellten oder verwandelten Gegenstände zu verabreden und die Fortsetzung des Spiels durch Erklärungen oder Bezeichnungen zu sichern. Der Sprachgewinn der Kinder durch die Übung im soziodramatischen Spiel ist also nicht ein zufälliges Nebenergebnis, sondern aus dem hier gelungenen Ineinander von selbstentwickeltem Spiel und innerer Stimulation durch die Spielrollen durchaus erklärlich. Ja vielleicht wird eine nachhaltige Sprachförderung bei sozial benachteiligten Kindern nur dann gelingen, wenn solche Spielformen systematisch ausgebaut werden können, in denen sich Erfahrungsgewinn, Handlungsmöglichkeit und Sprechmotivation miteinander verbinden.

Rollentheorie und Rollenspiel

Der empirische Nachweis von Sara Smilansky beschränkt sich auf das Spielen selber: durch bestimmte Maßnahmen der Förderung, die einerseits im Anspielen und Mitspielen liegen, zum anderen die Sozialkontakte und die Sachkenntnisse in bestimmten Wirklichkeitsfeldern anreichern, wird die Fähigkeit des Kindes zum Rollenspiel in Gang gesetzt und eingeübt. Auf diese Fähigkeit würde man freilich die Anstrengung nicht wenden, wenn man nicht einen direkten Zusammenhang vermutete zwischen dem Rollenspiel des Kindes und dem »Rollenverhalten« des Erwachsenen; wenn man also nicht erwartete, daß damit ein wichtiges Stück der Sozialerziehung geleistet würde.

Das Rollenverhalten ist innerhalb der Sozialwissenschaften mit Hilfe einer sehr differenzierten Rollentheorie beschrieben worden. Man hat für die Art und Weise, wie sich das Sozialleben des modernen Menschen in verschiedenen Bereichen abspielt, die Metapher der »Rolle« gebraucht und den Menschen im Gefüge der verschiedenen Sozialsysteme, in denen er zu ›agieren‹ hat, als einen Rollenspieler oder Rollenträger bezeichnet. Die Rollen sind jeweils definiert durch das Spiel im ganzen. Es sind gewissermaßen die

Dramen vorgegeben, innerhalb derer der einzelne seinen Part zu übernehmen hat.

Die Rollenmetapher setzt voraus, daß es hinter diesen Rollen einen eigentlichen Menschen gibt, der das Spiel beenden und als er selbst wieder zum Vorschein kommen kann. Während des Stückes handelt er und muß in hohem Grade aufgehen in der Rolle, die er zu spielen hat. Dahinter aber steht gewissermaßen der Schauspieler selber, dessen Fähigkeit darin liegt und danach gemessen wird, wie er diese Rolle auszufüllen vermag, der aber außerhalb des Rollenspiels den Anspruch auf eine eigene Existenz oder Persönlichkeit hat. Und daran hat sich nun eine anthropologische Diskussion entzündet: Gibt es hinter den sozialen Rollen, die wir als Berufsmenschen und Vereinsfunktionäre, als Familienväter, Mütter, Gemeindeglieder, als Nachbarn oder Freundinnen, als Urlaubsreisende oder als Freizeitsportler einnehmen, eine »eigentliche« Persönlichkeit, die alle diese Rollen füllt und mit ihren Fähigkeiten und mit ihrer moralischen Substanz bestimmt – oder ist der Mensch nur die Summe seiner sozialen Funktionen und bezieht seine Handelnsmöglichkeiten im wesentlichen daher, daß ihm die Kombination von verschiedenen Rollen gelingt?

Soziale Rollen sind durch die Gesellschaft festgelegt; sie gewinnen ihr Profil einerseits durch bestimmte allgemeine Züge unserer Gesellschaftsordnung, andererseits durch die Verhaltenserwartungen derjenigen, die als »Mitspieler«, als Partner oder Betroffene dieser Rolle zugeordnet sind. Für die Abweichung von der Rolle stehen »Sanktionen« der Gesellschaft bereit, d. h. positive oder negative Folgen, durch die das Rollenverhalten eingegrenzt und in seiner Spielbreite festgelegt ist. Schließlich ist für den einzelnen Rollenträger kennzeichnend, daß sein Leben ihm eine ganze Reihe von Rollen gleichzeitig zumißt, daß er also diese Rollen miteinander verbinden muß und eventuelle Konflikte, die aus den verschiedenen Ansprüchen der Rollen erwachsen, durchzustehen hat. So etwa hat es die klassische Rollentheorie der Sozialwissenschaften, wie sie in Amerika entwickelt wurde, formuliert. Bei ihrer Aufnahme in Deutschland ist die Frage gestellt worden, welches die anthropologische Bedeutung solcher Rollenmodelle sei und wo denn der Spielraum des Menschen – oder die eigentliche Persönlichkeit der Rollenträger – in diesem Modell bleibe.

Die Auseinandersetzung zwischen Ralf Dahrendorf (1960), Helmuth Plessner (1960), Friedrich H. Tenbruck (1961) und Walter Popitz (1967), die am Anfang der deutschen Rezeption der Rollentheorie steht, kreist um die Frage: ob die eigentliche Persönlichkeit, die moralische Substanz oder die »intelligible Natur« des Menschen jenseits dieser Rolle zu denken sei und damit ein moralisches Reservat bilde gegenüber den an sich zwingenden und in ihren Sanktionen konsequenten Definitionen menschlichen Handelns – oder ob nicht vielmehr die Spielräume innerhalb dieses Systems von sozialen Anforderungen und Erwartungen groß genug für die individuelle Entfaltung und Ausfüllung der Rolle seien; ja ob nicht das ganze Rollengefüge von den persönlichen Initiativen, den moralischen Impulsen, den originellen und individuellen Wahrnehmungen der Rollen eigentlich bestimmt werde. Dabei wäre wohl erst durch eine detaillierte Phänomenologie aufzeigbar, welche sozialen Rollen innerhalb unseres gesellschaftlichen Lebens genauer festgelegt sind und wenig Spielraum enthalten; und welche einer relativ freien Verfügung überlassen sind, ja geradezu eine persönliche Gestaltung verlangen und auch von den Erwartungen und Sanktionen, die diese Rolle umgeben, nur auf sehr lockere und unscharfe Weise bestimmt werden.

Es liegt auf der Hand, das Rollenspiel der Kinder zu dem Rollenverhalten der Erwachsenen in Beziehung zu setzen. Kinder übernehmen im Spiel vornehmlich Erwachsenenrollen und imitieren die beobachteten Handlungsweisen der Erwachsenen. Sie erläutern einander die Funktionen und Charaktere und machen sich die Gesten vor. Sie sorgen durch die Ausgestaltung des Spiels dafür, daß dabei sowohl das unmittelbare Spielvergnügen – an der Teilhabe, an den Funktionen, an der Darstellung – als auch ihre Macht- und Überlegenheitsgelüste – im Übertreiben und Karikieren, im Verfügen über das Handeln der Erwachsenen – auf ihre

Kosten kommen. Im Rollenspiel der Kinder ist also, wenn irgendwo, das Thema der kindlichen Auseinandersetzung mit dem Sozialverhalten und der Rollenbestimmtheit in der Gesellschaft gegenwärtig. Was liegt näher, als diesem Spiel selber erzieherische Aufmerksamkeit zuzuwenden und es zur Förderung des kindlichen Rollenlernens einzusetzen.

Die Befürworter des Rollenspiels sehen mit Sara Smilansky in dem spielerischen Hineinwachsen in bestimmte Handlungssituationen, in Übungsfelder, in sprachliche Zusammenhänge des Rollensystems ein wesentliches Stück der geistigen Entwicklung des Kindes. Aus seinen beschränkten Erfahrungen und Handelnsmöglichkeiten drängt das Kind mit Hilfe des Rollenspiels in neue Beziehungen und Zusammenhänge hinein. Es beschäftigt sich fortwährend mit dem Leben der Erwachsenen um sich her. Es sucht ihre psychische Lage und soziale Interaktion zu »kosten«, handelnd auszuprobieren. Die unmittelbare Spielfreude und die verbreitete Fähigkeit zum Rollenspiel ebenso wie die tiefenpsychologische Thematik, die in einem Teil der Rollenspiele auf der Hand zu liegen scheint, sprechen dafür, daß es sich um eine wichtige Ausdrucksform des Kindes handelt, die schon als solche Förderung verdient. Sara Smilansky hat zudem deutlich gemacht, wie diese Spielform durch sich selbst das sprachliche Vermögen des Kindes fördert, indem sie immer wieder Situationen hervorbringt, in denen Anlaß zur Sprachimitation, zur Verständigung oder Mitteilung über den Fortgang des Spiels hervorgerufen wird, in dem also die Spielspontaneität des Kindes den sprachlichen Ausdruck benötigt und selber sucht. Schon diese Züge des sozialen Rollenspiels legen es nahe, ihm in der Kindererziehung einen größeren Raum zu geben, als ihm bisher in Kindergärten und Schulen eingeräumt wird.

Die Spontaneität der Imitation und der Ausdrucksfähigkeit, die Sprachsituationen, die sich selber in Gang halten, die Möglichkeiten zu psychischer Auseinandersetzung mit der Situation der Erwachsenen und schließlich die Bedeutung von Spielrollen für das psychische Gleichgewicht des

Kindes sprechen gleichermaßen dafür, die kindliche Spielfähigkeit nicht nur allgemein, sondern in diesem besonderen
Medium des sozialen Rollenspiels sich entfalten zu lassen
und mit den Mitteln, die die institutionelle Erziehung zur
Verfügung hat, zu fördern. Wenn die jüngere Rollen- und
Interaktionstheorie (Krappmann 1971) nun noch eine Reihe
von sozialen Grundfähigkeiten, die für die Interaktion
kennzeichnend sind, herausgearbeitet hat, so lassen sich
auch diese mindestens in die Diskussion um das kindliche
Rollenspiel mit aufnehmen.

Die jüngere Theorie geht einmal von der Unklarheit und
Widersprüchlichkeit vieler Rollen in unserer Gesellschaft
aus, und ebenso von der mangelnden Übereinstimmung vieler Rollenprofile mit den seelischen Bedürfnissen der Rollenträger. Sie sieht das Hauptproblem nicht mehr in dem
Vorbehalt des einzelnen gegenüber seinen Rollen – seiner
Selbständigkeit oder »Persönlichkeit« gegenüber der gesellschaftlichen Norm –, sondern vielmehr in der Neuprägung
oder Neufindung der Rollen in Handelnsgemeinschaften.
Gewiß lassen manche Rollensysteme, in die wir einbezogen
sind, nur wenig Spielraum für solche Neudefinitionen; ein
Verkehrsteilnehmer etwa kann nicht durch eigene Setzun-
gen oder durch Verständigung mit seinen Nachbarn die Ver-
kehrsvorschriften ändern, sondern allenfalls durch die
Kommunalorgane oder die Zeitschrift seines Verkehrsclubs
an dem Prozeß einer Neudefinition sinnvoller Verhaltensweisen mitwirken. Anders aber steht es mit Rollen im persönlichen Bezugssystem, in der Familie, am Arbeits- oder
Studienplatz, im Vereinswesen usw. Hier ist eine Veränderung und Erneuerung der Rollen, eine offene ›Interaktion‹
der Rollenpartner und das Aufsuchen eines neuen Hand-
lungskonsenses möglich, vorausgesetzt, daß die Partner
nicht die überkommenen Handlungs- und Rollenschemata
so weit verinnerlicht haben, daß sie zu einer Neudefinition
nicht mehr imstande sind.

Diese eine Grundfähigkeit, sich auf neue Definitionen
einzulassen und in Handlungsgemeinschaften an der Rol-
leninterpretation zu arbeiten, ist in mehrere weitere Qualifi-

kationen unterteilt worden: Einmal die ›Rollendistanz‹, nämlich die Fähigkeit, auch die übernommenen Rollen noch betrachten und beurteilen zu können, ihre Anforderungen in Frage zu stellen, sie von der Gesamtsituation und von deren Veränderungen her zu prüfen oder zu interpretieren. E. Goffman (1961) hat die richtige Rollendistanz abgegrenzt, einerseits gegen die übermäßige Identifizierung mit der Rolle (overattachment), andererseits gegen die Entfremdung, die Unfähigkeit, sich mit der Rolle zu identifizieren (alienation). Untersuchungen über die Gewissenserziehung haben sich mit der Frage beschäftigt, durch welche Methoden und elterlichen Sanktionen ein solches distanziertes und zugleich offenes Verhältnis zu den Rollen, in die das Kind hineinwächst, am ehesten gefördert werden kann (W. C. Becker 1964).

Eine besondere Weise, von der eigenen Rolle Abstand zu nehmen, ist die Fähigkeit, sich in einen Interaktionspartner zu versetzen und damit dessen Erwartungen zu übernehmen oder vorwegzunehmen. Diese Fähigkeit wird in der Sozialpsychologie ›Empathie‹ genannt. Sie wird natürlich vor allem durch das Einfühlungsvermögen der Eltern aufgebaut, dadurch also, daß die Kinder selber erfahren, daß man sich in ihre Lage zu versetzen sucht, ferner durch sprachliches Eingehen auf die Lage und die Erwartungen anderer Menschen.

Als eine weitere Grundfähigkeit wird die ›Ambiguitätstoleranz‹ angesehen, d. h. die Fähigkeit, doppeldeutige oder mehrdeutige Situationen zu ertragen – sei es, daß unvereinbare Rollenerwartungen an den einzelnen gerichtet, sei es, daß kulturelle oder gesellschaftliche Wertsetzungen nicht in Übereinstimmung gebracht werden, oder sei es nur, daß man mit Personen sehr verschiedener Interessen und Anschauungen kooperieren muß. Auch hier ist für die Erziehung die Beweglichkeit der Eltern, die Vielfalt der Familiensituation, auch das Miterleben von mühsamen Konsensfindungen wahrscheinlich ausschlaggebend. Eine zu enge Festlegung oder eine starre Regelung der Zuständigkeits- und Abhängigkeitsverhältnisse in der Familie sind für die

Ausbildung dieser Fähigkeit wahrscheinlich ebenso abträglich wie zu starke Konflikte oder rigide Konfliktlösungen (Krappmann 1971, S. 150 ff.).

Trotz dieser Selbstdistanz, Einfühlungsfähigkeit und Wendigkeit muß ein Mensch, wenn er Partner sein, wenn er anderen etwas bedeuten soll, seine *eigene Identität* festhalten und den anderen auch darstellen können. Diese mit der Selbständigkeitsentwicklung (independence) des Kindes eng zusammenhängende Qualifikation ist gewissermaßen die Kehrseite der sozialen Sensibilität und der Fähigkeit, in der Interaktion mit anderen Menschen zu einem offenen Rollensystem zu gelangen (Strauss 1968; Dreitzel 1968; Krappmann 1971).

An dieser Stelle setzen nun die Kritik und auch der Manipulationsverdacht ein, der dem neuen Interesse für das Rollenspiel entgegengebracht wird. Hier wolle man offenbar »das Individuum dazu veranlassen, sich mit austauschbaren Rollen als Handlungsträger zu identifizieren« (du Bois-Reymond 1971). Das Rollenspiel wäre dann nur eine raffiniertere Strategie der Anpassung der Kinder an die jetzigen gesellschaftlichen Verhältnisse. Und daß es nunmehr geübt werden soll, die Kinder also nicht bei den Rollen belassen werden, die sie spontan übernehmen, die ihrem vorgezeichneten Weg in die Erwachsenenwelt entsprechen, sondern ihnen nunmehr auch Rollendistanz, Beweglichkeit, Rollentausch und ähnliches abverlangt wird, solle im Grunde nur wieder eine Qualifikation hervorbringen, die für die gegenwärtige Phase der Industriegesellschaft kennzeichnend sei, nämlich die Fähigkeit, sich den wechselnden Anforderungen der Produktion und den sich daraus ergebenden Bewegungen und Veränderungen flexibel anzupassen.

Natürlich läßt sich auf diese Weise jede erzieherische Aktivität und jede Initiative zur Förderung und Verbesserung der Erziehung in Frage stellen. Eine Förderung der Selbständigkeit und Handlungsfähigkeit des Kindes kann systemtragenden und systemverbessernden oder auch systemverändernden Kräften zugutekommen. Und kein vernünftiger Mensch kann die Systemveränderung, wie sehr immer er sie sich wünschen mag, auf dem Gebiet und mit dem Mittel der Kindererziehung gegen die Erwachsenengesellschaft durchsetzen wollen.

Ernster zu nehmen ist der Einwand, das Rollenspiel der Kinder solle, auf der spontanen Spielfreude der Kinder aufbauend, zum Träger anderer Zwecke gemacht werden. In das Rollenspiel könne man die didaktischen Zwecke gewissermaßen unbemerkt einschleusen. Das ließe sich sowohl gegen Spiele sagen, in denen die traditionellen Herrschaftsverhältnisse oder Geschlechterrollen wiedergegeben oder die kommerziellen Abhängigkeiten dargestellt und damit erlernt werden, als auch gegen solche, in denen die Kinder Protest oder Klassenkampf inszenieren sollen, in denen ihnen der ›Grundwiderspruch‹ unserer Gesellschaft beigebracht oder ›proletarische Aktionen‹ nahegelegt werden. Soll das Spiel als Medium der Indoktrination oder der Verhaltensregelung dienen, ist es nicht nur überfordert und zu baldigem Scheitern am Widerstand und an der Langenweile der Kinder verdammt, sondern auch der pädagogischen Sphäre enthoben und seiner eigentlichen Spielqualität beraubt. Das Problem der Autonomie des Erzieherischen kann hier nicht nebenbei abgehandelt werden (vgl. Flitner 1987; 1994). Selbstverständlich sind die Probleme und Ziele der Erziehung mit den politischen und gesamtgesellschaftlichen Problemen aufs engste verknüpft. Insofern aber als die Erziehung nicht primär ein Medium politischen Handelns sein kann, kann innerhalb ihrer Anforderungen und Möglichkeiten die Grenze zur politischen und sozialpolitischen Indoktrination gezogen werden. Es ist der Sinn des pädagogischen Eigen- und Lernraums, der den Kindern zusteht, daß sie darin die Fähigkeiten erwerben, die sie zum Leben in dieser Gesellschaft brauchen; und zugleich darüber hinaus die Fähigkeit, die Freiräume dieses Soziallebens wahrzunehmen, die gesellschaftlichen Anforderungen mit ihrer Individualität zu füllen, um künftige Lebensformen, Denkmöglichkeiten und Gesellungsweisen, die darüber hinausführen, einmal mit zu schaffen.

Kindertheater

Aus dem spontanen und überall beobachtbaren Rollenspiel ist dann auch das Theaterspielen von Kindern entwickelt worden: die Inszenierung eines Dramas als pointierter Handlungsablauf, die in einer »Aufführung« gipfelt. »Theater« setzt Zuschauer voraus, nicht nur zufällig anwesende Eltern oder Freunde, denen man sich in Verkleidung zeigt, sondern ein Publikum, das sich eigens für diese Aufführung versammelt hat. Der Begriff »Kindertheater« wird in zweierlei Bedeutung verwendet; er meint das Theater, das *für Kinder* veranstaltet wird, und auch dasjenige, das *Kinder selber spielen*. Nur das letztgenannte gehört in unseren Zusammenhang; es ist aber immer wieder sehr angeregt worden durch das Theater für Kinder und hat sich mit ihm gemeinsam entwickelt (Nickel 1984).

Eine erste Blüte hat das moderne Theaterspielen mit Kindern erlebt in der reformpädagogischen Epoche, im Rahmen der Laienspiel- und Kunsterziehungsbewegung des frühen Jahrhunderts. *Martin Luserke* hat es zu einer eigenen Kunstform entwickelt. Die Stücke wurden zum Teil, unter behutsamer Anleitung und Einführung in das Handwerk des Dramenaufbaus, von den Kindern selber erfunden und bei den Proben ausgearbeitet; zum Teil wurden aber auch Klassiker oder moderne Theaterstücke inszeniert. Um die Shakespeare-Aufführungen Luserkes zu sehen, kamen die Zuschauer, Eltern und Studenten, von weither gereist. Aber auch die selbstverfaßten Schüler-Stücke, etwa »Die Windbüchse« oder »Der gläserne Spiegel«, waren berühmte Inszenierungen der Luserke-Schulen in Wickersdorf und in der Juister ›Schule am Meer‹. Andere Autoren und Erzieher suchten die Anlehnung an die Geselligkeitsformen der Jugendbewegung, an das volkstümliche Laienspiel oder an die mittelalterlichen religiösen Spiele (Mirbt 1931).

Eine Tagung des Berliner Zentralinstituts, auf der ein guter Teil der Theaterpädagogen der zwanziger Jahre zusammenkam (Pallat/Lebede 1925), gibt einen Einblick in die mannigfachen Strömungen und Auffassungen, die sich im damaligen Jugendtheater kundtaten. Gemeinsam ist vielen der Äußerungen die starke ideologische und utopistische Befrachtung des Theaterspiels. Eine neue ästhetische Lebensform, gegen die Handlungszwänge der technisierten und verwalteten Gesellschaft gerichtet, sucht hier ihren Ausdruck, sucht ihr Theater als eine neue »Gemeinschaft seelisch verbundener Menschen«.

Von solchen utopischen Hoffnungen ist es zu den Versuchen und Dokumenten des *proletarischen Kindertheaters* nicht weit. *Walter Benjamin* (1928), orientiert an den Ideen und praktischen Versuchen von Asja Lacis, sieht im Kinderspiel die Möglichkeit zum »Entwerfen und Durchspielen konkreter Utopien«. In den Kindern ist, so lautet seine Überzeugung, die moralische Kraft noch lebendig, eine nicht-kapitalistische Zukunft zu erdenken und im Spiel zu inszenieren. Benjamin verwahrt sich allerdings entschieden dagegen, daß die Kinder im Sinne einer solchen Zukunft indoktriniert werden und man sich auf diese Weise der beeinflußbaren Jugend versichern will. Vielmehr glaubt er an die spontane Fähigkeit des Kindes, eine ursprünglich menschliche Gesellschaft zu erfinden und im Spiel zu gestalten. Und er glaubt, daß diese Gestaltungen, wenn man ihnen Raum gibt und sie sich ausformen läßt, auch im erwachsenen Menschen weiterwirken und ihm helfen können, den utopischen Entwurf in politische Taten umzusetzen.

Auf Walter Benjamin und auf die »Lehrstücke« von Bert Brecht hat sich dann in den siebziger Jahren eine neue Theaterbewegung berufen, die »kritisches« oder »emanzipatorisches« Theater machen wollte – sowohl als professionelles wie als von Kindern gespieltes Theater. Anfangs noch einer penetranten Aufklärungsideologie verpflichtet und mit sexualpädagogischen oder klassenkämpferischen Absichten befrachtet, hat sich das Kindertheater besonders in Berlin und von Berlin aus entwickelt und ist mit Stücken berühmt geworden, die durch die ganze Bundesrepublik zogen. Das »Grips-Theater« vor allem, mehrfach preisgekrönt, aber auch angegriffen, verketzert, behindert (ähnlich wie die Gruppen »Birne« und »Rote Grütze«), wurde das anre-

gendste und erfolgreichste von den professionellen (Kolneder u. a. 1979), das »Kindertheater Märkisches Viertel« das
bekannteste der von Kindern gespielten Ensembles (Ebert
u. a. 1976), Mit Theatertagungen, Austausch von Texten
und Organisationshilfen unterstützen sich die Berufstheater
gegenseitig und regen auch die Schul- und Jugendgruppen
an. Die Kindertheaterszene – schreibt H. W. Nickel als en-
gagierter Beobachter 1984 – »ist lebendig und kreativ, aber
auch konfus; sie hat beileibe weder inhaltliche noch finan-
zielle, weder organisatorische noch stilistische Sicherheit; es
gibt Pädagogisches und Schlimmes, gut Gemeintes und wenig präzise Gekonntes; es gibt in einem Teil der Szene intensive Beziehungen zwischen dem Theater *für* Kinder und den
Spielversuchen *von* Kindern... Es gibt viel Flucht aus der
Wirklichkeit und wenig harte, klare Arbeit an der Realität;
...es gibt bei den Kindern eine ungebrochene Theater-
schau- und Mitmachfreude...; fast alle sind begierig, zu
spielen und selber ›Theater zu machen‹« (1984, S. 337).

Trotz dieses Vorschusses an Interesse und Spiellust der
Kinder aber bleibt das Unternehmen »Theaterspiel« eine
hohe und anspruchsvolle Kunst für diejenigen, die mit den
Kindern daran arbeiten (vgl. Ruping/Schneider 1991). Die
Stücke dürfen durch vieles Proben nicht »gefrieren«; man
kann nicht das gleiche so lange wiederholen, bis es »sitzt«.
Spontaneität und Improvisation oder Ausschmückung müssen möglich bleiben, damit das Leben nicht aus den Texten
entweicht. Kindern fällt es zudem nicht leicht, die beiden
Richtungen des Agierens – auf die Mitspieler und auf das
Publikum hin – im Auge zu behalten oder in ihrer Gestik
und Sprache den Zuschauern verständlich zu bleiben und
nicht in die Kürzel und Andeutungen zu verfallen, die für
den geschwinden Informationsaustausch unter Kindern charakteristisch sind. Wird Improvisation zugelassen, so muß
dafür gesorgt sein, daß das Stück sich nicht dehnt und dadurch seine Spannung verliert. Kurzum: ein Teil der Probleme, welche die hohe Bühnenkunst bestimmen, sind auch
im Kindertheater präsent. Wo es gelingt, sie zu bewältigen,
werden auch die Kinder vom Stolz des Gelingens und der

Teilhabe an einem Kunstereignis erfüllt. Und wenn es sich gar um Texte handelt, in denen sie ihre eigenen Gefühle, ihr Heranwachsen und ihre Orientierungssuche wiederfinden, dann kann im Theaterspielen sich mehr und wichtigeres ereignen als in vielem anderen, was die Schule oder der Jugendkreis betreiben.

6 Synthesen – »Ökologie« und »Modernität« des Spiels

Mit den jüngeren Entwicklungen der Spielforschung und der Literatur über das Kinderspiel Schritt zu halten ist kaum noch möglich. Lange Zeit ein geringgeschätztes Sonderthema der Pädagogik, das in psychologischen Handbüchern nicht einmal als Stichwort zu finden war und in der Verhaltensforschung oder in den Gesellschaftswissenschaften kaum beachtet wurde, ist das Spiel heute zu einem breiten Forschungsfeld vieler Disziplinen geworden. Das ist gewiß nicht nur ein Zeichen der Wissenschaftsausbreitung im späten 20. Jahrhundert, sondern auch ein Beweis des allgemeinen Interesses und der öffentlichen Wahrnehmung dessen, was das Spiel für die Menschen heute bedeutet.

Nur einzelne Tendenzen lassen sich hier hervorheben, und nur solche, die nicht ohne weiteres den bisherigen Themen und Kapiteln zuzuordnen sind. Das gilt vor allem für die *ökologische* Thematik, für die Frage also, wie die Umweltbedingungen das Spielen ermöglichen, verändern, in Frage stellen und wie weit sie auch künftig noch die nötigen Voraussetzungen dafür bieten werden.

Denken wir noch einmal an den Dorfplatz, den Pieter Bruegel als Milieu der dargestellten Spiele abgebildet hat: mit seinen Bänken, Zäunen, Balken, Ziegelhaufen und abgestellten Fässern, mit Wiesen, Sandplätzen, einem Bach daneben – freilich eine erfundene Landschaft für das Kinderleben, aber sicher nicht weit entfernt von der Wirklichkeit damaliger Dörfer, wie wir sie aus anderen Quellen kennen: wo Erwachsenentreiben und Kinderspiel sich nahe sind, wo keine Autostraßen durchs Dorf führen, keine Traktoren und Sägemaschinen, keine Düngechemie oder Pflanzenschutzmittel eine Vorsicht und Gängelung für die Kinder verlangen. Ob Kinder heute in Harlem aufwachsen oder in São Paulo, in London-East oder in Berlin-Wedding, ist zunächst einmal nicht von der »Kultur« her so wichtig wie von den realen Bedingungen innerstädtischen Lebens, in dem

Kinder nicht vorgesehen sind, in dem sie dennoch irgendwo zwischen Mülltonnen und parkenden Autos, auf Hinterhöfen oder Schuppendächern ihre Spielplätze finden und auch ihre Techniken entwickeln, um mit schimpfenden Anwohnern, mit Parkwächtern und Baustellenaufsicht fertig zu werden (vgl. Zacharias 1985; Klug/Roth 1991). Es liegt auf der Hand, daß ein Kind ganz andere Spiele und Lebenspraktiken erfindet, wenn es – um an literarisch berühmte Beispiele zu erinnern – statt dessen aufwächst in der kultivierten Decadence eines Alt-Lübecker Bürgerhauses oder in einem englischen Waisenasyl oder zwischen Trunksucht, Feindseligkeit und Armut eines russischen Dorfes oder in der öden Betonlandschaft der »Neuen Heimat«.

Schon die Volkskunde und die empirische Feldforschung, über deren Ergebnisse oben berichtet wurde (Kap. 2), sind zu solchen Fragestellungen gelangt. Untersuchungen wie die von Gump/Schoggen/Redl (1963) zur Verschiedenheit der Auswirkungen von Spielmilieus würde man heute durchaus zur Umwelt- oder Öko-Psychologie rechnen. Freilich herrscht über die Thematik und gar über die Methoden dessen, was als ökologische Psychologie oder Pädagogik zu bezeichnen ist, noch keinerlei Übereinstimmung. »Das Wort ›Umwelt‹ steht heute zumeist für einen ganzen Komplex von nicht primär psychologischen Problemen, die den Menschen seit kurzem höchst gewichtig und bedrängend erscheinen und die gewiß nie wieder aus ihrem Lebenshorizont verschwinden werden«, formuliert Kaminski 1976 (S. 11) – und wie sehr haben Bewußtsein und Bedrängnis seither zugenommen!

Nun sind die großen Umweltprobleme der Menschheit, die nur in globalen Zusammenhängen analysiert werden können, von den Untersuchungen zum Kinderspiel noch nicht erreicht worden (Andeutungen bei Zacharias 1985, Retter 1991). Als ökologische Probleme werden vor allem solche reformuliert, die mit den einzelwissenschaftlichen Methoden, den deskriptiven, experimentellen oder auch sozialpsychologischen nicht hinreichend erfaßt werden. Sie lassen sich m. E. erst als Annäherung an eine Ökologie heu-

tigen Kindheitslebens verstehen; auf offene Erkundungs-
arbeit und auf Versuche interdisziplinärer Zusammenarbeit
bleiben wir hier angewiesen. Wieder sollen uns Beispiele –
statt genereller Trendaussagen – weiterführen.

Umfeldsysteme des Kinderspiels

In Anlehnung an Urie Bronfenbrenners »Ökologie der
menschlichen Entwicklung« (1981) hat *Wolfgang Einsiedler*
(1990) das Spiel in eine systematisch-ökologische Gesamt-
betrachtung eingefügt und damit den interaktiven Charakter des Spielens, wie er für das Kinderspiel viel mehr als für
das der Erwachsenen charakteristisch ist, deutlich herausgearbeitet: interaktiv, also im Austausch mit den Menschen
und mit den Dingen, die die nächste und später auch die
fernere Umwelt bilden. In diesem Versuch werden die
Interaktionen des Kindes mit Personen und Objekten als ein
»Mikrosystem« angesehen, dessen Bedingungen und Strukturen zunächst in der nahen Umgebung des Kindes, dann im
weiteren Umkreis der Familie, des Alltagslebens, der
Wohn- und Sachbedingungen zu suchen sind; weiter dann
im »Makrosystem« des Wohnumfelds, des sozialen und öko-
nomischen Kontexts, und schließlich im »Exosystem« des
gesellschaftlich-kulturellen Zusammenhangs. In jedem dieser Systeme lassen sich vorliegende Untersuchungen zur
Kindesforschung auf die Umweltfragen beziehen, wobei die
Leitfrage bleibt, wieweit das Spiel die Entwicklungspro-
zesse begleitet oder selber einen wichtigen Faktor dieser
Vorgänge ausmacht.

Beginnend mit den nächsten Beziehungen wird das Spielen nicht als »Verhalten des Kindes«, sondern als eine »Aus-
tauschbeziehung« angesehen, in der die Eltern nicht nur mit
dem Kind zusammen spielen, sondern vor allem auch die
Voraussetzungen schaffen für die Sicherheit, die es braucht,
um sich auf Neues einzulassen und sich entlastet mit Dingen
zu beschäftigen. Auch die Aufmerksamkeit der nahen Menschen, die Anerkennung des Spielens als einer wichtigen

Tätigkeit, alle Zeichen zur Ermutigung des Kindes und selbstverständlich auch der sprachliche Austausch im Blick auf das Spiel – dies alles gehört zur Interaktion, die ein für beide Seiten interessantes Spielen möglich macht.

Für den sozialen Zusammenhang, in dem die Familie ihr Leben führt, ist in der Forschung lange Zeit das Konstrukt »Soziale Schicht« leitend gewesen: wird die Spielwelt dort als überflüssig angesehen oder bejaht, wird sie ärmlich oder reichlich ausgestattet, wird sie mit formelhafter oder vielfältiger Sprache begleitet? Einsiedler weist auf die relative Abstraktheit dieser Variable Sozialschicht hin, die in der jüngeren Sozialisationsforschung dazu geführt hat, eher im Sinne ethnologischer Fragestellungen auf die Besonderheit der Bevölkerungsgruppen und auf deren Spielverhalten, auch deren Erziehungsstile zu achten als auf die »Schicht«. Man müßte hier ergänzend wohl die Frage einbeziehen, wieweit auch das Wohlbefinden der Eltern mit ihren Kindern eine Rolle spielt, das heute oft auch davon abhängt, wieweit die Berufs- und die Wohnungssituation der Eltern ein erfreuliches Austauschen mit den vitalen Äußerungen der Kinder überhaupt zuläßt.

Selbstverständlich gehören auch der Kindergarten und seine Methoden der Spielförderung, seine Abwechslung von freiem, unterstütztem und veranstaltetem Spiel, zur Beschreibung und Wertung dieser Umwelt hinzu; und auch, läßt sich ergänzen, die Schule mit ihren Spielmöglichkeiten oder Angeboten, die Gemeinde oder Stadt in ihrer ökologischen Gestalt, mit ihren Plätzen, ihren Grünflächen, ihren unbeaufsichtigten Zonen usf.

Leitend für Einsiedler sind, bei aller Vielfalt seiner Perspektiven aufs Spiel, die Fragen nach dem positiven Einfluß, welchen das Spiel direkt oder indirekt auf die soziale und kognitive Entwicklung auszuüben vermag. Darum sei hier noch mit den Arbeiten von Gerd Schäfer (1986; 1989) das Beispiel einer Synthese genannt, die sich ebenfalls als »ökologische« versteht, aber einen ganz anderen Umweltbegriff gebraucht.

124

Phantasie als Gestaltung der Umwelt

Eine simple und alltägliche Spielszene nimmt Gerd Schäfer zum Anlaß seiner Überlegungen: ein Kind schiebt ein Kinderstühlchen im Raum herum, es betätigt seinen Körper, es übt seine Kräfte und weiß wo anpacken; es schiebt den Stuhl fort vom Vater und zurück zu ihm, indem es, wenn es um die Ecke verschwindet, sich umblickt und sich versichert, daß der Vater sein Verschwinden auch bemerkt. Hier wird also wieder das Thema Trennung und Rückkehr angedeutet, das wir als Leitthema der Versteckensserien kennengelernt haben. Zugleich brummt das Kind auf eine Weise, die gewöhnlich das »Autofahren« darstellt. Es spielt damit offenbar den Wunsch des Fortfahrens mit den Eltern, dessen Erfüllung ihm aber kurz zuvor abgeschlagen worden war. Und außerdem hat es eine Draußen-Hose auf den Stuhl gepackt, womit es das »Ausgehen« symbolisch andeutet. Damit erscheint der versagte Wunsch abgegolten – das Herumschieben ist, da es mit dem wirklichen Ausgehen jetzt nichts wird, offenbar ein hinreichender Ersatz. Sind das nun einzelne psychische »Funktionen«, die sich hier zu einer Handlungsfolge zusammenfügen? Oder ist nicht vielmehr das Ganze ein Spiel: Stühlchenschieben als Fahrzeugfahren, mit Aufbruchs-, Trennungs- und Rückkehrphantasien, ein komplexes Ganzes, das durch die Spielphantasie zusammengehalten wird? Ich-Erfahrungen, Sozialbeziehungen, Gegenstandsbedeutung, Welterkundung werden hier durch die Phantasie verknüpft zu einem gesamthaften Spielerlebnis. Die Phantasie des spielenden Kindes ist es, welche diese Gesamtheit herstellt, welche die innere Welt – die subjektive und seelische Thematik des Kindes – mit der äußeren – den Gegenständen, der sozialen Umgebung – verknüpft und aus dieser Verknüpfung seine Tätigkeit und seine Spielerfahrungen steuert. In Anlehnung an Winnicott (1973) nennt Schäfer diese phantasiebestimmte Spielwelt einen »intermediären Bereich«, als Zwischenreich zwischen innerer und äußerer Welt, die sich nicht scharf gegeneinander abgrenzen lassen; denn die äußere Welt ist ja immer schon so oder so gesehene, erlebte, gedeutete Welt, so wie die innere Welt der Gefühle und Erlebnisse immer schon eine »bedingte«, also durch Dinge und durch nahe Personen bestimmte Welt ist.

Kennzeichnender als das von Freud beobachtete Spiel mit der Spule sind für diesen Gedankengang die von Winnicott beschriebenen »Übergangsobjekte«, also jene Gegenstände, die zum Beispiel kleine Kinder zum Einschlafen so dringend brauchen. Sie helfen den Kindern offensichtlich, die abendliche Trennung von der Mutter zu bewältigen. Sie lassen sich den seelischen Bedürfnissen, der »inneren Realität« zuordnen, obwohl sie – vielleicht ganz unscheinbare – Gegenstände der »äußeren Realität« sind. Und sie ermöglichen es dem Kind, die symbiotische Verbindung mit der Mutter aufzugeben, indem sie, als phantasiegestützte Symbole, an ihre Stelle treten. Das ist gewissermaßen der Anfang des Zwischenreichs, welches die Spielsphäre bildet: nicht scharf abgegrenzt gegen das Ich, nicht scharf abgegrenzt von der Realität und doch sich langsam aus beidem abhebend. Die Teilabgrenzung geschieht durch das zunehmende Bewußtsein »Dies ist Spiel«. Das heißt für Kinder, die die Realität auch in ihrer Unerbittlichkeit kennenlernen (eine Kugel bleibt nicht liegen, wo sie soll; die Puppe macht den Mund nicht auf; auch Alltagsforderungen der Eltern widersetzen sich aller Spielphantasie): Es ist nur die verfügbare Wirklichkeit, die im »So-tun-als-ob« dem Spiel eingemeindet werden kann. »Dies ist Spiel« bedeutet aber zugleich, daß das Spiel auch gegenüber dem Ich abgrenzbar bleibt, z. B. darin, daß ich aufhören kann zu spielen, wenn das Spiel mich bedrängt. Auch hier verschwimmen die Grenzen leicht während des Spiels unter der Vorherrschaft der Phantasie. Diese Grenzen können aber wiederhergestellt werden, wenn die Macht der Phantasie zu stark zu werden droht.

Indem das Spiel nach beiden Seiten begrenzbar, aber auch nach beiden Seiten hin offen ist, läßt sich einerseits Wirklichkeit, auch verletzende Wirklichkeit im Spiel darstellen oder wiederholen und in das Feld der eigenen Verfügbarkeit hereinnehmen – das selbstheilende Spiel. Aber es läßt sich auch das Ich, den eigenen Wünschen gemäß, aufbauen und erweitern zu Wunschgestalten, zu Helden- oder anderen Macht- und Kraftphantasien oder auch zu Rollen der Fürsorglichkeit, der Hilfsbereitschaft, der Zärtlichkeit. Es sind Formen und Möglichkeiten des Probehandelns, die aus dieser Zwischensphäre heraus mit Hilfe der Phantasie verfügbar werden.

Mit zunehmendem Alter dringen die Realitäten immer mehr in das Kinderleben vor. Das heißt, daß die Spielphantasie nicht mehr Herr im Hause bleibt, sondern mehr und mehr mit der Realitätswahrnehmung zusammenstößt. Doch bleibt die Spielbereitschaft der meisten Kinder, zumal wenn entsprechende Spielfelder angeboten werden, bis zum 12./13. Lebensjahr sehr hoch – in den Spielerfahrungen, die Benita von Daublebsky mit Schülern und Schülerinnen dieses Alters gesammelt hat (s. Kap. 7.6), wird das sehr deutlich. Aber nicht nur die realistische Sicht der Welt drängt sich vor und stellt die Spielwelt in Frage, sondern auch die Abgrenzung des Selbst gegen die Handlungen des Spiels nimmt ihren Fortgang. Das Spielen erhält im Pubertäts- und Jugendalter eine andere Qualität. Gerd Schäfer hat für deren Kennzeichnung nun nicht die üblichen Veränderungen der Leiblichkeit und der Geschlechtsreifung im Auge, sondern, seinem Konzept gemäß, vor allem die Veränderung der Grenzen des »Zwischenbereichs«, welche das Spiel ermöglichen. Grenzüberschreitungen sind nach wie vor kennzeichnend für das Spiel, aber sie haben nicht mehr die naive Selbstverständlichkeit, die ihnen im Kindesalter eigen ist. Sie sind oft geradezu aggressiv gegen die Zwänge der Realität und gegen die Ordnungen des Alltags gerichtet. Und sie stehen im Zeichen einer weiteren Loslösung von den Eltern, sie imaginieren die Erwachsenenwelt in ihrer Risiko- und Katastrophenträchtigkeit. Kriminalität, Sexualität, Science fiction beschäftigen die Phantasie. Mit »Blödeln« und »Action machen« wehren sich die Jugendlichen gegen die Zumutungen der Gesellschaft, gegen ihre Ordnungen und sozialen Regeln. Und oft auch stößt diese gewissermaßen ihrer Naivität beraubte Spielhaltung über die Grenzen vor in Vandalismus und Kriminalität.

Schäfers Analysen münden ein in eine »Ökologie des Spielens«. Durch seine Schilderung der Zwischenwelt hat er den Begriff der Ökologie in einem bestimmten Sinne vorbereitet: Er meint nicht nur die Umwelt, die als geographische, als gebaute, als materielle, in Spielsachen verdinglichte, aber auch als soziale Umwelt das Spielen begünstigt (oder auch behindert). Sondern er meint – in Anlehnung an Bateson (1981) – auch die »Ökologie der innersubjektiven Welt«, d.h. die Vielfalt der Erlebnisse und Beziehungen, die das seelische Leben auch des kleinen Kindes bestimmen. Und er meint die Tatsache, daß die beiden Landschaften, die Umwelt und die Innenwelt, ineinander übergehen durch Gestaltungs- und Integrationskraft der Phantasie. Es ist hier also ein Ökologiebegriff gefordert und entwickelt, der die Bedingungen des Spiels in der äußeren Welt und die Möglichkeiten des Spielens aus der inneren Welt zusammenzubringen sucht und sie als eine Ich-Erfahrung, eine Gestaltungsleistung des spielenden, phantasierenden Kindes versteht. Nur angedeutet findet sich, daß auch im Erwachsenenalter Spielbedürfnisse in diesem Sinne weiterbestehen und ihre eigenen Ausdrucksformen suchen.

Gewiß wäre das Deutungsmodell Schäfers, das an manchen Stellen über das Spielverstehen hinausweist (z. B. mit einer Theorie der »Postmoderne«, die er auf die Spielzeuggestaltung anzuwenden versucht), noch weiter ausführbar und im Blick auf andere Forschungsrichtungen zu entwickeln. Als Vorschlag zu einer integrativen Sicht auf das Kinderspiel, in die viele der dargestellten Erkenntnisse und Betrachtungsweisen eingebracht werden können, scheint mir unter den neueren Entwürfen Schäfers Betrachtungsweise besonders interessant.

Spiel als zentrale Kulturerscheinung der Moderne

Eine Integrationsleistung ganz eigener Art und Qualität auf der Grundlage zahlloser Einzeluntersuchungen hat der neuseeländisch-nordamerikanische Forscher *Brian Sutton-Smith* in seiner umfassenden Theorie des Spielens (play), der Spiele (games) und des Sports erbracht. Man könnte sie auch als eine universale Gesellschafts- oder Kulturtheorie des Spielens bezeichnen, die weit über das Kinderspiel hinausreicht, aber – im Gegensatz etwa zu Johan Huizinga – gerade das Kinderspiel als eine zentrale Erscheinung des ganzen Feldes menschlichen Spielens ansieht. Weitgespannt wie seine Betrachtungsweise sind auch seine eigenen Forschungszugänge. Er hat sich – oft in Kooperation mit Spezialisten verschiedenster Disziplinen – an so vielen Stellen und auf so vielen methodischen Wegen in die Spielforschung hineinbegeben wie wohl kein anderer: in entwicklungsbiologische, psychologische, historische wie in ethnologische, kulturvergleichende und gegenwartssoziologische Untersuchungen, in denen zugleich wie in einem Fangnetz die Ergebnisse dieser anderen Disziplinen mit eingeholt und verwertet werden.

Aber nicht seine einzelnen Forschungen können wir hier würdigen, wie er sie in »The Folkgames of Children« (1972), »Dialektik des Spiels« (1978 und in späteren Publikationen 1986; 1995) zusammengefaßt hat. In unserem Zusammenhang und als Ergänzung zu bisherigen Hauptrichtungen der Spieltheorie soll hier nur hervorgehoben werden, wie Sutton-Smith das Spiel als einen Zug der »Moderne« bewertet, d. h. zu verstehen sucht in seiner Bedeutung für die Gegenwartskultur und für die gesellschaftlichen Entwicklungen, die sich vor unseren Augen vollziehen. Von daher wird auch das pädagogische Schlußkapitel, in dem die Folgerungen für einige erziehungsleitende Probleme gezogen werden, von Sutton-Smiths Erörterungen beeinflußt sein.

Einen ganz wesentlichen Zug des Spielens und überhaupt der sozialen Spiele, der in den bisherigen Deutungen weithin übersehen oder doch zu kurz gekommen ist, machen in

129

der Betrachtung von Sutton-Smith die *Probierhandlungen* aus, die abwandelnden, experimentellen oder auch widerständigen Momente und Inhalte des Spiels. Sutton-Smith kritisiert, daß in den Spieltheorien und Spielnutzungen fast ausschließlich das positive Lernen betont wird, die *integrativen* Funktionen also und die *fördernde* und *heilende* Wirkung des Spiels. Damit wird immer wieder seine Nützlichkeit für den Prozeß der Entwicklung und der sozialen Anpassung betont. Die Spieltheorien nehmen zwar weithin das Spiel in Schutz gegen blanke Einordnung in Schul- und Anpassungsvorgänge utilitarischer Berechnung; aber sie bleiben selber in dem, was sie dem Spiel vor allem zumessen, doch »konservativ«: Spiel und Sport werden vorwiegend dadurch gerechtfertigt, »daß sie einen Beitrag dazu liefern sollten, den einzelnen oder eine Gruppe in den größeren gesellschaftlichen Zusammenhang zu integrieren. Regelspiele nannte man Modelle und Übungsfelder für die Entscheidungsfindung; Sport galt als Modell für gemeinsame Leistung; und das freie Spiel wurde als Modell für die Prozesse der persönlichen Integration angesehen« (1988, S. 70).

Das Spielen trägt aber deutlich auch *andere* Züge, und Sutton-Smith hält es für wahrscheinlich, daß gerade sie es sind, welche für die gegenwärtigen Sozialisationsprozesse und für die Entwicklung der modernen Gesellschaft eine hervorragende Bedeutung haben. Er faßt sie zusammen als die *experimentelle* oder »konative« Seite des Spiels, das Ausprobieren des »anderen« innerhalb der geordneten und außengeleiteten Welt. In solchen Spielen dominieren die Phantasie, die Lust zur Selbstbehauptung, die Abweichung vom Üblichen. Für Kinder ist schon die zentrale Erfahrung wichtig, daß sie selber ein Spiel bestimmen oder auch die mitspielenden Erwachsenen führen dürfen. Schon das bildet ein »Anderes« in ihrer Welt, eine Umkehr der üblichen Verhältnisse, in denen sie sich doch vor allem fügen und einordnen müssen. Auch was die psychoanalytische Spieltheorie betont: daß Kinder beim Spiel aktiv das in die Hand nehmen können, was sie sonst passiv erleiden müssen, gehört in diesen Zusammenhang. Umkehr von Stärke und Schwäche, von

Oben und Unten, von Erlaubtem und Verbotenem, Rollen-tausch und Regelveränderung bilden erhebliche Züge des Spiels und machen oft erst das Spielvergnügen aus – das Ver-gnügen, aber vielleicht auch die kulturelle Bedeutung solcher Spiele.

Wenn die philosophischen Theorien von Schiller bis Hui-zinga das Spielen in einem Atemzug mit der Freiheit, mit der künstlerischen Produktivität nennen und würdigen, so kann damit doch nur gemeint sein, daß hier Neues, Anderes, Krea-tives sein Spielfeld findet und die Bestimmungen und Fest-legungen des gesellschaftlichen Menschen vergessen macht. Die vielen »funktionalen« Spieltheorien des 19. und 20. Jahr-hunderts übersehen gerade dieses Moment: das Querlie-gende, das Dysfunktionale, Unangepaßte des Spiels. Offen-bar bildet das Spielen nicht nur wesentliche Züge des gesell-schaftlichen Lebens ab, sondern es widersetzt sich auch der vorherrschenden Ordnung und dem wohlbalancierten Gleichgewicht. »Ein funktionaler Erklärungsansatz für Spiele muß sowohl Ordnungs- wie Unordnungsprinzipien behandeln. Er muß die Tatsache berücksichtigen, daß das einzelne Subjekt im Verhältnis zu seiner Kultur nicht nur die Erfahrungen normativer Forderungen macht, sondern auch die Erfahrung der Entfremdung seines eigenen Autonomie-strebens gegenüber diesem Normensystem« (1978, S. 85).

Also nicht nur die Ordnungen der Gesellschaft finden im Spiel ihren Ausdruck, die Macht, die Interaktion, ökonomi-sche Zwänge, Recht und Gesetz, sondern daneben auch die Unordnung, die Unsicherheit der Individuen und Gruppen, eine Umkehr der üblichen Verhältnisse und Opposition ge-gen sie. »Das Spiel bereitet insofern auf die unvorherseh-bare, nicht auf die vorhersehbare Zukunft vor« (ebd., S. 84); es fordert heraus, es stellt die Mächtigen in Frage, es parodiert die Zustände der Gesellschaft. Deshalb nehmen im Kinderspiel die Faxen und die Albernheiten einen so wichtigen Platz ein, übertriebene Rollen im »Tun-als-ob«, karikierte Autoritäten, die als Eltern oder Lehrer, als Pasto-ren oder Polizei sich durch Befehlen, durch Schimpfen und Unverstand großtun und die man an der Nase herumführt.

Auch die phantasierten Gefährten, die alles dürfen, was man eigentlich nicht darf, gehören hierher; und schließlich die verbotenen Dinge, in Schimpfworten und Obszönitäten, in heimlichen Spielen oder gar Zerstörungen von privatem oder öffentlichem Gut.

Wenn in den modernen Industriegesellschaften das Spielen und die Spiele eine immer größere Rolle einnehmen, immer mehr Zeit, immer mehr öffentliche Aufmerksamkeit, auch immer mehr finanziellen Raum in den Budgets beanspruchen, so ist das, vermutet Sutton-Smith, nicht nur eine Auswirkung zurückgehender Arbeitszeiten und wachsenden Wohlstands. Sondern es hängt zusammen mit der zunehmenden Bedeutung von Flexibilität und Neuerungsinteresse innerhalb der Gesellschaft selber, die von autonomen und kreativen, aber auch von widerständigen Individuen mehr erwartet als von den Großstrukturen staatlicher oder wirtschaftlicher Macht.

Ist das nun auch wieder eine Funktionalisierung des Spiels, das jetzt nicht mehr im Dienste einer vorwiegend konservativen, sondern einer zunehmend mobilen und flexiblen Gesellschaft stehen soll? Man kann es so deuten – aber es ist, ähnlich dem »funktionalisierten« Ungehorsam der 68er Jahre, eben nicht ein für Machtinteressen »nützlicher«, sondern ein unvorhersehbarer Prozeß, der sich in dieser modernen Entwicklung abzeichnet.

Sutton-Smith ist vor allem an dieser Seite des Spiels interessiert. Er »ist überzeugt, daß die modernen Gesellschaften nur Zukunftschancen haben, wenn sie genügend Innovationskapazität besitzen und Innovationsbereitschaft herstellen. Wegen dieser Innovation reizt ihn das Spiel; neue und neuartige Reaktionen, neues und kreatives Verhalten, originelle Antworten kann man nur in ihm lernen, ohne immer und sofort die Folgen solchen Lernens spüren zu müssen, wie sie im Ernstfall eintreten würden« (Grupe in: Sutton-Smith 1978). Das ist die gewissermaßen praktische Hoffnung, die Sutton-Smith mit der Entwicklung und Ausbreitung des Spielens und mit der Veränderung seiner Strukturen in der heutigen Gesellschaft verbindet.

7 Spielen – Lernen
Pädagogische Streitfragen zum heutigen Kinderspiel

Wer bis hierher den Weg durch dick und dünn, durch Spieltheorie und Spielforschung mitgegangen ist, hat einigen Anspruch darauf, das Ganze nun auch deutlicher praxisbezo-
gen diskutiert zu sehen. Ich füge darum noch ein Kapitel an,
in dem eine Reihe von Fragen erörtert werden, mit denen
sich Eltern, Erzieherinnen und Jugendarbeiter heute Tag
für Tag auseinanderzusetzen haben. Da geht es selbstverständlich mehr als bisher um meine persönliche Meinung
und Stellungnahme, zwar im Horizont und auf der Grundlage dessen, was die Spielforschung lehrt, aber doch mit
deutlicher Parteinahme für das, was ich selber pädagogisch
für richtig und für vernünftig halte (und an anderen Stellen
ausführlicher begründe, Flitner 1993; 1994). Ich hoffe, es
geschieht auf eine Weise, die andere Meinungen mit im
Blick hat und auch solche Leserinnen und Leser, die andere
Ziele und andere Erfahrungen haben, anzuregen vermag.

»Stimulieren« oder »Wachsenlassen«?

Spielen ist – jedenfalls in seinem Kernbereich – durch Freiheit, Spontaneität und Zwecklosigkeit bestimmt. Deswegen
scheint zunächst einmal jede Einbeziehung des Spielens in
»Lernprozesse« oder gar der Aufbau eines »Spielcurriculum« ein Widerspruch in sich. Spiele zum Lernen, zur In-
telligenzförderung, zum Sozialtraining, zur Traditionsför-
derung und allen möglichen anderen Zwecken sind keine
Spiele mehr. Sie gehören allenfalls noch zu den Randzonen
des großen Feldes von Erscheinungen, die wir »Spielen«
nennen; in ihrem Kern sind sie didaktische Maßnahmen,
Training oder allenfalls Einkleidung des Lernens.
   Die kindliche Spielentwicklung möglichst sich selber zu
überlassen, die Kinder beim Spielen nicht zu stören und in

133

ihr Spiel sowenig wie möglich, eigentlich nur bei uner-
träglichem Streit einzugreifen, galt darum lange als die
Hauptdevise für den Kindergarten und für die häusliche
Erziehung. Sie wurde unterstützt durch die reformpädagogi-
sche Entwicklungspsychologie, welche die Entwicklungsvor-
gänge im wesentlichen als von innen her, durch die natür-
lichen Reifungsprozesse gesteuert ansah. Zumal die Wiener
Kinder- und Entwicklungspsychologie, wie sie Karl und
Charlotte Bühler begründet haben, ging von dieser Vorstellung einer reifungsbestimmten Entwicklung aus.

Aber auch die psychoanalytisch orientierte Spieltheorie
und Spielbeobachtung haben dazu beigetragen, die Kinder
soviel wie möglich unbeeinflußt spielen zu lassen. Wenn das
Spiel seinen tieferen Sinn gerade darin hat, den Kindern ein
freies Feld der Betätigung des Unbewußten und der Phanta-
siearbeit zu gewähren, so daß sie darin ihre Erlebnisse und
tiefenseelischen Spannungen inszenieren und sich Symbole
schaffen können für alles das, was sie beschäftigt, dann kann
daraus auch nur gefolgert werden, die Kinder müßten ihre
Spiele soweit als möglich selber bestimmen und steuern.

Und schließlich hat auch die Erziehungs- und Autoritäts-
kritik der sechziger und siebziger Jahre dazu beigetragen,
daß der Selbststeuerung der Kinder soweit als möglich
Raum gegeben wird. Diese Argumente zusammen haben
dazu geführt, daß das *freie Spiel* in der Kleinkinderpädago-
gik und im Kindergarten eine zentrale Stelle einnimmt, daß
man den Kindern vor allem ausreichend Zeit und einen ge-
schützten Raum für solches freie Spielen bereithalten soll.

So sinnvoll und berechtigt nun Freispielzonen und -zeiten
sind, so unzureichend sind doch solche verallgemeinernden
Begründungen für das freie Spiel. Wir müssen auch hier genauer hinsehen, differenzierter argumentieren. Freiheit der
Entwicklung, Selbststeuerung, Autonomie der Kinder sind
gute und auch zeitgemäße Forderungen. Die Pädagogik ist
aber gehalten, sie unter die Lupe zu nehmen, ihren Sinn und
auch ihre Grenzen genauer kennenzulernen.

Da ist in erster Linie daran zu erinnern, daß diese Freiheit
schon dadurch gekennzeichnet ist, daß die Erwachsenen sie

schaffen und umzäunen. Das Feld dieser eigenen Bewegungen und die Bedingungen, welche die Kinder dort antreffen, entstammen fast gänzlich der Erwachsenenhand. Es ist durch die Lebensweise, durch Architektur und Städtebau, durch Spielmaterialien und Spielbedingungen nach wie vor bestimmt. Auch das Freispiel des Kindergartens ist eine »Veranstaltung« in dem Sinne, daß die äußeren Bedingungen, die materiellen wie die sozialen Umstände absichtsvoll eingerichtet sind. Man könnte sich ganz andere Rahmenbedingungen denken, z. B. daß nicht Kinder gleichen Alters zusammengruppiert werden, sondern auch größere Kinder mit ihnen dort spielen und kleinere, im Säuglings- und Krabbelalter, dort mitversorgt werden; oder daß Männer und Frauen in etwa gleichem Verhältnis in diesen Einrichtungen wirken; oder daß ganz andere Materialien oder räumliche Bedingungen als günstig angesehen werden (Computerspiele, Mickymäuse, Konsumgegenstände, gegen die die Erzieherinnen sich, durchaus mit Gründen, wehren). Erziehungsinstitutionen sind ein Teil der Alters- und Berufsorganisation unserer Gesellschaft, sie sind ein nach bestimmten Grundsätzen und Erfahrungen ausgestattetes, von Erwachsenen geschaffenes Feld der Betätigung und der Gesellung; ein Feld, das erfahrungsgemäß einen Spiel- und Anregungswert für Kinder hat und das ihnen auch bestimmte Möglichkeiten des sozialen Verhaltens und Austauschens zuspielt. Die Erwachsenen sind also in diesem Feld Mitakteure, als Planende und Vorsorgende, als Berufserzieherinnen, Lehrer oder mitarbeitende Eltern. Gewiß gibt es auch einmal ganz freie Szenen und Möglichkeiten des Spiels. Aber Tom Sawyer und Huckleberry Finn auf ihrer Insel und Pippi Langstrumpf in ihrem eigenen Hause sind doch eher Sehnsuchts- und Projektionsgestalten als Schilderungen realen kindlichen Lebens. Auch sie sind zudem von Erwachsenen für Kinder erdacht.

Mit dieser Überlegung soll gewiß nicht das freie Spiel in seinem Wert geschmälert werden. Von den Argumenten, die zu seiner Einrichtung im Kindergarten geführt haben – der Begründung aus dem *Wesen des Spiels* als Freiheit, der

Begründung aus der *Entwicklungsgesetzlichkeit* und der Begründung aus der *Tiefenpsychologie* –, sind das erste und das letzte meines Erachtens nach wie vor gewichtig. In der Entwicklungspsychologie wird heute anders gedacht und argumentiert: Die Bedeutung der Umgebung, der Personen, die mit den Kindern umgehen, und das Anregungspotential, das ihnen geboten wird, werden heute sehr viel höher eingeschätzt als zur Blütezeit der Wiener Psychologie. Wichtig scheint mir nach wie vor, daß wir bisher nur einen kleinen Teil der psychischen Vorgänge kennen, welche die Kinder im Spiel erfahren und durchlaufen. Wichtig scheint mir weiter aus den historischen und kulturvergleichenden Untersuchungen, daß das Spielen gerade für den modernen Menschen und in den technisierten Kulturen einen immer größeren Raum einnimmt und eine zunehmende Bedeutung gewinnt. Je mehr die Kinder freigesetzt sind von der unmittelbaren Teilnahme an den Arbeiten der Gesellschaft und je komplizierter unsere Zivilisation sich den Kindern zeigt und weiter: je mehr sie konfrontiert werden nicht nur mit vorgezeichneten Lebensformen, sondern mit einer Fülle von Angeboten, Eindrücken, Reiseerfahrungen, Menschen anderer Herkunft und anderen Lebenszuschnitts, um so mehr sind sie darauf angewiesen, das alles auf ihre Weise zu verarbeiten. Sie sind angewiesen auf symbolische und inszenierende Aneignung und Bewältigung dieser Vielfalt in ihrem Spiel. Daß Kinder spielen dürfen, daß sie breite Möglichkeiten zur Entfaltung und zur Bereicherung ihres Spiels bekommen, ist gerade auch ein Kennzeichen der modernen Zeit. Nicht nur durch den Verlust vieler alter Spiele nehmen wir das wahr, sondern auch durch eine Vielzahl neuer Spielangebote und Möglichkeiten zur Spielentfaltung, wie sie früher nur wenigen offenstanden.

Diese Ausdehnung der Möglichkeiten gilt sowohl dem »Freispiel« wie den vorgeformten Spielangeboten. Da wir mit unserem absichtlichen Einrichten der Spielbedingungen und mit unserem Beobachten und Verstehen des Spiels immer nur einen Teil von dem erfassen, was die Kinder wirklich beim Spiel erleben, was sie denken und tun, sollten wir auch mit unseren Zuwendungen, unserem Herstellen der Bedingungen und unseren Eingriffen vorsichtig sein. Aber wir kommen nicht daran vorbei, uns zu überlegen, was den Kindern guttut. Wir sind gehalten, die Räume der Kinder abzuschirmen gegen solche Einflüsse, die wir für schlecht und unbekömmlich halten. Und wir bemühen uns, das zu unterstützen, was ihren Spielmöglichkeiten und ihren Entwicklungsbedingungen förderlich ist. Wir kommen also dazu, auch wenn wir die Freiheit der Kinder hochschätzen und den Weg der Kinder zur Selbständigkeit als eines der wichtigsten Ziele der Erziehung ansehen, immer wieder über die Bedingungen nachzudenken, die wir Erwachsenen in den Feldern des Kinderlebens und den von uns geschaffenen Freiräumen bieten. Kinder suchen sich Aufgaben, sie lassen sich herausfordern durch die Gegebenheit des Materials, sie entwickeln ihre Phantasie, ihre Geschicklichkeit, ihr Kombinationsvermögen und suchen sich den anregenden Schwierigkeitsgrad selber, den sie brauchen. Sie spielen, auch vorgreifend und rückgreifend-regredierend, ihrem Entwicklungsstand und ihren Bedürfnissen entsprechend, viel genauer, als sie es bei Aufgabenstellungen, die von außen kommen, tun könnten (Almy 1988).

Das Kind jedoch, das – sich selbst überlassen – seinen Weg als individuelle Leistung aus dem Innersten steuert und alleine findet, ist eine Illusion; ein Trugbild deshalb, weil es in jedem Falle einer bestimmten, einflußübenden Umgebung ausgesetzt ist, bestimmten Bedingungen des Aufwachsens, bestimmten Personen und Eindrücken, die das Kind erreichen und formen. Im Lebensfeld der Kinder sind die Erwachsenen immer als Lenkende und Modellgebende präsent, sie sind verantwortlich auch dann, wenn sie abwesend sind und auch wenn sie sich nicht um die Kinder kümmern. Dieses Feld ist durch soziale Kräfte, durch kulturelle Bedingungen und Gegebenheiten, aber auch durch Konsum, durch Reklame, durch Gewaltausübung und -darstellung u. ä. mitbestimmt. Es ist immer auch das Feld der Erwachsenen, die auf irgendeine Weise neben sich die Lebensbedingungen der Kinder definieren. Wie das für das Spielen und die freien Tätigkeiten der Kinder geschehen kann, wollen wir uns im folgenden an einigen Beispielen klarmachen.

Elternspiele: »Guckguck« und »Verstecken«

Eines der altbekannten und -beliebten Spiele, das Mütter und Kinder miteinander betreiben, ist das frühe »Guck-guck«: Bedecken der Sichtverbindung und Wiederherstellen des direkten Blickkontakts. Es ist vielleicht das verbreitetste Kleinkinderspiel der Menschheit und in allen Sprachen leicht zu benennen (schweiz.: Guckus-dada; poln.: A kukuk; engl.: peekaboo usf.). Wie kommt es wohl zu dieser Verbreitung? Und was ist die Pointe, was der sukzessive Aufbau dieses Spiels?

Offenbar erwächst es aus einer typischen und universalen Situation des Umgangs zwischen Mutter und Kind: der Trennung und Wiedervereinigung. Die Regeln des Spiels hängen deutlich mit dieser Situation zusammen. Zu vermuten ist auch, daß auf beiden Seiten eine hohe Bereitschaft besteht, diese Situation als ein Spiel zu entwickeln und daran Freude zu haben. Wir brauchen nicht einmal anzunehmen, daß dieses Spiel sich nur auf dem Wege der Überlieferung oder Nachahmung erhält – es wird offenbar von vielen Müttern und ihren Kindern nicht abgeguckt, sondern, auf der Grundlage des frühesten »Zwiegesprächs« (Papoušek/Papoušek 1981), immer wieder erfunden – und doch überall nach ähnlichen Regeln gespielt (vgl. Bruner/ Sherwood 1988).

Die Grundstruktur dieses Spiels, das in der zweiten Hälfte des ersten Lebensjahres beginnt und etwa ein bis anderthalb Jahre lang nach dem gleichen Reglement verläuft, ist einfach. Sie setzt freilich voraus, daß das Kind über einen bestimmten Grad von »Permanenz« verfügt, d. h. den Fortbestand des Objekts oder der Person erwartet, auch wenn es diese nicht mehr sehen kann. Voraussetzung ist weiter, daß ein fröhlicher Kontakt zwischen den Spielpartnern besteht, der in einem ersten Schritt des Spiels auch ausdrücklich aufgenommen wird: Mutter und Kind schauen sich an, oft schon mit einem bestimmten Stimmsignal, das für dieses Spiel kennzeichnend wird. Ein zweiter Schritt besteht im Verdecken des Sichtkontakts, und zwar auf viererlei Weise: daß die Mutter das Kind mit einem Tuch, einer Windel bedeckt oder daß sie ihr eigenes Gesicht dahinter versteckt; oder daß (meist schon als entwickeltere Form des Spiels) das Kind sich selber oder schließlich daß das Kind die Mutter verdeckt. Für eine oder mehrere Sekunden ist die Sichtverbindung unterbrochen. Durch die Stimme der Mutter, durch Suchfragen oder sonstige Zeichengebung freilich wird dem Kind versichert, daß die Mutter noch anwesend ist, zugleich aber die Spannung erhalten, ja gesteigert. Der dritte Schritt besteht darin, daß das trennende Tuch durch die Mutter beseitigt wird, eventuell reißt das Kind die verdekkende Windel schon selber vorher weg. Und nun wird die Wiederbegegnung durch ein Lachen und »daa« oder »boo« gefeiert.

Diese Grundstruktur wird offenbar von den Kindern schnell als ein *Spiel nach Regeln* verstanden. Sie wird gesteigert, variiert, mit eigenen Zusatzregeln, Erschwerungen, Verlängerungen versehen, also so gespielt, daß das Kind sich selbst auch als Spielführer und Erfinder betätigen kann. Das Kind hat also die Regeln begriffen und kann sich nun selber in diesem Rahmen »generierend«, Abweichungen erfindend betätigen.

Offenbar enthält und symbolisiert dieses Spiel ein grundlegendes Geschehen, eine typische Situation, in der sich die Mutter-Kind-Beziehung entwickelt, nämlich das Trennen und das Wiederfinden, von dem ja schon Fröbel und auch Freud vermutet hatten, daß es das Thema der frühesten Spiele ist. Trennung ist unvermeidlich, unerläßlich. Keine Mutter kann ganz und auf Dauer mit ihrem Kind zusammensein; kein Kind ist der dauernden Gegenwart und des ständigen Schutzes der Mutter bedürftig. Neben dem Wunsch nach Geborgenheit, Versorgung und Schutz entsteht schon in früher Kindheit der Wunsch nach dem eigenen Weg, dem Abmessen der eigenen Kräfte. Es regt sich der Wille, ein

Selbst zu sein, und das heißt, sich jedenfalls zeitweise von der Mutter zu trennen. Schon das noch kriechende Kind will eigene Erfahrungen sammeln, ist neugierig, tastet und prüft und wagt sich voran, nimmt aber zwischendurch immer wieder Verbindung mit der Mutter oder der schützenden Person auf. Trennung von der Mutter und Wiederfinden, Erkundung und Versicherung, daß die Mutter dennoch da ist, Klein-Hänschens »in die weite Welt hinein« und sein »läuft nach Haus geschwind« – das spielt sich ab in der Grundstruktur dieses Spiels, und zwar für beide Seiten. Auch die Mutter mag diese Spannung, dieses Pendeln von Selbständigkeit und Rückkehr, von Entfernung und Wiederfinden, welche das Spiel inszeniert. Trennung freilich in bemessener Zeit, nur so lange, wie das Kind sie erträgt; Spannung, nur bis an die Schwelle der Angst, möglichst nicht darüber hinaus. Die Stimmensignale der Mutter machen, auch wenn der Blickkontakt abgebrochen ist, ihre Gegenwart doch hörbar. Die Behinderung der Sicht wird vom Kind, bevor die Spannung zu groß wird, fortgerissen, und die wiederhergestellte Blickverbindung ist wie eine Rückkehr nach langer Abwesenheit, sie wird mit Jubel und Umarmung gefeiert. Das sind die festen Bestandteile dieses Spiels. Beide Seiten sind darauf aus, das Spiel zu variieren, z. B. die Zeit der Trennung so zu steigern, daß es spannend bleibt. Das Spiel ist deshalb so allgemein verbreitet, weil die Situation oder das Thema, welche es in Szene setzt, universal ist. Man müßte einmal vergleichend untersuchen, wie eng es mit den Trennungserwartungen und Selbständigkeitszumutungen der verschiedenen Kulturen zusammenhängt.

Aber muß man nun sagen: Das Kind »lernt« und »trainiert« die Trennung auf diese Weise und mit Hilfe dieses Spiels? Nein: es »spielt«, zusammen mit seiner Mutter, Ablösung und Rückkehr. Das ist Wiederholung, Übung und symbolische Darstellung, zugleich aber auch vergnügte Kommunikation, zugleich Nicht-Ernst, eben: nicht wirkliche Trennung. Das Entwickeln und Verändern, Erfinden und Steigern ist seiner Natur nach etwas anderes als nur ein Lehr-Lern-Prozeß. Es ist eben gemeinsames, Spannung und

Entspannung herbeiführendes und genießendes, wechselvolles »Spiel«.

Wie anders ein solches Spiel verläuft als ein bloßes Lehren und Lernen, sehen wir auch an seinen weiteren Schritten. Aus dem Verstecken hinter der Windel oder dem Badetuch wird das Verstecken unter der Tischdecke, hinter dem Vorhang, hinter Möbeln oder in einer Zimmerecke. Das sind von den Kindern selber eingeleitete Spiele, in denen Sich-trennen und -suchen weiterentwickelt, abgewandelt und ausgehalten werden. Auch hier wird die erwachsene Person als Mitspielerin gebraucht. Sie muß zeigen, daß die Trennung beunruhigt, muß »suchen« – spielend suchen zunächst, denn in Wirklichkeit ist ihr meistens nicht entgangen, wo sich das Kind aufhält. Sie spielt also die Rolle des Suchers, schaut an den verkehrten Stellen, begleitet ihr Suchen mit Worten oder Ausrufen der Erfolglosigkeit und der Sehnsucht nach dem Kind. Und nur zu oft ist es das Kind selber, das ihr Hilfen gibt und ihr durch »piep« oder »hier bin ich« Ton- oder Sichtzeichen zukommen läßt, vielleicht sogar aus dem Versteck hervorspringt, wenn ihm die Spannung zu groß wird. Bis zum richtigen Verstecken, bei dem der Suchende nicht Bescheid weiß und das Kind ihm auch gar nicht auf die Spur hilft, sondern längere Zeit unauffindbar bleibt, also auch selber sein Alleinsein lange durchhält, ist es von da aus noch ein weiter Weg. Und viele Varianten werden dazu erfunden und auf beiden Seiten durchgespielt.

Man sieht wiederum: Das Kind hat in der Tat in den frühen Guckguck-Spielen etwas gelernt. Es hat Spielregeln begriffen und vermag deshalb auch die Trennung und die Spielspannung eine Zeitlang auszuhalten. Vor allem aber hat es Erfahrung gewonnen, Spielerfahrung, und die ermöglicht ihm, selber Spiele einzuleiten, zu erfinden und abzuwandeln; Spiele, in denen es nun wieder eine Fülle von weiteren Erfahrungen machen kann und in denen seine Wünsche und Gefühle, seine Möglichkeiten sozialen Handelns und vor allem sein Vergnügen, seine Vitalität, seine Freude am Spielen zum Ausdruck kommen. Beim Spielen hat es Spielen gelernt und sich die Horizonte für weitere spielerische und ernste Erfahrungen geöffnet.

Diese Spielabfolge steht hier als Exempel dafür, wie sich die frühen Verständigungen entwickeln und sich auch schon bestimmte Regeln bilden, die für beide Seiten den Verlauf des Spiels vorzeichnen. Es geschieht Verständigung über den Fortgang, »Zwiesprache«, lange bevor sich die gesprochene Sprache zeigt. Die Spielthemen sind verschiedene, außer »Trennung und Vereinigung« wird z. B. gespielt: »Nehmen und Geben«, »Suchen und Finden«, Reihungen (das ist der Daumen...), Bewegungsspiele mit einem Spannungshöhepunkt (...macht der Reiter plumps), mehr und mehr auch Sprachspiele, Benennungsspiele, die dann auch beim gemeinsamen Bilderbuchbetrachten fortgesetzt werden. Eltern sind im allgemeinen durchaus »kompetente Spieler«, sie wissen, was sie den Kindern zumuten können, und suchen Langeweile ebenso wie Überforderung zu vermeiden. Voraussetzung freilich ist, daß sie selber das Spielen für wichtig halten, daß sie eingehen auf Phantasien und Interessen der Kinder und daß sie auch dort, wo Kinder allein spielen, ihr Spiel anerkennen als »very serious business«.

Spielzeug – schlechtes und gutes

In das früheste Sozialspiel zwischen Eltern und Kind sind bald schon irgendwelche Gegenstände einbezogen, z. B. die Windel oder das Handtuch beim »Guckguck-Da«, eine Möhre oder ein Klötzchen beim »Nehmen und Geben«. Früh schon haben Kinder ein Vergnügen daran, Geräusche zu erzeugen, überhaupt hörbare und sichtbare Wirkungen selber hervorzubringen. Und da die Hand sich von früh an reflexartig schließt, wenn sie einen Greifwiderstand verspürt, so wird den Kindern auch bald schon ein Baustein oder eine Rassel als erstes Spielzeug in die Hand gegeben. Da auch der erwachende Blick nicht nur auf begegnende Gesichter und das lächelnde Antlitz antwortet, sondern auch auf Lichter und Farbe reagiert, hängen manche Eltern auch schon Farb- und Bewegungsspiele zum Anschauen über das Kinderbettchen – mag nun das Kind davon Gebrauch machen oder sich daran gewöhnen und sie bald ignorieren.

Eiferer der frühkindlichen Stimulation geben sich damit nicht zufrieden. Sie wollen dem Kind diese Selbstwahl nicht überlassen, sondern lassen Lichtsignale und elektrisch gesteuerte Bewegungsbilder im Sichtbereich der Kinder ablaufen – als Dauerstimulation von Sinneseindrücken, als Training für das Reizbombardement der modernen Welt? Wirkungsuntersuchungen dazu gibt es noch nicht. Aber vernünftig erscheint, nach allem, was wir über kindliches Spiel- und Erkundungsverhalten wissen, eine solche dauernde Reiz- und Spannungszufuhr nicht. »Überstimulation« (Oerter 1993) macht eher zerstreut und nervös als neugierig und aufmerksam.

Spielobjekte oder »Spielmittel« sind von vornherein am Spiel beteiligt. Sie fordern auf zum Spiel, ja sie spielen, so könnte man sagen, selber mit. Denn sie haben ihre eigene Qualität, die in das Spiel eingeht: der Ball rollt und springt, die Rassel tönt, der Klotz steht oder fällt, eine Ente läßt sich schieben, aus Holz und auf Rädern, oder streicheln und liebhaben, aus Stoff oder Plüsch. Spielgegenstände »laden ein« zu bestimmten Tätigkeiten und »reagieren« auf das, was mit ihnen gemacht wird. Insofern haben sie eine Art von Eigenständigkeit; sie »belehren« das Kind über ihre Natur, ohne sich damit der Vielfalt möglicher Nutzung und Sinngebung zu entziehen.

Die Belehrung oder Information über seine Beschaffenheit, daß der Ball rollt, springt und bunt ist, teilt sich zwar den Kindern mit; aber diese Informationen sind nicht die Hauptsache des Balls. Er dient dem Spielvergnügen, er antwortet auf das, was die Spieler mit ihm tun. Seine Beschaffenheit macht ihn zum Partner, der sich durch Übung beherrschen läßt, sich der Beherrschung aber auch immer wieder durch seine Eigenqualität entzieht. Darin liegt die unübertreffliche Spielqualität des Balls – übrigens mehr für die 5- bis 12jährigen Kinder als für die kleineren, für die der normale Gummiball schneller reagiert als ihr eigenes Bewegungssystem.

Spielzeug zum »Liebhaben«

Die persönliche und partnerschaftliche Qualität erhält aber eine nochmals ganz andere Färbung dort, wo das Spielzeug ein Lebewesen symbolisiert. Eine Stoffpuppe oder ein Kuscheltier geben andere Spielimpulse; sie wollen versorgt, gepflegt, vorgezeigt werden. Sie sind wie Personen, die die Sozial- und Gefühlswelt des Kindes in Anspruch nehmen, wie Freunde oder Gefährten. Das Spiel mit ihnen ist weit mehr als »Nachahmung« oder »Einübung« dessen, was die Erwachsenen tun; es bringt alle gefühlsgeladenen Impulse in Gang, wie sie auch einem Lebewesen entgegengebracht werden. Nicht nur »Liebhaben«, Pflegen, Beschützen also findet hier seinen Ausdruck, sondern auch Mahnen und Herrschen, Kränken und Bösesein, kurzum das ganze Repertoire der Gefühle, das die Kleinen ebenso wie die Großen bewegt.

Diese Einsicht sollte die Erwachsenen auch davor bewahren, sich zu empören und einzuschreiten. Wenn die Puppenkinder oder Spielkaninchen beschimpft oder mißhandelt werden, kann man sich als Zeuge gewiß auch mäßigend zu Worte melden. Aber zu den Hauptqualitäten des Spiels und der kindlichen Äußerung gehört nun einmal, daß die Emotionen direkt und sichtbar zum Ausdruck kommen und nicht, wie oft bei den Erwachsenen, durch Verstellung oder Rücksichtnahmen weitgehend verborgen werden. Es gehört zur heutigen Erziehung, daß man es nicht als eine möglichst frühe oder möglichst erstrebenswerte Erziehungsleistung ansieht, daß Kinder ihre Gefühlsregungen verbergen. Über geäußerte Gefühle kann man mit den Kindern reden, aber die unterdrückten und verbotenen Gefühle bleiben bald im Inneren verschlossen und sind uns dann gar nicht mehr zugänglich.

144

Häufig stoßen bei den Puppen- und Tierspielzeugen auch die geschmacklichen Welten von Kindern und Erwachsenen aufeinander. Kinder wählen sich oder bekommen von Bekannten irgendwelche Scheusale geschenkt, Batman oder Mickymäuse, Bambis oder Ufo-Monster. (»Marke: On va les perdre« hieß die Formel der Verständigung zwischen meiner Frau und mir bei solchen Geschenken; unsere Kinder meinten zwar später, sie hätten das längst spitzgekriegt und ihre eigenen Maßnahmen gegen diese Art des »Verlierens« ergriffen.) Selbstverständlich fühlen sich Eltern zu Recht auch für die geschmackliche Umgebung ihrer Kinder, so wie die ihres eigenen Lebens, zuständig. Sie werden aber mit Konflikten rechnen müssen, nicht nur, weil ein Teil der geschmacklosen Spielfiguren mit großem psychologischem Raffinement ausgeklügelt und auf Kinderschwächen und Kinderansprechbarkeit hin kalkuliert ist (z. B. die Glotzaugen-Puppen auf das psychische Kindchenschema; der ganze Barbie-Rummel auf das sexuelle Interesse der Kinder), sondern auch weil die emotionale Ansprechbarkeit und das Hängenbleiben an einem bestimmten Spielobjekt nun einmal ganz andere Wege gehen als der Elterngeschmack und die pädagogische Reflexion. Wie so oft in der Erziehung stehen hier zwei Güter einander entgegen: der Respekt vor den eigenen Wünschen und Gefühlen der Kinder auf der einen Seite und auf der anderen die Überzeugung, daß es nicht guttut, mit verkitschten Tieren und verzerrten Menschengesichtern umzugehen; der Wunsch also, daß die Kinder auch ästhetisch »etwas lernen«. Solche Konflikte sind in der Erziehung unvermeidlich, und da auf beiden Seiten Wertvolles zu beachten ist, sind sie nicht prinzipiell, sondern nur in der konkreten Situation zu entscheiden. Die Entscheidungen werden nicht leichter dadurch, daß es unter den Kindern »Moden« gibt und daß diese oft kommerziell gesteuert sind, d. h. über den Kinderwunsch nur auf das Portemonnaie der Eltern zielen.

Seit der Frühzeit der Reformpädagogik gibt es eine Auseinandersetzung unter Pädagogen über die Aufforderungsqua-
lität und den Realitätsgrad, welche gutes Spielzeug haben
sollen. Realistisches Spielzeug hat einen hohen Aufforde-
rungswert, sagt die eine Seite und beruft sich auf das intensive
Puppenspiel mit detaillierten Kleider-, Wäsche- und Schlei-
fenausstattungen. Einfaches und stilisiertes Spielzeug, sagen
die anderen, regt zu eigener Gestaltungstätigkeit an. Es fordert die Phantasieleistungen der Kinder heraus und ermöglicht ein selbstbestimmtes und selbstgestaltetes Spiel; schon
Jean Paul wußte:»An reicher Wirklichkeit verwelkt und ver-
armt die Phantasie.«Für die eine Seite dienen als Beispiel die
sehr detaillierten Spielfiguren, Matchbox-Autos, Playmobil-
Festungen und auch Modelleisenbahnen. Für die andere
Seite haben die einfachen Baukästen, Spielsets wie der Bauernhof oder auch das formal und farblich betont einfache
Waldorf-Spielzeug die weitaus bessere Qualität.

Über die verschiedenen Versuche, in dieser Kontroverse durch empirische
Studien voranzukommen, hat Wolfgang Einsiedler ausführlich berichtet
(1990, S. 91 ff.). Bestätigt wurde zunächst die Annahme, daß Kinder mit
hoher Phantasiebegabung, wie sie durch unabhängige Tests erhoben
wurde, in beiden Spielkategorien mehr und vielfältigeres Phantasiespiel
betreiben als Kinder mit schwachen Testwerten. Ferner bieten, soviel man
bisher sieht, für 3- bis 4jährige Kinder die realistischen Spielfiguren eine
hohe Herausforderung zum Spielen; das Spiel hält sich freilich dann hauptsächlich in den vorgegebenen Bahnen, d. h. es wird damit nur das inszeniert, was im Spielzeug selber – als Kran, als Unfallauto oder als Feuer-
wehr – vorgegeben ist. Von den 5- bis 6jährigen Kindern wird dann das
eigentliche Phantasiespiel ausdauernder und vielfältiger mit dem niedriger
strukturierten, weniger realistischen Spielzeug durchgeführt. Dieses ruft
mehr sozialen Austausch unter den Spielenden hervor, weil es die Kinder
nicht so stark festlegt und daher zur Absprache und zur Sinnverleihung
nötigt. Es wird damit mehr »Objektumwandlung«, nämlich Veränderung
des Sinns und der Verwendbarkeit einzelner Spielgegenstände, hervorgerufen.

Letztlich bleibt aber der Unterschied in den Bewertungen
und Ansichten der zuständigen Erwachsenen ausschlag-

gebend: ob sie vor allem den »Realismus« der Kinder oder ob sie besonders die Erfindungsgabe und Vielfalt ihrer Tätigkeiten gefördert sehen möchten. Gewiß hat auch das eine neben dem anderen Platz. Nur sollte man in diesen Auseinandersetzungen zweierlei im Auge behalten. Einmal, daß Erwachsene selber oft an den Miniaturnachbildungen der realen Welt ein Hauptvergnügen haben. Modelleisenbahnen oder materialreiche Puppenstuben dienen oft mehr dem Erwachsenen- als dem Kindervergnügen. Aber auch dieses Erwachsenenengagement hat seine zwei Seiten. Es kann zu einer Sammel- und Spielbeherrschungswut verkommen – der bekannte Eisenbahnvater, der seine Kinder gar nicht mehr heranläßt –, kann aber auch zu vergnügtem Zusammenspiel von Erwachsenen und Kindern führen.

Überfüllung

Hinzu aber kommt: Die Spielmittelindustrie mit der ganzen Macht ihrer Interessen und Gesinnungslenkung steht weitgehend auf seiten des realistischen Spielzeugs, da man ihm – von der Autohebebühne bis zum Arztstethoskop oder zu Polizeihandschellen – immer neue Realien und Requisiten hinzufügen kann. In vielen Kinderzimmern kommt man gegen das Chaos nicht mehr an, das durch viel zuviel Spielmittel dieser Art, die nur für kurze Zeit Interesse finden, angerichtet wird. Es liegt freilich nicht nur an der Unvernunft der Eltern und an der ständigen Bedürfnissteigerung durch den Markt. Sondern es hat auch damit zu tun, daß die Plätze des materialfreien Spielens im Gelände, auf der Straße, im Hof oder Garten zunehmend eingeschränkt sind und damit mehr als früher das Spiel im Zimmer gestützt werden soll. Und es hängt zusammen mit der Verselbständigung der Kinder, mit ihrem Alleingelassenwerden für einen Teil des Tages, dem Mangel an Geschwistern und dem Einzelzimmer als Ausstattungsideal, in dem die Möbel, Tapeten, Bilder und eben vor allem die zahlreichen Spieldinge ein Abbild dessen sind, was sich moderne Eltern vom Kinderleben und von der Selbstbeschäftigung der Kinder vorstellen. Anregung,

Stimulation, Aufforderung durch die Vielfalt der Dinge – aber auch Selbstbeschäftigung, Allein-sein-können und materiell verwöhnte Individualität des Kindes bilden die Voraussetzung dafür, daß um die Kinder eine Welt von Spieldingen versammelt wird, von denen sie allerdings, in gesunder Selbstverteidigung ihrer Spielinteressen, nur einen kleinen Teil wirklich benutzen. Offenbar muß das viele Spielzeug einen Trost bieten besonders für die Kinder, denen die Eltern so oft nicht zur Verfügung stehen (Sutton-Smith 1986, Kap. 3; Oerter 1993, S. 80).

Ratgeber für Spielzeug

Über 300000 Artikel werden jährlich auf der Nürnberger Spielwarenmesse angeboten, und vieles davon ist »neu« oder versucht sich durch irgendeine Veränderung als neu darzustellen. Ein erheblicher Teil dieses Angebots ist völlig unnütz und vieles weitere nur unter bestimmten Voraussetzungen zu brauchen. Schon die VerkäuferInnen in den Spielwarengeschäften sind meist nur noch oberflächlich informiert; nur einige von ihnen können auf pädagogische Fragen antworten. Wie können sich Eltern und Erzieherinnen in dieser Flut noch orientieren?

Mit solchen Fragen hat sich vor etwa 40 Jahren in Ulm eine Art Bürgerinitiative gebildet, ein Kreis von Leuten, die beruflich, wissenschaftlich und persönlich mit Spiel und Spielzeug zu tun haben. Er hat sich die Aufgabe gesetzt, aus dieser Angebotsflut eine überschaubare Anzahl von »gutem Spielzeug« auszuwählen. Seither arbeitet dieser Kreis als »Spiel gut« – »Arbeitsausschuß Kinderspiel und Spielzeug e. V.«. Ihm gehören etwa 40 Frauen und Männer an – Pädagogen, Therapeuten, Ärzte, Kunsterzieher, Architekten und Eltern –, die Jahr für Jahr die Angebote prüfen und jährlich etwa 250 Spielsachen mit dem Etikett »Spiel gut« kennzeichnen. Die Kriterien für diese Auszeichnung – pädagogische, entwicklungspsychologische, ästhetische Kriterien, aber auch solche der Verarbeitungsqualität und der Sicherheit (die neuerdings auch durch EG-Richtlinien gestützt werden) – sind von dem Ausschuß beschrieben und zusammen mit einer Übersicht über besonders qualitätsvolle Spielmittel in einem Ratgeber-Büchlein zusammengefaßt worden (Arbeitsausschuß, 23. Aufl., 1993).

Es ist fast selbstverständlich, daß ein solcher Ratgeber auch Kritik, ja Angriffe erfährt. In erster Linie natürlich von solchen Herstellern, die sich nicht hinreichend berücksichtigt finden – das brauchen wir hier nicht zu beachten. Es gibt aber auch Einwände von Praktikern und Wissenschaftlern. Kritisiert wird eine zu starke Orientierung an der Reformpädagogik und an der Wiener Entwicklungspsychologie oder auch an ästhetischen Prinzipien der früheren »Ulmer Hochschule für Gestaltung«. Und schließlich wird eingewandt, daß das Spielzeug zwar ausprobiert, aber nicht wirklich wissenschaftlich, z. B. auf Qualität und Dauer des damit durchgeführten Spielens hin, evaluiert worden ist (Einsiedler 1990).

Die Einwände sind nicht einfach von der Hand zu weisen: Ratgeber und Preisverleihung widerspiegeln bestimmte, in der Jury vorwiegende Ansichten und auch Vorlieben. Eine wissenschaftliche Objektivierung ist – schon wegen der großen Zahl und wegen des raschen Wandels auf diesem Markt – immer nur an ausgewählten Beispielen möglich; und ästhetische Kriterien lassen sich nun einmal nur bedingt objektivieren. Das alles ist dem Ausschuß durchaus bewußt. Über die pädagogische Vernunft und die Vielfalt der Aspekte, die ein solcher Kreis von erfahrenen Spielinteressenten und -experten repräsentiert, ist aber praktisch kaum hinauszukommen. Eine volle Objektivität und eine Berücksichtigung aller Faktoren ist nicht möglich. In pädagogischen Fragen muß man deshalb einen Rat, wo er gebraucht wird, auch erteilen, so gut es geht: auf Grund der persönlichen Erfahrungen, Beobachtung und Vernunft.

Leitgedanke dieses Ratgebers ist einerseits die Entwicklungsgemäßheit: daß es für die meisten Spielzeuge ein richtiges Alter gibt und daß es unsinnig ist, die Kinder mit komplizierteren Spielmaterialien stimulieren zu wollen. Altersangaben lassen sich freilich nur ungefähr machen, weil der Entwicklungsverlauf bei den Kindern sehr verschieden ist und weil es dabei jeweils nicht nur um die intellektuelle Fähigkeit des Kindes geht, sondern auch um die Reife oder Unreife seiner seelischen Bedürfnisse, die davon weit abweichen und auch zeitweise in frühere Regionen zurückgreifen können. Die Altersgemäßheit eines Spielzeugs wird deshalb nur grob durch Beobachtungen eingeschätzt (und sie verlagert sich zunehmend nach unten) – die dem Ratgeber beigefügte Tabelle (S. 30 f.) kann nur ungefähre Hinweise für übliche Alterszuordnungen, nicht aber Auskunft über die Spielbedürfnisse der jeweils gemeinten Kinder geben.

Weitere Leitgedanken beziehen sich auf die Menge und die Offenheit des Angebots: Vielseitigkeit und vielfache Verwendbarkeit sind erwünscht, jedenfalls in dem Sinne, daß die wichtigsten Spielrichtungen ermöglicht werden sollten: von den Puppen und Tieren, den Stell- und Figurenspielen über die Bewegungsspiele (Schaukeln, Fahren, Klettern), die Spiele mit Material zum Formen und Gestalten, Bauen und Konstruieren bis zum Werken und Experimentieren; die Rollenspiele einschließlich Theater oder Verkleidung und schließlich die Regelspiele und Gesellschaftsspiele aller Art.

Kriterium für die Prüfung ist immer, ob das Spielzeug einige Dauer verspricht, sowohl was die Haltbarkeit wie vor allem was das erzeugte Spielinteresse anbelangt; weiter ob es zur Tätigkeit anregt, ob es der Phantasie der Kinder Spielraum läßt und ob es für Kinder und für Erwachsene geschmacklich und thematisch annehmbar erscheint. Seit einigen Jahren wird auch die Umweltverträglichkeit, sowohl im Blick auf den Gebrauch wie auf die spätere Entsorgung des Materials, mit bewertet. (Man denke nur an die vielen Batterien in heutigem Spielmaterial!)

Es gibt andere Spielzeugratgeber, die ich hier nicht näher würdigen kann (z. B. Fritz 1989; Haller 1987; Retter 1980; Stöcklin-Meier 1984, 1986). Und es gibt eine ganze Reihe trefflicher Helfer für Babyspiele, Papierspiele, Spiele mit Naturmaterial, Spiele für Reisen und Ferien, Spiele für das Krankenzimmer und vieles mehr. Die »Buchempfehlungen« des genannten »Arbeitsausschusses Kinderspiel und Spielzeug« geben darüber nähere Auskunft und sind gegen ein geringes Entgelt über dessen Sekretariat (Heimstr. 13, 89073 Ulm) zu beziehen.

Sandspiele – Bauspiele – Technik

Wohl das verbreitetste Kinderspiel ist das mit Wasser und Sand. Es gibt in unserem Kulturkreis nur wenige Kinder, die nicht vom zweiten Lebensjahr an am Strand oder in einem Sandkasten anfingen zu buddeln, zu häufeln und rieseln zu lassen, zu füllen und auszugießen, zu formen und wieder zu verwischen. Sand und Wasser scheinen die elementarsten Spiel-»Objekte« zu sein, deren Beschaffenheit fast jedes Kind zum Spielen einlädt – so selbstverständlich und allgemein, daß man dort, wo es nicht zustande kommt, fragen wird, was dem Kinde fehlt – fehlt ihm z. B. Entspannung und Geborgenheit als Voraussetzung des Spielens. Oder hat es Angst vor dem Panschen und Schmieren?

Sand ist zum Spielen mehr als »praktisch«: Er kommt der Körperlust entgegen, läßt die Materie auf der Haut spüren und lädt zum Greifen und zum Formen ein. Sandspiele sind offenbar den Wasserspielen ganz nahe, dem Planschen, Spritzen, Gießen, Abfüllen und Ausleeren, das Kinder beim Waschen und Baden betreiben (Oerter 1993, Kap. 19). Angefeuchtet erlaubt der Sand nicht nur zu schmieren, sondern zu formen und zu bauen mit unscharfen und vergänglichen Konturen, die für die Phantasie alles offenlassen: Kuchen backen, Waren anbieten, einen Brunnen bohren, einen Tunnel wölben, eine Murmelbahn glattklopfen, auch ein Haus bauen, eine Mauer errichten – das alles steht den Sandspielern zur Verfügung. Auch bei Kindern mit starken Spielhemmungen oder Kontaktverweigerung bieten der Strand oder die Sandkiste die Möglichkeit zu einer wirklich entlastenden Regression, einer zeitweiligen Rückkehr in anspruchslose, aus früherer Zeit vertraute Spielregionen, die sie offenbar von Zeit zu Zeit benötigen und, unabhängig von ihrem Alter, dankbar ergreifen. Zunehmend suchen Kindergärten deshalb auch im Inneren für die kühle Jahreszeit einen Sandkasten oder eine gekachelte Ecke zum Wasserspielen (mit Gummischürzen, versteht sich) einzurichten. In englischen Kindergärten sind solche Sand- und Wasserzonen innerhalb des Hauses schon sehr häufig anzutreffen.

Von den Sandspielen ist es zu den Bauspielen nicht weit. Ihr Hervorwachsen aus den frühen Gegenstandserkundungen hat *Charlotte Bühler* (1928) in einer klassischen Studie geschildert. Wie die Kinder probieren und variieren, wie sie Klötze neben- und aufeinandersetzen, wieder einreißen und neu arrangieren – eine Art »Kritzelstadium«, dem frühesten Stifte- und Farbengebrauch zum Spurenlegen vergleichbar (vgl. Einsiedler 1990, S. 103). Im dritten/vierten Lebensjahr zeigen sich, ähnlich den erkennbaren und beabsichtigten Figuren auf dem Zeichenblatt, auch Bauten mit einem jedenfalls angedeuteten Plan und Ziel: ein Haus, eine Stube, ein Turm, eine Brücke sollen entstehen, und dafür werden geeignete Klötze ausgesucht. Oder vorgeformte Spielfiguren, z. B. Dorfbausteine werden aufgestellt und zu einer Spielszene geordnet.

Baukästen mit einfachen Klötzen als ein schönes und praktisches Angebot für die frühen Bautätigkeiten der Kinder haben eine lange Tradition. Seit Fröbels Zeiten haben in der Entwicklung von Baukästen oder Baumaterialien (Noschka/Knerr 1986) zwei Tendenzen miteinander gestritten: auf der einen Seite die realistischen Bausteine oder Bauelemente, in denen die Baustile und die Technik traditioneller und neuer Bauweisen nachgeformt oder doch angedeutet werden – berühmt wurde vor allem der liebevoll-viktorianisch ausgestaltete »Anker«-Steinbaukasten aus Rudolstadt. Und auf der anderen Seite ganz einfache Formen, die gerade durch ihre Nichtfestgelegtheit die Bauphantasie und die Vielfalt der Verwendungs- und Benennungsmöglichkeiten bei den Kindern herausfordern. Gewiß können kleine Kinder besser mit großen und einfachen Bausteinen spielen als mit kleinem, realistisch-detailliertem Material (was nicht ausschließt, daß sie nicht irgendwelche kleinen Figürchen besonders gern haben und als ihre Schätze sorgfältig hüten).

Baukästen sind etwas anderes als Steckmaterial (wie etwa »Lego«). Die Klötze und Teile folgen anderen Gesetzen, sie laden zu anderen Tätigkeiten ein, fordern eine andere Form von Aufmerksamkeit und belehren selbst über ihre Qualität. Bauklotztürme kann man umwerfen, wenn man sie vorher mit Sorgfalt zu möglichster Höhe gebracht hat; das Umwerfen ist sogar ein wichtiger Teil des Spiels. Bauklötze haben es auf andere Weise mit Geometrie zu tun, mit Größen und ihren Unterteilungen, einfachen Begrenzungen und einer durchschaubaren Statik, während die Steckverbindungen durch ihren Zusammenhalt die Statik und Balance überwinden und damit ganz andere Konstruktionen ermöglichen.

Von zwei eigenen Erfahrungen möchte ich berichten, weil sie mir aufschlußreich erscheinen. Als noch junge Familie hatten wir unsere Wohnung mit Eisenöfen zu heizen und kauften dafür Buchenholz als Abfall einer Stielfabrik. Dieses »Ofterdinger Brennholz« war in allen Abfallformen von Klötzen, Stielen, Griffen, Kegeln und Zylindern geschnitten und wurde in dieser Form und Vielfalt als anderthalb Kubikmeter auf der Straße vor unserer Wohnung abgeladen. Dort mußten wir es dann ein paar Tage liegenlassen, weil es für das ganze Quartier zu einer Spiel- und Bauattraktion ohnegleichen wurde. Immer waren dort bauende Kinder zu sehen. Die Vielfalt der Trümmer einfacher Formen brachte eine unendliche Vielfalt überraschender Gestaltungen hervor.

Und weiter: Als ein geradezu unfehlbarer Magnet zum Bauen und anschließendem Spielen mit dem Gebauten erwies sich in unserem Hause und in denen mancher Freunde, später auch bei unseren Kindern, die »schwedische Holzeisenbahn« (die heute als »Brio« auch in den Sog der Zubehörmassen zu geraten droht). Kinder von drei bis zwölf Jahren und darüber hinaus sind von der Unerschöpflichkeit immer neuer Gestalten und Kombinationen gefesselt. Nur vordergründig ist hier der technische Vorgang einer zu schaffenden Eisenbahnstrecke das Thema. Schon die Kreise, Schlangen, Unterführungen, Verzweigungen enthalten ganz andere Momente als den bloßen »Bau«. Der ästhetische Reiz der Anlage, die phantasiebeflügelnden Brücken, Verlade-

rampen, Trajekte führen über die einfache Technik des Zu-
sammenbauens und »Passens« der Anschlüsse weit hinaus.
Wenn manche Psychologen bei der Bautätigkeit der Kinder
nur die Produktorientierung und den »Arbeits«-Charakter
des kindlichen Bauens sehen (z. B. Elkonin 1980), dann ent-
geht ihnen gerade die Vielfalt der Spieldimensionen, die ein
solches Material eröffnet.

Will man sich klarmachen, wieviele Kinder im Bauspiel
»lernen« können, so kann man Einsiedlers Zusammenfas-
sung folgen:

»Im Bauspiel werden die bereits im Objektspiel erworbenen Kenntnisse
über Gegenstände, z. B. über Beschaffenheit, Form, Farbe usw. konsolidiert. Darüber hinaus können die Kinder bei einfachen Reihungsbau-
spielen selbständig relationales Wissen erwerben, z. B. Klassenbegriffe
(Klötze, Stangen) oder Größer-Kleiner-Relationen, sowie topologische
Erfahrungen machen, z. B. innen–außen, neben–zwischen. Der eigentliche
Vorteil des Bauspiels liegt darin, daß die Kinder schlichte Gesetze der Statik kennenlernen. So kann man ihre Schwierigkeiten mit langen, hochge-
stellten Stäben beobachten, die auf der Stirnseite nicht planeben sind; oder
die Kinder rücken schiefe Klötze zurecht und verbreitern die Basis, wenn
sie einen Turm höher bauen wollen. Das dreidimensionale Bauen verbessert wahrscheinlich die Raumvorstellung; Untersuchungen bei Erwachsenen zu räumlichen Repräsentationen machen deren analogen Charakter
deutlich (Kosslyn 1980), d. h. die Vorstellungen ähneln wirklichen Flächen
und Würfeln und dürften deshalb auf konkrete räumliche Erfahrungen zurückzuführen sein. Schließlich kommen Kinder beim Bauspiel mit Gesetz-
mäßigkeiten der Mechanik in Berührung; Beispiele sind Erlebnisse mit der
Reibung beim Schieben von Gegenständen mit Rädern und ohne Räder,
mit der Schiefen Ebene bei schräg angelegten Platten...« (1990, S. 107).

All dem kann man zustimmen, wenn man sich gegenwärtig
hält, daß das mögliche *Nebensachen* des Spielens sind. Das
Kind lernt ununterbrochen; man kann auch das Essen und
Trinken und sogar die Liebesbeziehung als ein »Lernen« bezeichnen. Aber man muß sich bewußthalten, daß man sie
damit auf einen Nebenaspekt reduziert und, wenn man diesen zur Hauptsache macht, auch mißversteht und verfälscht.
Gewiß werden beim Bauen »Kenntnisse konsolidiert« oder
»Gesetze begriffen«. Es wird auch »gearbeitet« im Sinne
dessen, was für Kinder Arbeit ist – nämlich Nicht-Zwang,
Nicht-Verdienst, nicht: Produktion eines gesellschaftlich

notwendigen Gebrauchsgegenstandes. Der Kognitionspsychologie und auch der didaktisch orientierten Pädagogik droht dieses Bewußtsein, dieses Verstehen vom Ganzen des Spiels aus auch immer wieder wegzurutschen – und eben deshalb wird in diesem Buch immer wieder daran erinnert.

Technikkästen

An die Baukästen schließt sich das technische Spielzeug gleitend an. Neben den Klötzen bilden heute die Stecksysteme aus Kunststoffteilen die beliebtesten Bauspielzeuge, »Lego« vor allem, daneben Systeme wie Playmobil und Fischertechnik. Sie erlauben den Bau von Häusern, Türmen, Brücken ebenso wie die Bausteine oder Klötze, aber durch Zusammenstecken in einer anderen Verbindung und deshalb auch mit ganz anderen Gestaltungserfahrungen. Man kann die Lego-Türme nicht mit Spannung immer höher treiben und schließlich einstürzen lassen (Oerter, S. 197). Dafür kann man ihre Teile auf eine Weise miteinander verbinden, die dem technischen Vorgang des Verschraubens oder Verschweißens näherrückt und damit die verbundenen Stücke auf eine quasi-technische Weise zu handhaben erlaubt. Frühere Systeme wie der Spranger-Baukasten und der Matador-Kasten haben ähnliches erstrebt, aber mit dem Material Holz nur unbefriedigend leisten können. Reine Metallbaukästen wie »Stabil« oder »Märklin« ermöglichen auf einer realitätsnahen Stufe mit Schraubsystemen wirklich technische Bauten. Sie beanspruchen aber einen sehr großen Zeitaufwand und stellen daher hohe Anforderungen an die Konsequenz und das Durchhaltevermögen. Zumal beim Wiederabbauen der Konstruktionen sind die Kinder oft überfordert, wenn sie die gleiche Geduld bei viel geringerer Motivation aufbringen müssen. Das Steckbau-Prinzip hat darum, auch wegen seiner raschen Abbau- oder Umbaumöglichkeit, alle diese Systeme überflügelt.

Technisches Spielmaterial fördert technisches Denken – lautet die allgemeine Annahme. Und da das viele Eltern für wünschenswert halten, sind Kinderstuben mit technischen Baukästen verschiedener Schwierigkeitsgrade bestens bestückt. Auch hier wieder stoßen die Meinungsgegensätze aufeinander, die wir schon mehrmals angetroffen haben. Ist es die Technik als solche, welche die Kinder fördert und stimuliert, also der Bau von bestimmten Geräten, Maschinen oder Fahrzeugen nach einer vorgegebenen Bauanleitung? Und ist der Bausatz, der diese Konstruktion ermöglicht, mit seinen detaillierten Teilen und realistischen Reproduktionen wirklicher Maschinen ein förderliches »Bauspielzeug«? Oder regen die weniger detaillierten, für viele Baumöglichkeiten offenen Materialien die Kinder besser an, weil sie ihnen ein freies Experimentieren erlauben und sie damit selber, gewissermaßen als Erfinder und Konstrukteure, auf den Weg schicken?

Und noch einmal treffen wir diesen Gegensatz in der nächsten Frage: Kommen die Kinder weiter mit diesen Materialien, wenn ihnen bestimmte technische Prinzipien erklärt und sie in die Verbindungen, Übersetzungen, Stabilisierungsweisen eingewiesen werden? Oder ist es besser, die Kinder frei mit dem Material hantieren zu lassen und ihnen damit die Chance zu geben, selber herauszufinden, wie man Steck- oder Schraubverbindungen, Gegengewichte oder Zahnradübertragungen anzubringen hat?

Die Untersuchungen, die zur Klärung dieser Frage angestellt worden sind, haben zwingende Ergebnisse noch nicht erbracht (vgl. Einsiedler 1990, S. 113 ff.). Entspannte und spielerische Auseinandersetzung mit technischem Material und strukturiertes, angeleitetes Lernen scheinen gleichermaßen nützlich, um die Lösung bestimmter technischer Aufgaben anzubahnen. Die Aufgaben aber so zu stellen, daß sie wirklich eigenständige Lösungen zulassen, d. h. die mögliche Überlegenheit der »Spieler« gegenüber den systematisch und didaktisch angeleiteten »Lernern« nachweisen, ist den Forschern noch nicht gelungen. Der jetzige Untersuchungsstand ist also m. E. so zu interpretieren, daß den Baukästen mit offenem Programm und breiten Verwendungsmöglichkeiten der Vorzug zu geben ist, daß aber neben dem ganz freien eigenen Hantieren auch das Durchprobieren z. B. bestimmter Verbindungen oder Gewichtsverteilungen, wie es die Erziehenden anzuregen vermögen, hilfreich sein kann. Die Technik ist ihrem Wesen nach ein äußerster Grenzfall des Spiels. Sie ist ja schon immer »die Art und Weise, etwas zu bewerkstelligen, zu erreichen«, das heißt Aufgaben zu lösen, die sie nicht selber stellt. Spielecken mit technischem Material (Riley/Savage 1994), Magneten, Batterien, Birnen, Drähten, Meßinstrumenten, Elektro- und Techniksets, lassen sich eine Zeitlang in freiem Hantieren bespielen. Sie werden dann aber doch gerne für die Bewältigung selbstgestellter oder von außen gegebener Aufgaben genutzt: eine Signalanlage bauen, einen Kran konstruieren. Damit schreiten sie dann aber über die Grenzen des Spielens hinaus; das Ziel ist festgelegt, und die Suche nach einer sachgerechten Lösung überwiegt.

Als Beispiele für die empirische Klärung von Fragen, welche bei der Beurteilung von Spielzeug aufkommen, seien hier die Untersuchungen von Einsiedler/Spanhel (1983; Einsiedler 1984) angeführt. Die Autoren ließen durch vorher trainierte, in ihren Kriterien (kontrolliert) übereinstimmende Beobachter den Umgang von Schülern verschiedenen Alters (6jähr., 9jähr. und 12jähr. Spieler) mit bekannten Technik-Baukästen verfolgen und protokollieren. Die Kinder bauten zunächst nach einer Vorlage ein bestimmtes Modell, anschließend ein oder zwei Technica nach eigenem Einfall und Vergnügen. Die beobachteten 225 Spielszenen von 92 Kindern wurden 1. sorgfältig im Verlauf beobachtet, 2. mit Schätzskalen im Hinblick auf bestimmte Spieldimensionen (Aufforderungscharakter, Anforderungen an Geschicklichkeit, Raumvorstellung, Selbständigkeit der Lösung u. a.) eingeschätzt; 3. wurden die Kinder mit einem Interviewleitfaden zu den Vor- und Nachteilen der Baukästen, zur Qualität der Bauanleitung, zu ihrem Lieblingsbaukasten und anderem befragt. Gewählt wurden Baukästen in Normalausstattung der Spielsysteme: 1. Fischertechnik, 2. Lego, 3. Lego-Technik, 4. Baufix, 5. Märklin-Metall, 6. Matador, 7. Trix-Metall, 8. Brio.

Aus der Reihe von Ergebnissen, die durchaus Beratungsfolgen haben können, seien hier nur aufgeführt: Die Kästen und ihre Bauaufgaben sind in ganz verschiedenem Maße »empfindlich« für die Altersstufen. Es kann z. B. der Fischer-Kasten in erstaunlich hohem Maße schon von 6jährigen verstanden und richtig verwendet werden, während der Baufix-Kasten, der sich selbst schon für das Vorschulalter empfiehlt, von einem erheblichen Teil der 6jährigen nicht ohne Hilfe bewältigt wird. Der Fischer-Kasten wurde auch für das freie Bauen, für das die Kinder das System selber aussuchen durften, am häufigsten gewählt, dann der Matador, an 3. Stelle der allgemeine Lego-Kasten. Für die Überwindung aller Schwierigkeiten und die Fehlerlosigkeit des selbständigen Bauens nach Vorlage schnitten die beiden Lego-Systeme weitaus am besten ab, während bei Baufix und Trix-Metall die Aufgaben am häufigsten nur mit fremder Hilfe gelöst werden konnten (bei Trix-Metall mußte 2–3mal so oft Hilfe in Anspruch genommen werden wie bei den anderen Baukästen).

Man kann also mit Untersuchungen dieser Art in einer Reihe von Fragen – z. B. Eignung für die Altersstufe, Beliebtheit für selbständiges Konstruieren, Angewiesenheit auf Erwachsenenhilfe – durchaus weiter kommen, als es bisher üblich und angestrebt war. Freilich muß man sich darüber klarbleiben, daß für eine Gesamtbeurteilung noch andere Anforderungen und Fragen zu berücksichtigen sind, die in dieser Erhebung nicht vorkommen, z. B.: Wie läßt sich mit dem Gebauten nach der Fertigstellung spielen? Welche Möglichkeiten des Umbaus gibt es später? Kann man unschwer abbauen und wegräumen? Alles das entscheidet mit über die Gesamtqualität.

Immerhin ist bei solchen Spielsystemen, die durch eine lange Zeit hindurch auf dem Markt sind und im Prinzip gleich bleiben, eine empirische Bewertung möglich und lohnt auch den Aufwand, während die vielen kurzfristigen Produkte des Spielzeugmarkts schon durch ihren raschen Wechsel sich einer genaueren Bewertung faktisch entziehen.

Kampf- und Kriegsspiele

Wie stehen wir nun zu den aggressiven Spielen, zu den Kampf- und Kriegsspielen der Kinder? Wie gehen wir damit um, daß manche schon schwerbewaffnet in den Kindergarten kommen, Maschinenpistole umgehängt, Nahkampfmesser im Gürtel, einen Panzerspähwagen in der Hosentasche? Und auch damit, daß es vor allem und unvermindert die Jungen sind, die diese Symbole von Krieg und Gewalt herumtragen und betätigen, während die Mädchen meist viel

158

weniger von solcher Ausstattung besitzen und die entsprechenden Spiele auch oft mißbilligen?

Ein ganzer Komplex von Fragen, den wir hier nur aus der Perspektive einer Pädagogik des Kinderspiels erörtern können. Ich möchte ihn in folgende Teilfragen aufgliedern:

– Wie stehen wir zu den aggressiven und kriegerischen Spielen überhaupt, halten wir sie für förderlich, für unvermeidlich oder für schädlich?

– Wie sind die Waffen und sonstigen Ausstattungen zu beurteilen, die der Spielzeugmarkt für die Kriegs- und Kampfspiele zur Verfügung stellt?

– Wie halten wir es mit den herkömmlichen Mustern von Männlichkeit und Weiblichkeit, die an kaum einer Stelle so deutlich zutage treten wie in diesen Spielen?

Die dritte Frage bedarf einer eigenen Erörterung, die in einem späteren Abschnitt erfolgen soll (S. 168 ff.).

Entspannung oder Gewöhnung?

Zunächst also: *Wie stellen sich Eltern, Erzieher und Erzieherinnen zu diesem ganzen Komplex* – zum unfriedlichen Kinderspiel, das sehr oft auch in Erwachsenenrunden Unfrieden stiftet? »*Das brauchen die Kinder*«, sagen die einen; wie sollen sie sonst fertig werden mit der Welt von Aggression, die sie umgibt und die ihnen in den Medien täglich entgegentritt. »*Das gewöhnt die Kinder an Kampf und Gewalt*«, sagen die anderen; das ist Kriegsvorbereitung in Kinderzimmern, der wir uns im Namen einer friedlicheren Welt widersetzen müssen. Die einen berufen sich auf die oben genannte »Katharsis«, auf die Reinigung und Überwindung der aggressiven Gefühle im Spiel. Die anderen haben Lernen und Gewöhnung im Auge, sie sehen in diesen Spielen die harten Durchsetzungs- und Männlichkeitsklischees befestigt, aus denen sich Kriegs- und Gewaltbereitschaft immer wieder erneuern. Welcher Meinung geben wir nun recht?

Zunächst keiner von beiden. Beide haben sich aus Teileinsichten und -erfahrungen eine Populartheorie aufgebaut, die wissenschaftlich nicht zu halten ist und die den spezi-

159

fisch-kindlichen Spielerlebnissen und Spielbedürfnissen nicht gerecht wird.

Die Reinigungsthese ist in den letzten zwei Jahrzehnten immer wieder zur Rechtfertigung der Fernsehprogramme aufgeboten worden. Daß der Fernsehkonsum von Gewaltszenen die Kinder (oder auch die Erwachsenen) in ihrer eigenen Aggressivität entspannen könne, ist eine empirisch unhaltbare Behauptung. Die meisten Untersuchungen, auf die man sich in dieser Sache eingelassen hat, führen zudem an der Hauptfrage vorbei, nämlich ob es wünschenswert ist, daß die aufnahmebereiten Köpfe der Kinder täglich mit Kampf, Verbrechen und Grausamkeiten angefüllt werden.

Spielen ist freilich etwas anderes als Fernsehkonsum. Spiel ist vor allem Aktivität, eigenes Handeln der Kinder. Streiten und Kräftemessen, sich foppen, sich balgen, sich fangen und freigeben gehören dazu. Man erinnere sich noch einmal an die Spiele der Kinder im Freibad, wenn sie die Ängste vor dem Wasser einigermaßen hinter sich gelassen haben: wie dort geschubst und getaucht, verfolgt und gebalgt, gespritzt und umgestoßen und dabei vor Angstlust und Vergnügen gelärmt wird – alles Spiel! Fangen und Jagen, Verstecken und Anschlagen, Räuber und Gendarm und ähnliche Spiele mit ihren Themen Angriff und Flucht, Gefangenschaft und Freilassung sind nicht weit davon entfernt. Und wiederum nahe dabei die Indianer- und Cowboy-, Räuberbanden- und Geländespiele mit Schießereien und Überfällen, sei es mit eigenem Outfit, sei es, stellvertretend, mit Spielsoldaten oder anderen Figuren. Wo ist die Grenze, wo fängt das Kriegsspiel an?

Bruno Bettelheim (1987) hält gerade das Kriegs- und Waffenspiel für unerläßlich, damit wir Menschen, wie er sagt, »die primitiven Überreste in uns ausleben..., um sie endlich loszuwerden«, »unser archaisches Erbe, das Kriegführen« dadurch überwinden und »endgültig begraben« können (S. 299). Das scheint mir ein zu naiver und phantastischer Gebrauch der Reinigungsidee. Und auch das von ihm angeführte Beispiel, daß im Nachspielen des amerikanischen Sezessionskriegs die Rivalität von Geschwistern (Bruderkrieg) und die Befreiung von der Sklaverei erlebt werde als »Kampf des Kindes um seine Befreiung aus der Kontrolle der Eltern« (ebd., S. 302) – auch das halte ich für eine freundlich-naive Spekulation, welche die tiefenpsychologischen Einsichten in die seelische Dynamik des Spiels eher karikiert. Wohl aber scheinen mir die dann folgenden Überlegungen bedenkenswert: daß man sich auch die Kriegs- und Kampfspiele der Kinder daraufhin ansehen müsse, ob es sich denn um bloßes Betätigen von Aggressionen handelt oder ob sich darin auch Ordnungen, Absprachen und Inhalte zeigen und das chaotische Spiel mit bloßem Rennen und Ballern zum »game« wird, in dem die Aggressionen sich friedlicheren Bahnen fügen.

Daß Kriegsspiele von sich aus, ohne therapeutische oder erzieherische Hilfe, zur Reinigung und Entspannung der Aggressionen führen, hat sich nicht nachweisen lassen (vgl. Schorb u. a. 1991; Einsiedler 1990, und dort S. 81 Zitiertes). Daß sich im Spiel jedoch die Gefühle der Kinder, auch die feindseligen und aggressiven Gefühle betätigen, das ist für jeden deutlich, der mit Kindern umgeht. Sie können sich entspannen, sie können sich auch aufschaukeln durch das Spiel. Wollten wir sie unterdrücken, so würden sie bloß ins Innere, ins Unsichtbare verbannt; wir nähmen den Kindern selbst und uns als ihren erwachsenen Partnern die Möglichkeit, mit diesen Aggressionen hilfreich und mäßigend umzugehen.

Damit aber kommen wir zu der an zweiter Stelle genannten Position: der Meinung, daß die Kriegs- und Kampfspiele ein Lernen, eine Gewöhnung der Kinder an Krieg und Gewalt mit sich brächten und deshalb unterbunden werden müßten. Damit wird nun wiederum, von der anderen Seite her, der Spielcharakter verkannt. Wenn Kinder »Räuber« spielen oder »Hexe« oder »Prinzessin«, so hieß es schon oben, so »üben« sie sich nicht in kriminelle, zauberische oder feudale Lebensmuster ein, sondern sie beleben und bevölkern ihre Spielwelt; sie schaffen sich Phantasiegestalten, in die sie ein Stück weit hineinschlüpfen, durchaus mit dem Bewußtsein: »Das ist Spiel.« In Gesprächen mit Viertkläßlern hat Gisela Wegener-Spöhring (1986) nicht nur immer wieder erfahren, wie vergnüglich das alles gespielt wird und wie gern die Kinder über Jagd- und Kriegsspiele Auskunft geben – zumal einer Interviewerin, die das alles nicht mißbilligt. Sondern sie hat auch auf sehr verschieden angelegte Fragen immer wieder die Versicherung der Kinder erhalten, daß das eben Spiel sei und ganz etwas anderes als wirklicher Krieg; auch daß sie es nicht gern haben, wenn hier Spiel und Wirklichkeit aneinander gemessen werden. »Kinder beachten die Distanz ihrer Spiele zur Realität genau; eine Grenzüberschreitung zerstört das Spiel: ›Ich habe einen Film über Krieg gesehen‹, sagt eines der befragten Kinder, ›und dann gedacht: Und so etwas spiel’ ich! Deswegen finde ich es jetzt blöd‹« (S. 805 f.).

Die Gewöhnungsthese findet natürlich bei Erwachsenen um so mehr Anklang, je mehr diese sich selber betroffen fühlen von den Grauen des Krieges und von der Unfriedlichkeit der Welt. In einer Zeit wie der Wilhelminischen Ära mit ihrer frisch-fröhlichen Kriegsmentalität wurden die Kinder ungeniert beim Soldatenspiel unterstützt. Und von den Bürgerhäusern der Weimarer Zeit führt ebenfalls ein gerader Strom der Kriegsspiele in die Hitler-Ära und den Zweiten Weltkrieg hinein. Das ist es auch, was die Kritiker der Kriegsspielerei seither so aufbringt: daß diese Spiele kein Ende nehmen wollen und auch gegenwärtig, nach einer Schampause von 1945 bis in die fünfziger Jahre, wieder soviel Raum einnehmen. Sind sie nicht ein Zeichen dafür, daß die Mentalität der Kriegsbereitschaft nach wie vor in uns steckt? Es sind vor allem auch Probleme der Älteren, die sich in dem Streit um die Kriegsspiele der Kinder niederschlagen – der Erwachsenengesellschaft mit ihren Kriegs- und Krimiinteressen nach wie vor; und andererseits der Erwachsenen mit ihrem Zorn auf den Krieg und ihrer nur zu begründeten Angst davor, daß die Menschheit, trotz ihrer schauerlich angewachsenen Tötungs- und Zerstörungsmittel, vom Kriegsdenken und -handeln und damit auch von den Kriegsspielen nicht abläßt.

Eine Projektion von Erwachsenenproblemen also auf die

Spiele der Kinder, die es ja gar nicht so meinen? Man kann es durchaus so nennen, aber das Problem dieser Spannung ist mit einer solchen Charakteristik nicht beseitigt. Es ist ja durchaus legitim, daß das, was die Erwachsenen für sich und ihre Welt aus humanitären Gründen ablehnen, auch gegenüber den Kindern abgelehnt wird. Die Argumente »Die Kinder spielen es doch gern« und »Es ist nichts als Spiel« reichen zur Legitimierung nicht aus. Wenn Erwachsene sich durch diese Spiele verletzt fühlen, ist auch dies eine Tatsache, die nicht einfach im Namen des Kindervergnügens und der Kinderbedürfnisse vom Tisch gefegt werden kann. (Ich muß hinzufügen, daß ich, leider, auch als Kriegsteilnehmer Zeuge davon war, wie deutlich manche Soldaten ihre Kriegshandlungen als eine Art Jungenspiel betrieben und genossen haben.)

Auch die Gewöhnungsthese als solche ist zwar übersteigert: Kinder werden nicht dadurch an Räuber- und Soldatengrausamkeit gewöhnt, daß sie solche Spiele betreiben. Aber ihre Kriegsspiele reichen in eine Sphäre hinein, die das Kriegsgeschehen verniedlicht und bagatellisiert. Es ist durchaus legitim, daß Erwachsene diesen Spielen gegenüber ihre Ablehnung von Aggression und Krieg zeigen, im Bewußtsein freilich, ohnehin nur einen Teil der Spielaktivitäten der Kinder zu erreichen.

Waffen als Spielzeug

Akut wird die Auseinandersetzung im allgemeinen nicht in irgendeinem Spielverlauf, der im Zimmer oder im Sandkasten oder auf der Straße in Aggressionsspiele umschlagen kann. Akut wird sie bei der Anschaffung von Waffen. Hier treffen die Bedenken der Erwachsenen, die Wünsche der Kinder und die Mechanismen aufeinander. »Zielen« kann man zwar auch mit dem Finger oder mit einem Stock und »Peng, peng« machen mit dem Mund. Aber es gibt eben Kinderpistolen, die viel besser aussehen, und es fliegt womöglich ein Pfropfen heraus oder Zündblättchen knallen; und alle anderen Kinder haben solche Waffen, die viel »echter« sind. Und der Kopf des Jungen ist voll davon, und das Gequengel nimmt kein Ende, bis die Eltern mürbe sind.

Was ist der Unterschied dieser heutigen Waffen zum alten Pfeil und Bogen oder Holzschwert oder Tomahawk, die von jeher zum Kinderspielzeug gehörten? Oder zur Wasserpistole, dem köstlichen Spritzgerät, mit dem man soviel Ärger machen und Vergnügen haben kann? Der Unterschied ist gering, das alles sind Geräte für den symbolischen Kampf oder Krieg. Vieles können sich Kinder auch selber basteln, so wie sie auch Spielfiguren aller Art, Kraftfahrer oder Feuerwehrleute, zu Soldaten ernennen können. Unter »Spielzeug, mit dem man kämpfen kann«, nennen in der Befragung von Wegener-Spöhring die Kinder nur zur Hälfte eindeutiges Kriegs- und Kampfmaterial, zur anderen Hälfte Playmobil und Lego, Cowboys, Piraten und Weltraumfiguren, also Stücke aus den Bau- und Figurenkästen, die für vielerlei Spiele zu brauchen sind.

Mit solchen Möglichkeiten könnte es denn ja auch sein Bewenden haben. Was die Kinder brauchen für ihren symbolischen Umgang mit der Aggression und auch mit ihrer Angst, das können sie sich auch selber schaffen. Kriegerische Ausstattung jedoch, die von den Erwachsenen und gerade von den Eltern angeschafft und geschenkt ist, wird von den Kindern nicht nur erlebt als Billigung des Spiels, sondern als Anerkennung, Unterstützung. Die Eltern selber sind es dann, in deren Namen und mit deren Geschenken die Kinder ihren Krieg führen, die also mit ihrer Autorität und ihrer Liebe hinter diesen Spielen stehen. Es ist schon erstaunlich, in welcher Gedankenlosigkeit sich Eltern hier mit ins Zeug legen oder sich den Wünschen der Kinder und der Hersteller kriegerischen Spielzeugs fügen: Maschinenpistolen, Raketen, schallgedämpfte Schußwaffen; Videospiele und Computersimulationen mit ausgesuchter Grausamkeit, Kampfszenarios und »Fantasy«-Spiele mit Kriegern im Weltraum oder in Geister- und Vampirsphären.

Als Beispiel diene uns hier ein berühmtes und verbreitetes »Aktionsspiel«, über das schon viel diskutiert worden ist: die Spielserie »Masters of the Universe« (vgl. Kämpf-Jansen 1989; Retter 1991). Der Superheld »He-man« und die Guten auf seiner Seite kämpfen gegen »Skeletor«, den Anführer der Bösen, der den friedlichen, glücklichen Planeten »Eternia« überfallen hat und das ganze Universum unter seine Gewaltherrschaft zwingen will. Das Spiel führt durch Teilsiege und Niederlagen, in denen mit allen Mitteln gekämpft werden muß. He-man und seine Kumpane »schlagen, hauen, stechen, boxen, foltern, schießen, durchbohren, zersägen, zwängen ein, walzen platt, zermahlen, überrollen, verstümmeln« auf ihrem Weg zum heldischen Sieg. Hat man das Spiel einmal gekauft, so muß man es, um die Spannung aufrechtzuerhalten, mit immer neuen Kriegsgeräten, Monsterfahrzeugen, Vernichtungstechniken ergänzen. Kassetten, Comics, Videofilme erweitern das Repertoire und kommen in halbjährigen Folgen auf den Markt. In der Werbung und über Medien werden wissenschaftliche Meinungen, die sich als befürwortend auslegen lassen, verbreitet. Das Ganze ist – ähnlich dem Barbie-System – ein kalkuliertes Geschäft, das nicht nur mit der Endlosigkeit erzeugbarer Bedürfnisse rechnet, sondern auch mit der männlichen Neigung zu Kampf und körperlicher Gewalt.

Auch hier will ich mich auf den Streit, ob durch solche Spiele nun die Aggressivität wirklich gesteigert oder vielmehr nur zum Ausdruck gebracht oder gar umgelenkt werde, nicht einlassen. Ausschlaggebend scheint mir auch hier, was ein solches Spiel eigentlich an Inhalten in die Kinderköpfe transportiert. Die Botschaft, die dieses Spiel bereit hält, lautet doch:

– Die Welt ist zweigeteilt in Schwarz und Weiß, in die ganz Guten und die ganz Bösen, und die einen sind zur Bekämpfung und Vernichtung der anderen berufen.

– Die Herrschaft der Guten wird hergestellt durch den Super-Man, der die übelsten Männlichkeitsklischees in sich vereint: Stärke und kaltes Blut, Brutalität und rücksichtslosen Siegeswillen.

– Krieg und Gewalt, Verbrechen und Horror beherrschen den bösen Teil der Welt, gegen den sich der gute Teil nur mit ebenso harten und grausamen Mitteln behaupten kann – das Weltbild des kalten Krieges!

Sind das die Inhalte, Gedanken und Phantasien, die Eltern ihren Kindern wünschen, die sie ihnen mit ihrem Geschenk nahebringen wollen?

Was also läßt sich raten? Wie können aufgeklärte Erwachsene umgehen mit dem offenbaren Vergnügen, das die Kampf- und Banden- und Waffenspiele den Kindern, vor allem den Jungen, unvermindert bereiten?

Zunächst einmal sollte man sich immer wieder daran erinnern: Es ist nicht Ernst, es ist vor allem Spiel! Eine spielende Auseinandersetzung mit der Welt, wie sie ist, in der auch Angreifen und Schießen, Unfälle und auch Krieg leider immerzu vorkommen und nicht nur Idyllisches, wie es in Puppenstuben oder Dorfbaukästen abgebildet ist. Wir Erwachsenen wünschen für die Kinder eine bessere Welt als die unsere. Wir sehen sie lieber bei Spielen, die in diese gewünschte Welt passen. Und wir haben alle möglichen Ängste für sie, die durch diese Spiele aufgerührt werden. Aber Ängste der Eltern sind keine guten Ratgeber, sie teilen sich den Kindern mit. Der erste Rat geht also dahin, nicht die eigene Erregung voranzustellen, sondern gelassen zu bleiben und keine Zensur auszuüben gegenüber dem Spiel. (Aufmerksam bleiben muß man trotzdem, weil diese Spiele leichter als andere umkippen können in tatsächliche Brutalität und Gewalt.)

Zweitens: Die Erwachsenen sind nicht nur mit ihren eigenen Emotionen mit »im Spiel«. Alle Waffen und Ausrüstungen werden in ihrer Welt hergestellt und von Erwachsenen, meist von den Eltern, gekauft. Es ist, so sei hier wiederholt, ein Unterschied, ob ein Kind mit einem selbstgesuchten Stock »ballert« oder mit einer abbildungsgenauen Maschinenpistole, die Vater oder Mutter angeschafft haben – ein Geschenk, ein Stück von ihnen, mit ihrer Autorität und mit der ganzen Gefühlsbedeutung ausgestattet, die jede Gabe mit sich führt. Wenn Eltern Waffengegner sind, werden sie ihren Kindern keine Soldaten oder Waffen schenken. Daß die Kinder sich selber eine Pistole basteln oder auch von ihrem (hoffentlich begrenzten) Taschengeld eine kaufen, wird man akzeptieren.

Drittens soll man Zeiten oder Zonen bestimmen, von

denen die Waffen ausgeschlossen sind. Kindergärtnerinnen und Lehrer erklären meist ihr Haus zur »waffenfreien Zone«; das heißt, am Eingang werden mitgebrachte Pistolen an einem vorgesehenen Platz abgelegt und bleiben dort bis zum Heimgang liegen. So sollte auch die Familie für eigene oder besuchende Kinder Zeiten und Orte finden, an denen Kriegs- und Kampfgerät nicht zugelassen sind. Ohne Ordnungsregeln solcher Art, die Kinder auch durchaus akzeptieren, ist ja der Erziehungsalltag ohnehin nicht zu bewältigen.

Viertens sollen die erziehenden Erwachsenen zwar anerkennen, daß es Spiele (und Verse und Gespräche) gibt, mit denen sie nichts zu tun haben und die dann am besten ablaufen, wenn die Älteren ganz draußen bleiben. Das »Draußenbleiben« ist eine Anerkennung der Spielsphäre, braucht aber keine Anerkennung des Spiel*inhalts* zu sein. Wo Kinder die Erwachsenen einbeziehen, z. B. auf sie »schießen«, können sie sehr wohl signalisieren, daß ihnen dieses Spiel nicht gefällt. (Für mich als Kind war ein unvergeßlicher Anstoß zum Nachdenken, daß meine geliebte Großmutter – Französin von Herkunft – unsere Soldatenspiele zutiefst mißbilligte.)

Fünftens: Je realistischer und »moderner« die Kriegsausrüstungen für Kinder sind, um so geringer ist nicht nur die Vielfalt der Funktionen innerhalb des Spiels, sondern um so berechtigter ist auch das Grauen vieler Erwachsener vor diesem Arsenal; um so näher rückt auch das Spiel an das Nicht-mehr-Spiel heran; und um so mehr also ist bei Eltern und Erzieherinnen die Frage angezeigt, ob sie dieses Denken, Anschauen, Handeln der Kinder eigentlich wünschenswert finden und selber dazu beitragen wollen.

Die vielen Spiele mit der Thematik des Kämpfens und Siegens sind Betätigung und Ausdruck unserer Kultur – auch ihrer nichtwünschenswerten Züge. Spielen werden wir vor allem das mit unseren Kindern, was wir als die bejahten Züge und Seiten unserer Kultur ansehen, eher wohl Hausbau oder Eisenbahn – als Schlachtengetümmel oder »Monopoly«; eher vielleicht »Spiele ohne Sieger« – als Rugby oder

»Masters of the Universe«. Freilich, ein bißchen von der »Malefiz«-Mentalität haben wir doch auch in uns: wie gut, daß wir sie auch spielen können!

Mädchenspiele – Jungenspiele

Durch die Jahrhunderte der Vergangenheit haben Mädchen andere Spiele gespielt als Jungen. Es gab zwar immer auch gemeinsame Spiele und Überschneidungsbereiche der Interessen. Aber ein erheblicher Teil des kindlichen Tuns ließ sich als typische Mädchen- oder Jungenspiele leicht identifizieren, sowohl was die Themen anbelangt (z. B. Familie, Haushalt, Kleidung die einen, Bauen, Fahren, Kämpfen die anderen) wie das Spielzeug (Puppen, Kaufladen, Küchen der Mädchen gegenüber Autos, Technik, Waffen der Jungen) oder auch die Spielorte und den Spielduktus: in Häuslichkeit und Pflege fürsorglich und kooperativ auf der einen Seite, im Gelände oder auf einem Bauspielplatz ausladend oder aggressiv auf der anderen. Die geschlechtlich zweigeteilte Welt der Erwachsenen bildete sich ab in der geschlechtlichen Sonderung der Kinder und ihrer Spiele, und das ist weitgehend bis heute so (Bilden 1991; Hagemann-White 1984; Böhnisch/Winter 1993).

Für das gesellschaftliche Bewußtsein vieler Menschen ist das freilich heute ein Ärgernis; nicht nur aus der Perspektive der Frauen, die sich nicht länger den traditionellen Rollen fügen wollen und in Bildung und Beruf, in Politik und persönlicher Lebensführung das beanspruchen, was die Männer bisher als ihre Domäne angesehen haben. Es ist ein Ärgernis auch aus der Sicht der Männer, jedenfalls derer, die die überkommenen männlichen Lebensmuster nicht mehr als selbstverständlich ansehen wollen und die Nähe und Häuslichkeit, den Umgang mit Kindern, die friedlichen, pflegerischen und humanen Züge des Lebens wichtig finden auch für den Mann. Bei beiden Geschlechtern gibt es heute eine Suchbewegung, welche die Rollenzwänge überwinden will, nicht etwa zur Verwischung der Unterschiede mit ihrer

Farbigkeit und Vielfalt auch in der Beziehung der Geschlechter (wie immer wieder behauptet wird), sondern vielmehr zur Befreiung beider Geschlechter für die Möglichkeit, ihr Leben als persönlich erfüllt und selbstgestaltet in die Hand zu nehmen und nicht durch traditionelle Muster einengen zu lassen. »Männliches« und »Weibliches« – das also, was in üblichen Geschlechtsrollen zugelassen war – ist in uns allen angelegt. Zu welchen Formen und Anteilen es sich entwickeln kann, das soll unsere eigene Entscheidung und Ausprägung bestimmen, nicht aber der gesellschaftliche Zwang einer von Herrschaftsansprüchen und Duldungszumutungen bestimmten Welt.

Zwei Kulturen?

Die vielen Untersuchungen, die besonders in der englischsprachigen Welt über Jungenspiel und Mädchenspiel durchgeführt worden sind (Pitcher/Schultz 1983; Intons-Peterson 1988; Thorne 1993), bestätigen zunächst nur, was man weiß: daß nach wie vor die Unterschiede groß sind und daß beim Spiel und in der Geselligkeit bis in die Pubertät hinein die Trennung überwiegt. Jungen spielen rauher und ausladender, werden leichter handgemein, nehmen größere Spielräume, einen größeren Geländeradius in Anspruch. Ihre Spielgruppen sind stärker hierarchisch bestimmt, sie spielen lieber Mannschafts- oder doch geregelte Spiele. Ihre Auseinandersetzungen sind konflikthaltiger, sie verstoßen häufiger gegen die Regeln und sind zugleich strenger gegenüber Regelverstößen. Mädchen spielen eher in kleinem Kreis, schließen leichter Freundschaften zu zweit oder zu dritt. Sie spielen lieber solche Spiele, in denen man nacheinander »drankommt« (wie Ballproben oder Gummitwist), als Spiele mit direkter Konfrontation. Sie sind eher auf Einigung gestimmt als auf Durchsetzung, sie haben einen anderen Sprachstil beim Spielen usf.

Und weiter: Wo immer Kinder ihr Spiel und ihr Zusammensein selber wählen dürfen, bleiben die Geschlechter weitgehend unter sich. Im Kindergarten ist das noch nicht so ausgeprägt wie in der Schule, und dort scheint es im Laufe der Schulzeit, bis in Klasse 6 oder 7, eher zuzunehmen. Vier Fünftel der Spiel- und Geselligkeitsgruppen sind nur von Mädchen oder von Jungen besetzt. Man hat deshalb geradezu von »zwei Kulturen« gesprochen – und das in einer Schule, die nach Programm und Organisation »Koedukation« betreibt.

Die Frauenforschung hat in jüngerer Zeit dafür gesorgt, daß von allen diesen Zügen nicht nur die Momente der Benachteiligung, der geringeren Durchsetzungsfähigkeit, der Anpassung an die männerdominierte Welt gesehen werden – also nicht mehr nur die Dimensionen, die vom frühen Feminismus im Kampf um die Gleichberechtigung der Frau betont worden sind. Vielmehr wurden auch der Eigenwert und die Eigenbedeutung dieser ganzen, auch moralischen und sozialen Welt einer Frauenkultur innerhalb unserer Gesamtgesellschaft betont. Carol Gilligans Untersuchungen (1984) repräsentieren diese Position in der feministischen Kulturtheorie; auch in moralischen Wertungen, sagt sie, und in der Beurteilung von rechtlichen und politischen Vorgängen haben die Mädchen eine »andere Stimme«, in der die persönlichen Beziehungen, die Fürsorge und die Betrachtung der Einzelumstände überwiegen, während die Jungen der festen Regel, der Objektivität und den abstrakten Rechtsgrundsätzen einen höheren Rang geben. Diese Auffassung von der weiblichen Sonderkultur hat dann auch den Weg gebahnt für kritische Untersuchungen zur männlichen Sonderkultur (Böhnisch/Winter 1993), in denen vor allem auch das Problematische und die Rollenzwänge der männlichen Sozialisation im Kindes- und Jugendalter herausgearbeitet werden.

Das alles sind Beiträge zum Verständnis der neuen Lage, in der sich die Industriegesellschaften an der Schwelle zum 21. Jahrhundert befinden. Dennoch bleibt manches in dieser Diskussion über »zwei Kulturen«, auch die These von einer weiblichen und einer männlichen Wertwelt, umstritten. Sie erhellt nicht nur, sondern erschwert und irritiert auch den Blick auf bestimmte Züge der Wirklichkeit.

Zunächst eine Kritik, die sich gegen den – durchaus übliche – Gebrauch sozialwissenschaftlicher Daten in den öffentlichen Diskussionen richtet: Die Sozialwissenschaften ermitteln immer wieder bestimmte *Trends*, Tendenzen oder Übergewichte bestimmter Faktoren. Wo aber diese *Tendenzangaben* für eine *Abbildung der Wirklichkeit* gehalten werden, entsteht leicht ein verzerrtes Bild. Wenn z. B. in einer Untersuchung 54 % der Mädchen lieber Ballproben (an der Wand) als Völkerball (mit »Abschießen«) spielen, fällt die komplementäre Aussage meist unter den Tisch: daß nämlich 46 % der Mädchen ebenso gerne Völkerball, ein Teil davon sogar lieber als Ballproben, spielen.

Eine noch krassere Verzerrung droht dem leichtfertigen Leser von Untersuchungsergebnissen, in denen 15–20 % der untersuchten Vorschul-Jungen intensiver und öfter beim Balgen und Toben (rough-and-tumble-play) beobachtet wurden als das am höchsten rangierende, also wildeste Mädchen dieses Samples (Thorne 1993, S. 104). Diese Aussage macht zwar sehr deutlich, daß eine kleine Gruppe von Jungen in den wilden Spielen alle Mädchen übertrifft. Aber sie läßt leicht übersehen, daß sich zu 80–85 % dieses Samples Jungen oder Mädchen gleich verhalten, daß also beim größten Teil der Kinder in dieser Untersuchung überhaupt keine Verschiedenheiten wahrgenommen worden sind. Es wäre trivial, auf diesen falschen Gebrauch von Trendaussagen hinzuweisen, wenn nicht gerade auch im Geschlechtsverhalten immer wieder solche Fehler im Verständnis einfacher Statistiken oder Beobachtungsergebnisse gemacht würden.

Darüber hinaus aber haben genauere Beobachtungen im Vorschul- und Schulbereich gezeigt, wie sehr diese verschiedenen Kulturen und die auf das eigene Geschlecht begrenzte Freundschaft und Geselligkeit durch Umstände mit bestimmt und gefördert sind, die an sich mit dem Geschlecht nichts zu tun haben (Thorne 1993). In altersgleichen Gruppen, z. B. den Schulklassen, ist die Trennung der Geschlechter (in nicht gelenkten Tätigkeiten) sehr viel markanter als in Gruppierungen von Kindern verschiedenen Alters. Die Schule mit ihren Jahrgangsklassen ist zwar heute meist »koedukativ«; ihre Organisation wirkt sich aber paradoxerweise so aus, daß Mädchen und Jungen der Abgrenzung gegeneinander sehr viel Aufmerksamkeit widmen. In altersungleichen Gruppen mischen sich die Geschlechter viel leichter. Auch die *Anzahl* der beieinander befindlichen Kinder steht in deutlichem Zusammenhang mit der Geschlechtertrennung: In kleinen Gruppen spielen Jungen und Mädchen häufiger zusammen als im Massenkontext der Schule.

171

Das Geschlechterprofil der Spiele von Jungen und Mädchen bildet zunächst nur die alte gesellschaftliche Rollenteilung ab. Für die vorindustriellen Kulturen ist überhaupt kennzeichnend, daß die Kinder sehr früh in die Arbeiten oder in erwachsenengleiche Tätigkeiten eingebunden werden, d. h. direkt – und nicht nur in der Spielsymbolik – an den geschlechtsspezifischen Arbeiten teilnehmen, seien sie nun wie in Europa an die häusliche und die berufliche Sphäre gebunden oder, wie in manchen außereuropäischen Kulturen, ganz anders unter die Geschlechter verteilt. Je mehr eine Gesellschaft durch industrielle Arbeitsformen bestimmt ist, um so mehr neutralisieren sich diese Rollen. Denn ihrer Tendenz nach ist die moderne Industriearbeit geschlechtsneutral. Im Prinzip sind daher auch die Berufe und Tätigkeiten ebenso wie die Bildungseinrichtungen der Industriegesellschaft beiden Geschlechtern gleichermaßen zugänglich; im Prinzip – daß wir faktisch davon noch weit entfernt sind, weiß jede(r).

Es ist untersucht worden, ob sich im Zeichen der gesellschaftlichen Modernisierung auch das Spielverhalten geändert hat und die geschlechtliche Ausprägung der Kinderspiele abnimmt. Nur zwei Studien dazu seien hier erwähnt, weil sie zum Nachdenken Anlaß geben; zunächst die schon erwähnte Arbeit von Sutton-Smith und Rosenberg (1971; vgl. oben Kap. 2) über Spielpräferenzen von (amerikanischen) Jungen und Mädchen im Wandel der Zeit. Darin zeigte sich, daß seit dem Ende des 19. Jahrhunderts die Spiele, die den Jungen vorbehalten waren, mehr und mehr auch von Mädchen gespielt werden und daß auch das Jungen-Spielzeug zunehmend von Mädchen begehrt und in Anspruch genommen wird. Die Jungen dringen aber keineswegs im gleichen Maße in die Mädchenregionen vor. Sie scheinen sich sogar weniger als früher an den Mädchenspielen zu beteiligen und sich mehr exklusiv männlichen Sportarten wie Rugby, Boxen und harten Mannschaftsspielen zuzuwenden. Man fragt sich, ob nicht die Spielwünsche damit eine Tendenz der Gesamtgesellschaft abbilden: daß nämlich die Frauen zwar in die bisherigen Domänen des anderen Geschlechts eindringen, die Männer aber damit ihre Schwierigkeiten haben und sich neue männliche Sonderregionen suchen. Es gibt viele Anzeichen dafür, daß Jungen heute stärker unter Rollenzwängen stehen als Mädchen und daß sie dort, wo sie gerne mit den Mädchen spielen, z. B. auch bei Hüpfspielen oder in Tanzgruppen, sehr schnell dem Spott ihrer Alterskameraden ausgesetzt sind; sie werden gewissermaßen als Abweichler in die »männliche« Rolle zurückgepfiffen.

Ein anderer empirischer Befund läßt uns darüber nachdenken, wie eng der Zusammenhang zwischen Industriegesellschaft und Kinderspiel wirklich ist. Untersuchungen über Spielzeug von Mädchen und Jungen in der DDR (Dannhauer 1973) stellten fest, daß schon im Vorschulalter die Spiele dort genauso geschlechtstypisch verteilt waren wie im Westen. Auch daß die Unterschiede im Schulalter sich noch stärker geltend gemacht haben als in der Vorschulzeit, fand sich in Ost- und Westdeutschland gleichermaßen (Retter 1991, S. 230 ff.). Offenbar nehmen die Rollenzwänge in der Schulzeit noch deutlich zu. Für die DDR ist dieser Befund deshalb interessant, weil die Berufswahl dort viel weniger geschlechtsbestimmt war als in der Bundesrepublik. Die Mechanikerin, Technikerin, Ingenieurin, Kranführerin, im Westen noch große Seltenheiten, waren dort durchaus üblich.

Man darf also den Zusammenhang von Kinderspiel und Berufswahl, überhaupt von Spiel und Erwachsenenrolle nicht überbewerten. »Krankenschwester« oder »Baggerführer« wird man nicht, weil man es viel gespielt hat; auch »Mutter« nicht oder »Modedame« oder »Polizist«. Die Offenheit oder Anziehungskraft wirklicher Berufswege wird durch eine andere Dynamik und andere gesellschaftliche Faktoren entschieden, und schon von daher verbietet es sich für die Erwachsenen, das Kinderspiel eingreifend mit dem zu überlasten, was sie sich für die Zukunft der Kinder – oder gar der Gesellschaft – wünschen.

Aber es sind ja nicht nur »Berufe«, die hier von den Kindern gespielt und in dem, was sie an Wünschen und Projektionen damit verbinden, durchprobiert werden. Sondern es ist in diesen Berufen und Tätigkeiten vor allem das Modell, die »Rolle« von Mann-sein oder Frau-sein, was die Kinder inszenieren. Und da das für Kinder ein ungeheuer wichtiges Thema ist, spielen sie es markant und übertrieben, zuweilen gesteigert bis zur Karikatur. Der furchtbare Räuber, die aufgedonnerte »Dame«, der herrschsüchtige Lehrer, das fürsorgliche Hausmütterchen usf. – das alles ist oft nicht einmal ironisch gemeint, sondern »prägnant«, d. h. mit übermäßiger Hervorhebung einiger Merkmale, die für das Ganze stehen. Kinder haben ein starkes Bedürfnis nach »Prägnanz«, d. h. nach Deutlichkeit in der Kennzeichnung dessen, was sie erleben und was sie umgibt. Ihr Wunsch, sich in der Welt zu orientieren und darin Schwarz und Weiß, Gut und Böse zu unterscheiden, veranlaßt sie in langen Jahren der Kindheit zu möglichst eindeutigen Urteilen, was dem Guten und was dem Schlechten in dieser Welt zuzurechnen ist (Piaget 1954). Und erst nach und nach lernen sie das Differenzieren und Objektivieren, gewinnen die Erkenntnis und die Möglichkeit psychischer Bewältigung von Strukturen des Ineinanders und der Abstufung, die für ein differenziertes Urteilen nötig sind.

Das gilt zweifellos auch für das Beurteilen und die Zugehörigkeitswünsche in der zweigeteilten Welt der Geschlechter. Gewiß lernen die Kinder zunächst das meiste darüber aus dem Verhalten ihrer nächsten Umgebung. Aber schon vom 2./3. Lebensjahr an erfahren sie es auf tausend Wegen auch über andere Menschen, andere Zeichen (von den Kleidern bis zur Verpackungswerbung), über Regelungen und Signale aller Art: daß sie zu dem einen oder dem anderen Geschlecht gehören und was sich die Gesellschaft unter diesen Geschlechtern vorstellt. Und sie reagieren darauf in der Prägnanz ihrer Spiele, auch dann, wenn die Eltern diese Art geschlechtlicher Rollenzuteilung nicht unterstützen, ja sogar ablehnen. Mit forciert-gegengeschlechtlichem Spielzeugangebot oder gar mit Pistolengeschenken an die Mädchen (Bettelheim 1987, S. 234) wird man diese Orientierung kaum überwinden (Retter 1979, S. 239). Und geradezu schädlich kann es sein, wenn man dabei versucht, gegenüber den Kindern die geschlechtsbezogenen Spiele generell herabzusetzen. Das kann z. B. von Mädchen so verstanden werden, daß das Frauliche, Fürsorgliche, Pflegende von den Erwachsenen als etwas Geringwertiges angesehen wird, ja daß mit der Abwertung dessen, was das Kind als geschlechtsbezeichnend ansieht, auch noch das Geschlecht selber herabgesetzt wird – ganz im Gegensatz also zu dem, was die Erziehenden erreichen wollten.

Die Differenzierung des Verständnisses der Geschlechter entwickelt sich im Laufe der Kindheit und Jugendzeit, etwa in Analogie zur Differenzierung des moralischen Urteils. Wir können den Kindern dabei zu helfen suchen, gewiß auch durch ein gemeinsames Spielzeugangebot und vor allem dadurch, daß wir sie teilnehmen lassen an unseren eigenen Wertungen. Wir sollten uns aber nicht irritieren lassen davon, daß die Kinder meist nicht unsere Erwachseneneinsichten spielen, sondern ihr eigenes Thema, auch im Geschlechtlichen.

Spiele mit geschlechtsnaher Problematik und mehr noch die Gruppierung nach dem Geschlecht beherrschen zwar nach wie vor die Lebenswelt der Kinder. Sie sind aber deutlich abhängig von den Institutionen, den Bedingungen, dem Kontext des sozialen Lebens, in dem freilich, als mächtigste Anstalt, unsere Schule herrscht. Es ist deshalb nur recht und billig, wenn die Schule in jüngerer Zeit mehr Aufmerksamkeit auf die Tatsache richtet, daß übliche »Koedukation« noch keineswegs bessere Partnerschaft und besseres Austauschen der Spielmöglichkeiten und Arbeitsweisen garantiert. Zu einem fairen Miteinander und Nebeneinander, in dem die Geschlechter einander nicht herabsetzen müssen, um das Eigene zu behaupten und zu entwickeln, ist der Weg noch weit. Hier bildet die Spielwelt der Kinder nur ab, was in der Gesellschaft als ungelöste Problematik fortbesteht.

Auch hier gilt, wie bei den Kampfspielen, daß wir die Spiele nicht einfach im Sinne unserer Erzieherwünsche verändern und damit den Kindern ihre Spielbedürfnisse und -thematik verderben sollen; daß wir aber durch Fingerzeige, durch behutsame Arrangements und auch durch Erklärung zeigen können, daß uns selber ein achtungsvolles Miteinander-Umgehen der Geschlechter wichtig ist.

Spielen in der Schule – Spiele ohne Sieger

Wetteifern

Viele Spiele, gerade solche, die in der Schule spontan gespielt oder von Lehrerinnen und Lehrern inszeniert werden, sind auf Wetteifern ausgerichtet. Der spielerische Wettbewerb ist an manchen Stellen geradezu der Anlaß für ein Spiel in der Klasse, gewissermaßen eine mildere, motivierende Form der Lernübung: Reihe A gegen Reihe B, Gruppe M gegen Gruppe J lösen Aufgaben oder sammeln Argumente – ein Stück des Vergnügens von Korbball oder Staffellauf soll damit in die Klasse und ihren Lernbetrieb übernommen werden. Dagegen ist nicht viel zu sagen; der Einzelkampf um Leistungen und Punkte, der in unseren Schulen dominiert, wird damit auf Gruppen und Mannschaften ausgedehnt. Den »Agon« – Wettstreiten und Sich-aneinander-messen – kennen wir schon aus der Antike, er ist nicht eine Erfindung der Kommerz- und Konkurrenzgesellschaft. Allerdings ist er in unserem Berufs- und Wirtschaftsalltag derartig zur Vormacht gelangt, daß man sich durchaus überlegen muß, wie sehr die Schulen diese Herrschaft nur abbilden oder ob sie ihr auch entgegenwirken sollen.

In einem berühmt gewordenen Lehrfilm »Anfänge und Entwicklung der Leistungsmotivation im Wetteifer des Kleinkindes« haben Heinz Heckhausen und Irmgard Roelofsen (1971) Versuchsreihen dargestellt, in denen eine Psychologin mit Kindern des Vorschul- und des Schulalters ein Bauspiel »um die Wette« spielt. Es wird aus gelochten Scheiben ein Turm gebaut; die Scheiben müssen, mit einer kleinen Erschwerung des Einfädelns, einzeln auf einen Dorn gesetzt werden: Wer ist zuerst fertig mit seinem Turm? Dabei soll gezeigt werden, wie die Kinder dies zunächst als ein Spiel auffassen, das um seiner selbst willen Vergnügen macht, und wie mit vier bis fünf Jahren und im Laufe des Grundschulalters sich die Aufgabenhaltung und damit der Ehrgeiz steigern. Leistungsmotivation und Wetteifer, so soll deutlich werden, gehen Hand in Hand. Sie entwickeln sich zusammen mit der realistischen Einschätzung der eigenen Leistung. Während es anfangs den Kindern gleichgültig ist, ob sie als erste fertig werden oder nicht, erkennen sie mehr und mehr die Wettbewerbsstruktur dieses »Spiels« an. Wenn die Versuchsleiterin sie verlieren läßt, suchen sie z. T. eine Zeitlang darüber hinwegzumogeln, abzulenken, das Spiel zu verändern. Und auf die insistierende Frage der Versuchsleiterin »Wer war zuerst fertig?« suchen sie die Niederlage zu leugnen. Im Spiel zu zweit machen die Kinder Vorschläge, die Regeln zu ändern und die Einlinigkeit und Unerbittlichkeit des »besser« und »schlechter« durch andere Spielweisen zu durchbrechen. Die Qualität dieses Films liegt darin, daß er die »Strategien« und Einfälle der Kinder mit sichtbar macht. Die eigene Botschaft des Films aber lautet ungerührt: Nur eine realistische Selbsteinschätzung, die Einsicht in das »besser« oder »schlechter«, ist ausschlaggebend für die Entwicklung. Sie bestimmt die »Motivation« und führt damit zu vermehrter Anstrengung und zur Verbesserung der eigenen Leistung.

Ich will hier das Konzept von Leistungsmotivation nicht diskutieren, das sich in diesem Lehrfilm ausdrückt. Ich möchte ihm nur eine Pointe entnehmen, welche seine Bilder durchaus nahelegen, die aber von den Filmmachern selber nicht wahrgenommen wird: Die Kinder verstehen zum Teil unter Aufgabenerfüllung und auch unter »Leistung« durchaus etwas anderes als die Versuchsleiterin. Sie verbinden die Aufgabe – und das legt ihnen das Spielarrangement des Versuchs auch nahe – mit eigenen Spielwünschen, die nicht dem Reglement der Erwachsenen und nicht der gradlinigen Entwicklung von Ehrgeiz, Wettbewerb und Siegenwollen folgen. Die Erfindungen und Vorschläge, die sie machen, sind nicht hinreichend damit zu erklären, daß die Kinder vor dem Verlieren ausweichen oder auch als Stärkere mit dem Schwächeren Mitleid haben. Sondern sie sind durchaus zu verstehen als Einfälle, die dazu dienen, das Spiel auf eine Weise aufrechtzuerhalten, die beiden Seiten Chancen läßt und Vergnügen macht. Aus der Perspektive des Spielens ist die immer neue Feststellung, daß der eine Spieler besser ist als der andere, langweilig und unproduktiv – man weiß bald, wer immer und immer wieder gewinnt. Ein Schachspiel oder ein Wettlauf unter eindeutig Ungleichen ist witzlos und enthält für den Starken keine Spannung und auch für den Schwächeren keinen Ansporn mehr.

In ihrer Spielwelt können Kinder durchaus einfallsreich sein in der Erfindung solcher Bedingungen, die den schwächeren oder auch jüngeren das Mitspielen erlauben. Federball über die Schnur mit Zählen der Fehler auf beiden Seiten erschöpft sich bald, wenn eines der Kinder wesentlich spielstärker ist. Wandelt man die Spielregel ab, z. B. so, daß beide Spieler versuchen, den Federball so lange wie möglich in der Luft zu halten, eventuell auch die Schläge insgesamt zu zählen und sich selber immer weiter zu übertreffen, so hat das Spiel einen neuen Reiz. Man braucht dabei nicht einmal auf die »Leistungsmotivation«, den Wunsch und die Anstrengung zu immer weiterer Perfektion zu verzichten. Aber auch in Spielen, die auf Siegen und Verlieren ausgerichtet sind, erfinden Kinder notfalls Sonder- oder Handicapregeln, oder auch Unterstützungen »ein wenig außerhalb der Regeln« (Krappmann 1988, S. 180), um das Spiel auch unter asymmetrischen Bedingungen aufrecht zu erhalten.

Spielen in der Schule

Wenn nun neuerdings in der Schule auch anders gespielt wird als nur zur Lockerung und spielerischen Einkleidung von Lernaufgaben, dann geschieht das mit der Absicht, sich gerade diese Möglichkeiten von Erfindungen und Problemlösungen im sozialen Feld zunutze zu machen. Das soll nicht dem besseren Durchkommen der Lehrerinnen und Lehrer dienen – denn auch die Spielleitung stellt erhebliche Anforderungen an sie –, sondern es dient den Kindern und ihrer sozialen Entwicklung. Die Lust am Spiel, die Spontaneität und Ansprechbarkeit durch Spielsituationen kann man bei den meisten Kindern bis zur Klasse 6 oder 7 voraussetzen. Offensichtlich findet ein Großteil der Kinder heute für seine Spielbedürfnisse nicht genug Zeit und keine geeignete Umgebung. Wenn heute Schulen regelrechte Spielstunden in ihren Wochenplan aufnehmen, so finden sie, sind einmal die Anfangshemmungen überwunden, bis hin zu den 12- und 13jährigen lebhafte Zustimmung. Daß einzelne Kinder Schwierigkeiten haben, mitzumachen, wird man eher als Zeichen dafür ansehen, daß gerade diese sozial gehemmten Kinder solcher Spielgelegenheit und -förderung dringend bedürfen.

Neue Spielmöglichkeiten und Spielerfahrungen in der Schule hat vor allem ein Buch von Benita von Daublebsky und Mitarbeitern (1973, 10. Aufl. 1992) eindrucksvoll aufgezeigt. Die Autorin hat in den Klassen 5 und 6 während mehrerer Jahre Spiele gesammelt, entwickelt und variiert, in denen die Kinder ihre Aufmerksamkeit aufeinander, ihre Verabredungs- und Verständigungsweisen, ihre Phantasie und ihre Argumentationsfähigkeit einbringen und spielend steigern können. Etwa 200 ihrer Spiele hat sie aufgeschrieben und zur Diskussion gestellt; sie sind in Abwandlungen heute an vielen Stellen in Gebrauch.

Die Spiele selber sind bestimmt durch die Teilnehmerzahl; eine Schulklasse muß jeweils im ganzen beschäftigt werden. Auf der anderen Seite sollen die üblichen Spielformen der Schule, Mannschaftsspiele oder Riegenwettbewerbe, darin vermieden werden. Das heißt nicht, daß bei diesen Spielen der Trainingswert, der in Sportspielen vorherrscht, außer acht gelassen wird. Aber es werden einerseits ganz andere Fähigkeiten trainiert als die Körperkräfte und die Beherrschung der Motorik – z. B. Wahrnehmung, Unterscheidung, Gedächtnis, Kombination, Darstellung, Phantasie –, zum anderen stehen im Mittelpunkt der pädagogischen Erwägungen *soziale* Ziele. Vor allem aber sollen die Kinder so spielen lernen, daß sie sich um des gemeinsamen Vergnügens willen dem Sinn und der Regel des Spiels unterordnen. Sie sollen lernen, denjenigen zu helfen, die mit dem Spiel oder ihrer Gruppe Schwierigkeiten haben, und, indem sie aufeinander eingehen, das Spiel verbessern und ihre Freude daran steigern.

Zu diesem Ende wird ein offenes Angebot von Spielen vorgelegt, zum Teil nach äußeren Merkmalen oder Hilfsmitteln zusammengefaßt (Spiele mit Bildern, Spiele mit geschlossenen Augen, Spiele im Kreis usw.), zum Teil nach Spielideen oder konventionellen Spielgattungen gruppiert (Rollenspiele, Geschicklichkeitsspiele, Beobachtungsspiele, Kim-Spiele usw.). Diese lockere Anordnung bedeutet nicht, daß es nicht auch immer wieder Möglichkeit gäbe, Sequenzen zu bilden, z. B. die Anforderungen zu steigern, die Regeln komplizierter zu machen, die sozialen Aufgaben zu erschweren. Aber die Rücksicht auf die Stimmung der Kinder oder auf vorausgehende Ereignisse kann auch eine ganz andere Reihenfolge, z. B. Erleichterungen, nahelegen. So wird jeder Versuch, Sequenzen zu bilden, auch von der Verfasserin selber mit Warnschildern versehen. Die Auswahl der Spiele für die jeweilige Situation ist Ergebnis eines Zusammenspiels von Intuition der Spielleiterin und Willenskundgaben der Kinder – eine pädagogische Kunst also und nicht ein vorgefertigtes »Curriculum« (Flitner 1975, S. 458 f.).

Spannung und Spielfreude aufrechtzuerhalten in solchen Spielstunden ist nicht immer leicht. Die Kinder sind zwar gewohnt, im Unterricht Langeweile in Kauf zu nehmen; von den Spielstunden aber wird anderes erwartet, und die Geduld gegenüber flauem Spiel ist schon nach wenigen Minuten erschöpft. In erster Linie gilt es also, die Klasse überhaupt am Spiel zu halten und auch die Spielkenntnisse und -fähigkeiten der Kinder so zu steigern, daß sie sich in diesem Medium wohl fühlen und dem Vergnügen hingeben können. Die Kompetenzen, die dabei den Kindern abverlangt und zugleich eingeübt werden, sind sehr verschiedener Natur. Lothar Krappmann hat sie u. a. so beschrieben:

Aufmerksamkeit und »Ausdauer [wird] verlangt. Gedächtnisleistungen sind nötig. Die Kinder lernen, Dinge, Handlungen und Personen zuzuordnen und zu benennen... Bei manchem kommt es vor allem auf Schnelligkeit und eine Fülle von Einfällen an; bei anderen muß man ruhig überlegen... In bestimmten Spielen kommt man nur durch ständige Versuche und korrigierte Fehler zur Lösung; in anderen muß dem Spieler dagegen eine Einsicht aufleuchten... Selbst »stille« Spiele setzen voraus, daß die Partner sich vorab über den Ablauf einigen. Viele Spiele aber beruhen auf dem Austausch von Mitteilung: Die Kinder müssen Zeichen bemerken, Gesichtsausdrücke richtig deuten, Gesten verstehen oder treffende sprachliche Formulierungen finden, um erfolgreich zu sein.« In die Lage der Partner müssen sich die Kinder versetzen können, einen von allen Beteiligten gebilligten Ausgleich zwischen den verschiedenen Spielinteressen herzustellen und aufrechtzuerhalten versuchen und vieles mehr (Krappmann in: Flitner 1988, S. 170f.).

Das alles also wird angesprochen und damit herausgefordert, gewiß also auch »geübt«. Worauf es Benita Daublebsky aber besonders ankommt, das sind nicht diese Fertigkeiten, sondern vielmehr die Weise, wie die Kinder in den Spielen miteinander umgehen: zu Gruppeninteressen oder kollektivem Ehrgeiz verbunden, hilfreich und friedlich oder rechthaberisch und aggressiv, einfühlsam und sensibel oder verängstigt und abwehrend. In den Spielen wird die ganze Skala der Möglichkeiten kindlichen Sozialverhaltens durchmessen. Und ein Großteil der Spielerfindungen der Verfasserin geht dahin, die Sozialbeziehungen noch zu verdichten, Hilfen herauszufordern, Verständnis und Einfühlung anzusprechen. Damit werden freilich auch Emotionen angesprochen oder auch Ängste erzeugt. Spannungen und Probleme des sonstigen Soziallebens der Kinder werden offengelegt: Minderwertigkeitsgefühle oder Herrschaftsansprüche, Abneigungen oder Liebesbeziehungen, Berührungsängste oder verschmähte Kontaktwünsche u. a. m. Das alles kommt hier anders und deutlicher als im sonstigen Schulalltag zum Vorschein. Immer wieder rufen die Kinder die Spielleiterin auch um Hilfe und Entscheidung an. Und häufig kommt es zu Streit, zu Ausschließung, Selbstisolierung oder anderen Unfällen, bei denen Erwachsene den Kindern über Hürden hinweghelfen müssen, damit das Spiel weitergehen kann.

Die Hauptsache bleibt aber – und deshalb ist das Wort »Spielcurriculum« im Untertitel des Buches irreführend –, daß mit diesen Spielen nicht bestimmte Lernziele angesteuert werden, sondern in der Schule Raum geschaffen wird für einen anderen sozialen Umgang. Gerade weil nicht bestimmte Zwecke verfolgt und definierte Rollen eingeübt werden, sondern die Grenzen zwischen Realität und spielerischer Rolle offenbleiben, weil die Kinder selber darüber verfügen können, welche Gefühle und Wertungen hier offenbart und welche nur probiert, versuchsweise vorgezeigt, eben gespielt werden, haben solche Spielstunden ihre unersetzliche Bedeutung. Auch wenn bestimmte Spielaufgaben, die die Kinder sich stellen, z. B. Pfänder-Auslösungen oder kleine Provokationen (jeder soll jemanden küssen, alle sollen das Schulklo des anderen Geschlechts inspizieren) von einigen Kindern als unangenehm, als verweigerungsträchtig bezeichnet werden, ist es wichtig, auch Weigerungen in die Spielordnung mit aufzunehmen. Bei Daublebsky sind sie durchaus vorgesehen, müssen jedoch vor den Mitspielern begründet werden. Das Interesse aller Kinder daran, daß das Spiel nicht scheitert an unüberwindlichen Hindernissen, macht sie selber – wenn diese Art zu spielen eine Zeitlang geübt wird – sozial sensibel und erfinderisch.

Alle Zwecke, aller Nutzen solcher Spiele, das ist das Merkmal dieser Spielkunst, entfalten sich über das Spielen selber. D. h. sie stehen gewissermaßen nicht *vor* dem Spiel, als das, was es zu leisten hat, sondern als mögliche Wirkungen *hinter* dem Spiel. Sie sind dann zu erwarten, wenn das Spiel zunächst seine eigene Qualität entfaltet, wenn also gut und offen und für alle erfreulich gespielt werden kann. Die »didaktische Kunst« der Spielleiter besteht also darin, das Spiel selber zum Tragen zu bringen – und von da aus seine eigenen Wirkungen sich entwickeln zu lassen. Wenn von hier aus zu kleinen Scharaden, dramatischem Spiel oder gar einstudierten Spielszenen weitergegangen wird, so liegt das nicht unmittelbar auf der Linie dieses freien, geselligen Spielens mit der ganzen Schulklasse. Es hat seinen eigenen Wert, der stark mit dem Text und seiner Interpretation, seiner Realisierung zusammenhängt. Darüber ist oben beim Thema »Kindertheater« (Kap. 5) einiges gesagt.

In jüngerer Zeit haben Simulations- und Planspiele in der Schule eine zunehmende Beachtung gefunden, nicht ohne den üblichen Vorausgang amerikanischer Schulen. Im wesentlichen sind es Verfahren für den Unterricht, in
dem das Planspiel komplizierte Vorgänge veranschaulichen soll; durch die
Spielform und die darin zu treffenden Entscheidungen sollen sie den Schülern und Schülerinnen näherrücken als durch bloße theoretische Kenntnis-
nahme. In den Planspielen werden etwa Umweltschutzmaßnahmen oder
kommunale Auseinandersetzungen, Lohn- und Tarifkonflikte, Entwicklungsaufgaben für die Stadtplanung, wirtschaftliche Vorgänge, auch politische und juristische Prozesse durchgespielt (vgl. Lehmann, Hrsg. 1977). Es
handelt sich hier also um didaktische Unternehmungen, um Aktivitäten, die
komplexe Stoffe der Wirklichkeit mit Handelns- und Entscheidungssituatio-
nen verbinden sollen. Diese Wirklichkeit wird eben durch den Spielvorgang,
ähnlich wie bei einem Brett- oder Kartenspiel, repräsentiert. »Monopoly«
ist ein solches, ziemlich verbreitetes Spiel, in dem der Investitions- und
Grundstücksmarkt spielerisch simuliert werden soll, freilich in ziemlich ver-
zerrter Form insofern, als hier nur »Kapitalisten« miteinander spielen und
andere Interessen, die der Hausbewohner z. B., der Bahnhofs- oder Wasser-
werkbenutzer, der Betroffenen und Leidenden dieser Szenerie gar nicht
vertreten sind. Die eigentlichen Simulationsspiele in der Schule dienen in
strengerem Sinne den Lernprozessen, eben dem Verständnis z. B. ökonomischer oder politischer Vorgänge. Als didaktische Unternehmungen gehören
sie nicht mehr zum Themenkreis dieses Buches.

Spiele ohne Sieger

Warum geht es in unserem Sport in so hohem Maße um »Leistung« und um »Siegen«? Ihrem Wesen nach hat die »Leistung« – der Wunsch, eine Sache gut zu machen und dabei auch objektive Gütekriterien anzuerkennen – mit dem »Wettbewerb« – also dem Wunsch, andere zu übertreffen – nichts zu tun. Gewiß, der Wettkampf um den Preis des Sie-gers ist ein uraltes Moment des Sports. Aber der Sport in seiner abendländischen Gestalt leitet sich nun einmal aus der kriegerischen Welt, aus den Waffenspielen und -übun-gen der antiken Kämpfer her. Er ist eine Kulturleistung, in der das kriegerische Kämpfen, Ringen, Laufen, Wagenlen-ken, Speerwerfen, Bogenschießen usw. in friedliche Übun-gen und Leistungsformen umgewandelt wurde. Die Grund-

struktur vieler Sportarten ist eine »agonale«, die auf Wettkampf und Sieg, sei es den persönlichen, sei es den der
Mannschaft, ausgerichtet ist.

Was durch die antiken Jahrhunderte seinen Sinn gehabt
haben mag und was sich auch in der patriotischen Turn-
bewegung des 19. Jahrhunderts erneuerte, Training der
Mannhaftigkeit und des Siegeswillens, ist aber für eine
Welt demokratischer Friedlichkeit, eine Welt, die auf Kooperation, auf Gemeinsamkeit der Geschlechter und auf
hochdifferenziertes Miteinander angewiesen ist, nur noch
bedingt »funktional«. Und auch wenn man darin ein Abbild moderner Karrierekonkurrenz und ökonomischer
Machtkämpfe sehen will, ist sie zumindest ergänzungs- und
korrekturbedürftig. Kann man die Prinzipien des Wettbe-
werbs und der Konkurrenz noch als die hauptsächlich för-
dernswerten ansehen, ohne ihnen zumindest noch andere
an die Seite zu setzen: Sachorientierung, Zusammenspiel
und Hilfsbereitschaft zum Beispiel? Die Vorstellung, der
»Agon« und das Siegerprinzip seien Ausdruck der eigentlichen Wertstruktur unserer Gesellschaft und deshalb auch
im Sport und in der Schule immer wieder abzubilden, wird
man bei einigem Nachdenken kaum aufrechterhalten können. Die Schule dient der *Förderung aller Kinder*, und das
widerspricht der ständigen Sortierung in Sieger oder Ver-
lierer. Sie dient dem *Aufbau* der Leistungsfähigkeit und
nicht der ständigen Beschädigung des Selbstbewußtseins
derer, die nicht an der Spitze sind. Sie soll eine *Humanisie-
rung* des Umgangs, der Kooperations- und Hilfsbereitschaft zuwege bringen, nicht aber bloße Durchsetzung des
einzelnen in unendlicher Konkurrenz. Wir sehen, welche
Entwicklungsaufgaben da noch vor uns liegen!

Ein Schritt dazu wäre es schon, wenn der Sportunterricht
nicht den hochproblematischen – und dazu in den Spitzen-
formen ungesunden – Schau- und Leistungssport abbilden
würde, sondern nach eigenen Wegen sportlicher Förderung
der Kinder suchte – wie das an vielen Schulen heute schon
geschieht. Ein weiterer Schritt könnte es sein, wenn das
Spielen um seiner selbst willen – als Teil unserer Kultur, als

Träger möglicher Bildung – in der Schule einen eigenen Platz bekäme, in Verbindung mit dem Fachunterricht und über ihn hinaus.

Unter den Stichworten »Spiele ohne Sieger«, »New games«, »Kooperative Spiele« sind, zumal in den letzten zwei Jahrzehnten, Spiele gesammelt und entwickelt worden, die sich von der Fixierung auf den Einzelsieg oder auf den Mannschaftssieg lösen und gerade darum zu neuen und eigenen Qualitäten, auch zu neuen Vergnügungen des Spielens vordringen. Sie wachsen schon deshalb nicht einfach aus den Kindergarten- und Straßenspielen hervor, weil sie es ja mit einer anderen Ausgangssituation zu tun haben: der Schulklasse als Selbstverständlichkeit oder doch vorwiegenden Organisationseinheit der Schule. Die Riegen oder Mannschaften, welche bisher für solche Größen üblich waren, laufen immer nur auf das agonale Spiel hinaus. Das beginnt in der Regel schon mit der Wahl der Mannschaft, bei der die »Starken« zuerst gewählt und damit eine Rangfolge hergestellt und immer wieder bestätigt wird, an deren Ende die Schwachen, eigentlich Überflüssigen dann auch noch verteilt werden müssen.

Hier ist nicht der Ort, die anderen, neuen, kooperativen Spiele im einzelnen zu beschreiben – sie sind in nützlichen Handbüchern durch erfahrene SpielleiterInnen dargestellt (Sibler u. a. 1976; Fluegelman/Shoshana 1980; Orlick 1982; Deacove 1985; Kolb 1990), die ihrerseits wieder aus Beständen geschöpft haben, in denen solche Spielkonzepte zu finden sind: Spiele volkskundlicher Überlieferung, Pfadfinderspiele, Spiele für Geburtstagspartys oder Straßenfeste (in denen um der Feststimmung willen das Siegen und Verlieren vermieden wird); ferner Spiele aus anderen Kulturen – Eskimo-Spiele, Indianer-Spiele, Spiele aus China oder aus Neuguinea (Orlick 1982). Sind die Prinzipien einmal entdeckt und von den Kindern akzeptiert, so entstehen wie von selbst auch durch Variationen, durch Kinder- und Spielleitererfindungen immer neue Spiele dieser Art. Ihre materiellen Bedingungen sind bescheiden – Strandbälle oder Aufblasballons, Hulahoppreifen, Bohnensäckchen zum Balancieren, Taue und Springseile zum Verbinden, Stühle und Schwebebalken, Flaschen oder Keulen, oder auch Bilder und Figuren, die sich aus Prospekten und Packungen ausschneiden lassen –, all das kann als Material dienen und wird leicht und gern von den Kindern selber beigebracht.

Spiele mit dem Computer

Spiele mit dem Computer sind, von unseren Definitionen des »Spielens« aus gesehen, eine Randerscheinung; denn vieles, was das Spiel charakterisiert – die Offenheit, Gestaltbarkeit, Welthaltigkeit, das Auf und Ab von Spannung und Entspannung, die Abspiegelung der Lebensfülle in eigener Aktivität des Kindes, Aktivierung und Katharsis der Gefühle und anderes mehr –, findet in den Spielen, in denen Computer Spielpartner sein sollen, gar nicht statt. Vieles, was den Namen Computerspiele trägt, hat überhaupt den Charakter einer Folge von Aufgabenlösungen, kann also ebenso wenig als »Spiel« gelten wie etwa die Lösung von Rechenaufgaben oder von Kreuzworträtseln.

Ein Randphänomen also aus der Sicht der Spieltheorie, aber gewiß nicht randständig innerhalb der Beschäftigungs- und Interessenwelt der Kinder. In den Kaufhäusern drängeln sie sich, vom Personal geduldet, vor den Spielkonsolen. Sie gehen ungeniert mit den Tasten, Steuerknüppeln und Cassetten um. Und sie rechnen mit der Kaufunterstützung durch ihre Eltern, die es für nützlich halten, wenn die Kinder sich früh an diese Welt gewöhnen, und die eine ziemlich unklare, aber dennoch positiv getönte Vorstellung von der Lehr- und Lerntauglichkeit der Programme haben (Eschenauer 1994).

Als »Computerspiele«, »Telespiele«, »elektronische Spiele« werden sehr verschiedene Spiel- und Lernmittel bezeichnet, die man, nach ihrer Technik und nach ihrer Spielqualität, durchaus unterscheiden muß (Alt 1994).

Eine erste Gruppe bilden Spielzeuge – oft traditioneller Art –, in die ein Programm von Reaktionen eingebaut ist, welche durch Schaltung oder durch Handlungen des Kindes ausgelöst werden. Das ist im Prinzip nichts anderes als die von früher schon bekannten mechanisch-technischen Einbauten: aufziehbare oder elektrisch angetriebene Fahrten, Bewegungen, Grimassen, die durch Computer und Sensoren lediglich mehr Schaltmöglichkeiten und daher mehr Reaktionen enthalten. Man findet da Hubschrauber, die lärmig aufsteigen, schießen, Explosionen auslösen; oder Puppen, die sprechen, trinken, aufstoßen, sich naßmachen. Die Behauptung, eine solche Puppe sei »lebensecht« und »kommunikativ«, ist freilich Unsinn. Daß es programmierte Reaktionen auf vorgeschriebene, nicht variable Handlungen des spielenden Kindes gibt (also dabei auch das Kind sich quasi programmiert, nämlich genau so verhalten muß, wie das Programm es will), bedeutet doch gerade das Gegenteil von einem »Dialog«. Die angeblich menschlichen Reaktionen sind gar nicht menschlich; sie sind Programmhandlungen, von der Realität des Umgangs einer Mutter mit einem Kind viel weiter entfernt als der traditionelle, freie und phantasiegebrauchende Umgang mit einer nicht-mechanisierten Puppe. Es ist also technisch-aufwendige Irreführung, Unverständnis für die Spielqualität, was in diese Puppe investiert worden ist und was Eltern veranlaßt, sie zu kaufen. Eine große Bedeutung haben diese »computergesteuerten« Spiele allerdings nicht.

Anders steht es mit den »computergestützten« Spielen, die selber über einen Bildschirm und einen Regler verfügen oder an einen Homecomputer oder PC angeschlossen sind. Auch hier steht natürlich ein Programm, ein festgelegtes Regelsystem, im Hintergrund. Aber es hält eventuell sehr viele Kombinationen bereit, die auf das Verhalten der Spieler reagieren. Die wichtigsten Spieltypen sind:

- Geschicklichkeitsspiele, darunter besonders häufig Autofahrer- und Pilotenspiele;
- Schießspiele, vom einfachen »Abknallen« bis hin zu komplizierten »Strategien« der Kriegführung oder Polizeiaktion;
- Fantasy- und Abenteuerspiele, z. B. Suchen von Gegenständen, Labyrinthe, Rettungsunternehmen, Expeditionen, Wege durch eine Science-fiction-Welt;
- Sportspiele, z. B. Tennis, Golf oder Boxen;
- Brettspiele, Kartenspiele, Casinospiele wie Schach, Mühle, Skat oder Roulette.

Für die meisten dieser Typen gilt, daß es reizvoll-spannende Programme gibt mit reichen Varianten und innerer

Steigerung – aber auch banale und langweilige, die sich schnell erschöpfen. Das »Köpfchen«, das sich die Spielekäufer für ihre Kinder erwarten, müssen sie also erst einmal selber bewähren, wenn sie das Programm kaufen und sich klarmachen, was nach zwei- oder dreimaligem Gebrauch an Spannung und Kombinationsmöglichkeit noch übrig bleibt.

Unabhängig von diesem Unterhaltungswert sind die inhaltliche Thematik und die ästhetische Qualität der Programme zu bewerten. Die Inhalte, z. B. das Rasen oder Kämpfen, die Abenteuerszenarien und Science-fiction-Welten, bieten zwar »Spannung« und auch Identifizierungsmöglichkeiten, zumal für Jungen in ihrer phantasierenden Auseinandersetzung mit der anziehenden und beängstigenden Welt der Erwachsenen (Fritz 1988). Aber sie tun es doch mehrheitlich auf eine Weise, welche eher Klischees bietet als realitätsnahe Aufgaben. Es herrschen Figuren vor, die ihren Besitz und ihren Einflußbereich um jeden Preis sichern und oft rücksichtslos erweitern (Eschenauer 1994). Und es gibt viele Programme von abscheulicher ästhetischer Qualität, mit Menschen- und Naturverzerrungen, Horrorlandschaften und auch psychologischen Absurditäten, aus denen die Kinder ein schales Amüsement ziehen, aber nichts Vernünftiges über Welt und Leben lernen können und ästhetisch-widerliche Eindrücke erhalten.

Es ist gewiß nicht angebracht, diese Bildschirmspiele als solche zu verteufeln und die Tatsache zu leugnen, daß manches darin Kindern attraktiv erscheint, sie beschäftigt und unterhält. Gut aber wäre es, wenn Hersteller und auch der Spielwarenhandel Kriterien dafür entwickeln würden, was gute und schlechte Spielmittel dieser Art sind. Ähnlich wie im Bereich der Kinderbücher, wo das inhaltlich und geschmacklich Gute jedenfalls einen erheblichen Raum gewonnen hat und in vielen Buchhandlungen sichtbar vorherrscht, wünschte man sich im Bereich der Bildschirmspiele, daß sich mit der Zeit auch Schriftsteller, Künstler und Künstlerinnen, auch videointeressierte Erzieherinnen dieses neuen Sektors annehmen und das Angebot auf ein Niveau bringen, dessen sich die Branche nicht mehr zu schämen braucht und aus dem man auch erzieherisch das eine oder andere empfehlen kann.

Sind das utopische Wünsche? Und steht uns mit der nächsten Generation der Computerunterhaltung, die sich »Cyberspace« nennt, ein gesteigerter Kinderschreck ins Haus? Wir wissen es nicht.

Schlußbetrachtung

Unser Weg durch die Phänomene und Spieltheorien, durch Praxisprobleme und Pädagogik des Spieles wollte zeigen, welche Vielfalt im Leben der Kinder und welche Wahrnehmungen der Erwachsenen in dem großen Komplex »Kinderspiel« zusammenkommen. Die Frage, was Kinder »lernen« im Spiel, ist nur einer der möglichen Zugänge; andere Zugangsfragen gelten dem, was sie erleben, was sie an Glück und Ängsten erfahren, was sie »verarbeiten« an Eindrücken und Problemen und wie ihnen die Welt sich öffnet im Spiel.

Kinder lernen beim Spiel in erster Linie – spielen. Und sie üben und betätigen das von ihren frühesten Lebensäußerungen an bis hin zur vollen Teilnahme an der Kinder- und Erwachsenenkultur. Zuständig dafür, daß sie das können und daß sie Lebensbedingungen vorfinden, die ihnen zu spielen erlauben, sind natürlich die Erwachsenen; sie sind mit ihrer Lebensweise und mit dem, was sie Kindern gewähren oder versagen, mit »im Spiel«, auch wenn sie nicht mitspielen, ja selbst, wenn sie sich gar nicht darum kümmern. Die Kinderkultur ist Teil der Erwachsenenkultur, aber sie ist bei weitem nicht nur das.

Unter »Kinderkultur« wird beides verstanden: Kultur für Kinder und Kultur der Kinder (Bausinger 1987; Krappmann 1993). Das erste umfaßt die Gesamtheit der Bedingungen, welche Erwachsene, öffentlich und privat, für Kinder schaffen: Kindergärten und Schulen, Moden, Spielzeug oder der sonstige Kindermarkt, die persönlichen Zuwendungen und Beschäftigungen und alles, was mit Kindern unternommen wird. Das zweite, die Kultur der Kinder, besteht in dem, was sie selber stiften und tun: Freundschaften und Gruppen, eigene Spiele, Lieder und Sammlungen, Rituale, Tabus und Geheimnisse, Fiktionen, Mythen und Weltvorstellungen und vieles mehr. Natürlich hängen die beiden Kulturen eng zusammen. Kinder sind sensibel, nicht nur für das, was ihnen ermöglicht oder versagt wird, sondern für vieles andere, was in der Welt der Erwachsenen vor sich geht. Aber es scheint mir doch wichtig, diese eigene Kultur der Kinder wahrzunehmen. Kindheit ist nicht nur eine neuzeitliche »Erfindung« der Erwachsenen, eine »Fiktion« oder »Konstruktion« der Gesellschaft, welche für die Epoche der Neuzeit kennzeichnend gewesen sei und nunmehr, im Zeitalter des Fernsehens, an ihr Ende gelange (Hengst u. a. 1981; Postman 1983; Grefe 1995). Sondern sie ist eine deutlich eigene Welt, die sich unter allen äußeren Bedingungen behauptet. Selbstverständlich wird Kindheit mitdefiniert durch Arbeit, Verkehr, Medien und die sonstigen rapiden Lebensänderungen der Moderne. Aber es scheint mir wichtig, in diesen Veränderungen auch der Kinderumwelt zweierlei wahrzunehmen: daß das Spielen in vielen seiner Erscheinungsformen, alten wie modernen, in unserer Gesellschaft an Bedeutung sogar gewinnt, nicht nur durch die wachsende Freizeit und den juvenilen Zug unserer Kultur, sondern wohl im Zusammenhang mit der radikalen Offenheit, mit der unsere Gesellschaft nach neuen Wegen und Problemlösungen suchen muß (Bruner 1972). Spiel und Spielbedürfnis, Spielwagnis und Simulation gehören offenbar zum »Potential« der Erneuerung in der modernen Welt (Sutton-Smith 1988; 1995).

Zum anderen aber gilt es heute, die Spiele der Kinder wahrzunehmen als Teil einer erstaunlichen Kompetenz. Wir können Kinder nicht mehr ansehen als bloße Früh- und Vorstufen des Erwachsenendaseins. Sie verfügen schon vom Säuglingsalter an über erstaunliche Fähigkeiten (Stone u. a. 1974), sie reagieren und handeln in komplizierten Situationen selbständig und einfallsreich. Und sie zeigen dem aufmerksamen Betrachter von ganz früh an eigene Charakterzüge, eigene Wünsche und Regeln, ein eigenes Können und Handeln. Die Hauptbetätigungsfelder aber dieser Eigenständigkeit und dieses Könnens sind ihre soziale Kontaktaufnahme und ihr Spiel.

Gewiß verändern sich auch die Kinderspiele vor unseren Augen und unter dem Druck der Verstädterung und des Medienangebots. Und es gibt, als neue Form der Verwahr-

losung, die »Medienkindheit«, stundenlanges und wahllo-
ses Fern- und Videosehen von Kindern, die zum Spielen
kaum noch kommen. Wo Kinder aber Alternativen haben,
im Kindergarten oder in einem Ferienlager oder auch am
Strand, wo sie vor allem selber tätig sein können, da wird
selbst von städtischen Konsum- und Fernsehkindern nach
dem Bildschirm überhaupt nicht mehr gefragt. Es ist immer
wieder erstaunlich, wie sich Spiele und Spieltraditionen
halten, trotz aller medialen Konkurrenz, und wie sie, nach
wie vor, von einer Kindergeneration an die andere weiter-
gegeben werden; wie sie variiert werden, moderne Inhalte
aufnehmen, sich mit Aktualitäten, mit Konfliktstoffen, mit
Medienthemen anfüllen und doch in der Grundstruktur die
alten bleiben. Und ebenso staunen macht es, wie sich daneben immer wieder neue Spiele bilden, sich ausbreiten wie
Epidemien und wieder verschwinden – die Pausenhöfe sind
offenbar das bevorzugte »Infektions«-Gebiet (Opie 1994).

Es ist ein großes Thema der Anthropologie des 20. Jahrhunderts: daß die Entwicklungsschritte des Menschen und
der Wandel der Lebensalter nicht nur zu verstehen sind als
Steigerung, als Zunahme von Wissen und Können, von
Brauchbarkeit und Vernunft; sondern daß sie einhergehen
mit Verlusten, mit Einengung und »Normalisierung«. Aus
dem weiten Potential der Kindheit geht das spezialisierte
Arbeitswesen hervor, das einen Teil seiner Möglichkeiten
zur Reife gebracht, viele andere aber hinter sich gelassen
hat. Durch die Fähigkeit zu spielen bleiben auch für die,
welche die Kindheit verlassen haben, Fäden erhalten zu anderen Möglichkeiten ihres Selbst. Dem Interesse daran, mit
Kindern zu kommunizieren, Kinder wahrzunehmen, ihre
Spiele zu verstehen und zu respektieren, ja zu fördern, auch
in den spannungsvollen und oppositionellen Spielweisen
einen wichtigen Teil des Umgangs der Generationen zu sehen, ist dieses Buch gewidmet; ein Versuch also, zu den
Spielen der verlorenen oder überwundenen Kindheit die Fäden des Verstehens und der Teilhabe nicht abreißen zu lassen.

Literatur

Aldis, O., *Play fighting*. New York, London: Academic Press 1975.

Almy, M., »Das freie Spiel als Weg der geistigen Entwicklung« (1965). In: Flitner (Hrsg.) 1988, S. 205–221.

Almy, M., *Young children's thinking*. New York: T. C. Press 1967.

Alt, Chr., »Typologie elektronischer Spiele«. In: *DJI* 1994, S. 421–422.

Andresen, U., *So dumm sind sie nicht. Von der Würde der Kinder in der Schule*. Weinheim/Basel 1985.

Arbeitsausschuß Kinderspiel und Spielzeug e. V.: *Gutes Spielzeug von A–Z. Ratgeber für Spiel und Spielzeug*. 23. Aufl. Ulm 1993 (Heimstr. 13, 89073 Ulm).

Ariès, Ph., *Geschichte der Kindheit*. München 1975.

Avedon, E. M./Sutton-Smith, B. (Hrsg.), *The study of games*. New York: Wiley 1971.

Axline, V. M., *Kinder-Spieltherapie im nicht-direktiven Verfahren*. München, Basel 1972.

Baader, U., *Kinderspiele und Spiellieder*. 2 Bde. Tübingen 1979.

Baatz, U./Müller-Funk, W. (Hrsg.), *Vom Ernst des Spiels. Über Spiel und Spieltheorie*. Berlin 1993.

Bally G., *Vom Ursprung und von den Grenzen der Freiheit*. Basel 1945.

Bannmüller, E., »Die ästhetische Dimension der Bewegung im Sport«. In: Kreuzer (Hrsg.), 1984, Bd. 3, S. 567–576.

Barnett, S. A., *A study in behavior*. London: Methuen 1963.

Bateson, G., »The message ›This is play‹«. In: Herron/Sutton-Smith (Hrsg.) 1971, S. 261–269.

Bateson, G., *Ökologie des Geistes*. Frankfurt/M. 1981.

Bauer, K. W./Hengst, H., *Wirklichkeit aus zweiter Hand. Kindheit in der Erfahrungswelt von Spielwaren und Medienprodukten*. Reinbek 1980.

Bausinger, H., *Volkskunde – Von der Altertumsforschung zur Kulturanalyse*. Berlin, Darmstadt 1972.

Bausinger, H., »Kultur für Kinder – Kultur der Kinder«. In: *Kinderkultur*, 1987, S. 11–18.

Beach, F. A., »Current concepts of play in animals« (1945). In: Herron/Sutton-Smith (Hrsg.) 1971, S. 196–211.

Becker, W. C., »Consequences of different kinds of parental discipline«. In: Hoffman/Hoffman, vol. I., 1964, S. 169–208.

Behnken, I./du Bois-Reymond, M./Zinneker, J., *Stadtgeschichte als Kindheitsgeschichte. Lebensräume von Großstadtkindern in Deutschland und Holland um 1900*. Opladen 1989.

Behnken, I. (Hrsg.), *Stadtgesellschaft und Kindheit im Prozeß der Zivilisation*. Opladen 1990.

Beltzig, G., *Kinderspielplätze mit hohem Spielwert*. Augsburg 1987.

Benjamin, W., *Über Kinder, Jugend und Erziehung* (1928). Frankfurt 1969.

Berlyne, D. E., *Konflikt, Erregung, Neugier. Zur Psychologie der kognitiven Motivation*. Stuttgart 1974.

Berlyne, D. E., »Laughter, humor, and play«. In: Lindzey, G./Aronson, E. (Hrsg.), *The handbook of social psychology*. 2. Aufl., Reading, Mass.: Addison-Wesley, Bd. III, 1969, S. 795–852.

Berne, E., *Spiele der Erwachsenen*. Reinbek 1970.

Bettelheim, B., *Ein Leben für Kinder. Erziehung in unserer Zeit*. Stuttgart 1987.

Biermann, G. (Hrsg.), *Handbuch der Kinderpsychotherapie*, 2 Bde. München 1969.

Bilden, H., »Geschlechtsspezifische Sozialisation«. In: Hurrelmann/Ulich (Hrsg.), 1991, S. 279–301.

Bittner, G., »Zur pädagogischen Theorie des Spielzeugs«. In: *Bll. d. Pestalozzi-Fröbel-Vbd.*, 15, 1964, S. 33–44, auch in: Flitner (Hrsg.) 1988, S. 228–241.

Bittner, G./Harms E. (Hrsg.), *Erziehung in früher Kindheit*, 7. Aufl. (Neuausgabe), München 1985.

Böhme, F. M., *Deutsches Kinderlied und Kinderspiel*. Leipzig 1897.

Boesch, H., *Kinderleben in der deutschen Vergangenheit*. Leipzig 1900.

Böhnisch, L./Winter, R., *Männliche Sozialisation. Bewältigungsprobleme männlicher Geschlechtsidentität im Lebenslauf*. Weinheim 1993.

du Bois-Reymond, M., »Zur Strategie kompensatorischer Erziehung am Beispiel der USA«. In: Kursbuch 24, 1971, S. 17–32.

du Bois-Reymond, M./Büchner, P./Krüger, H.-H./Ecarius, J./Fuhs, B., *Kinderleben. Modernisierung von Kindheit im interkulturellen Vergleich*. Opladen 1994.

Bollnow, O. F., *Die Pädagogik der deutschen Romantik*. Stuttgart 1952.

Borneman, E., *Studien zur Befreiung des Kindes*, Bd. 1–3, Frankfurt/M. 1980/81.

Bretherton, I. (Hrsg.), *Symbolic Play. The development of social understanding*. Orlando/London: Academic Press 1984.

Bronfenbrenner, U., *Die Ökologie der menschlichen Entwicklung*. Stuttgart 1981.

Bruner, J. S., »Über die ›Unreife‹ in unserer Zeit«. In: *Z. f. Päd*. 18, 1972, S. 789–802.

Bruner, J. S./Sherwood, V., »Das Erlernen von Regelstrukturen in den frühsten Spielen von Mutter und Kind«. In: Flitner (Hrsg.) 1988, S. 158–167.

Bruner, J. S./Jolly, A./Sylva, K. (Hrsg.), *Play – Its role in development and evolution*. Harmondsworth: Penguin 1976.

Brunner, H., *Altägyptische Erziehung*. Wiesbaden 1957.

Bühler, Ch., *Kindheit und Jugend*. Leipzig 1928 (4. Aufl. Göttingen 1967).

Bühler, Ch., *Der Welt-Test*, dt. Bearbeitung von H. Hetzer/E. Höhn. Göttingen 1955.

Burlingham, D. T., »The fantasy of having a twin«. In: *The Psychoanalytic Study of the Child I*, 1945, S. 205–210.

Buytendijk, F. J. J., *Wesen und Sinn des Spiels. Das Spielen des Menschen und der Tiere als Erscheinungsform der Lebenstriebe*. Berlin 1933. (Nachdruck New York: Arno Press 1976).

Caiati, M./Delac, S./Müller, A., *Freispiel – Freies Spiel. Erfahrungen und Impulse*. 4. Aufl. München 1990.

Caillois, R., *Die Spiele und die Menschen. Maske und Rausch*. München, Wien, Stuttgart 1961.

Cammann, A., *Die Welt der niederdeutschen Kinderspiele*. Bleckede 1970.

Carr, A. H., »The survival values of play«. In: *Investigations of the Department of Psychology and Education of the University of Colorado* I,2. Colorado 1902.

Château, J., *Das Spiel des Kindes. Natur und Disziplin des Spielens nach dem dritten Lebensjahr*. Paderborn 1969.

Château, J., *Spiele des Kindes*. Stuttgart 1974.

Claparède, E., *Psychologie de l'enfant et pédagogie expérimentale*. 2. Aufl. Genf 1909 (dt. Leipzig 1911).

Claparède, E., »Sur la nature et la fonction du jeu«. In: *Archives de Psychol.*, 24, 1934, S. 350–369.

Csikszentmihalyi, M., *Das Flow-Erlebnis. Jenseits von Angst und Langeweile*. Stuttgart 1985.

Csikszentmihalyi, M. und I. S. (Hrsg.), *Die außergewöhnliche Erfahrung im Alltag. Die Psychologie des Flow-Erlebnisses*. Stuttgart 1991.

Dahrendorf, R., *Homo sociologicus*, 2. Aufl. Köln, Opladen 1960.

Dannhauer, H., *Geschlecht und Persönlichkeit*. Berlin 1973.

Daublebsky, B., »Spielen in der Schule«. In: *Neue Sammlung* 11, 1971, S. 533–552; auch in: Flitner (Hrsg.) 1988, S. 255–274.

Daublebsky, B. u. a., *Spielen in der Schule, Vorschläge und Begründungen für ein Spielcurriculum*, Stuttgart 1973 (10. Aufl. 1992; Filme dazu: FWU, München 1977).

Deacove, J., *Spiele ohne Tränen*. 2 Bde., 5. Aufl., Ettlingen 1985.

Deutscher Bildungsrat (Hrsg.), *Die Eingangsstufe des Primarbereichs*. Bd. 2/1: *Spielen und Gestalten*. (Gutachten und Studien der Bildungskommission, Bd. 48/1). Stuttgart 1975.

Deutsches Jugendinstitut (DJI, Hrsg.), *Handbuch Medienerziehung im Kindergarten*. Teil 1/2, Opladen 1994/95.

Dreitzel, H. P., *Die gesellschaftlichen Leiden und das Leiden an der Gesellschaft*. (Göttinger Abhandlungen zur Soziologie, Bd. 14), Stuttgart 1968.

Duncker, L., *Lernen als Kulturaneignung*. Weinheim/Basel 1994.

Duncker, L. u. a. (Hrsg.), *Kindliche Phantasie und ästhetische Erfahrung*. Langenau-Ulm 1990.

Ebert, H./Paris, V., *Warum ist bei Schulzes Krach? Kindertheater Märkisches Viertel.* 2 Bde., Berlin 1976.

Eibl-Eibesfeld, I., *Grundriß der vergleichenden Verhaltensforschung, Ethologie.* 2. Aufl. München 1969.

Eifermann, R. R., »Social play in childhood«. In: Herron/Sutton-Smith 1971, S. 270–297.

Einsiedler, W. (Hrsg.), *Aspekte des Kinderspiels.* Weinheim/Basel 1985.

Einsiedler, W., *Das Spiel der Kinder – Zur Pädagogik und Psychologie des Kinderspiels.* Bad Heilbrunn 1990 (2. Aufl. 1994).

Einsiedler, W./Spanhel, D., *Gutachten über die pädagogische Eignung von acht Konstruktionsbaukästen.* Ms. Nürnberg 1983 (kurz in: W. Einsiedler, »Spielmittelbeurteilung«. In *Spielmittel* 4 (1984), H. 5, S. 3–6).

Eisen, G., *Spielen im Schatten des Todes, Kinder und Holocaust.* München/Zürich 1993.

Elkonin, D., *Psychologie des Spiels.* Köln, Berlin 1980.

Elschenbroich, D., *Kinder werden nicht geboren. Studien zur Entstehung der Kindheit.* Frankfurt/M. 1977.

Erikson, E. H., »Studies in the interpretation of play, Part I. Clinical observations of play disruption in young children«. *Gen. Psychol. Mon.* 22, 1940, S. 557–671.

Erikson, E. H., *Kindheit und Gesellschaft*, 2. Aufl. Stuttgart 1965.

Erikson, E. H., »Sex differences in play configurations of american preadolescents« (1951). In: Herron/Sutton-Smith (Hrsg.) 1971, S. 126–144.

Erikson, E. H., *Kinderspiel und politische Phantasie. Stufen in der Ritualisierung der Realität.* Frankfurt/M. 1978.

Eschenauer, B., »Computer zum Spielen und Lernen für Kinder im Vorschulalter. In: *DJI* 1994, S. 410–420.

Fatke, R. (Hrsg.), *Ausdrucksformen des Kinderlebens. Phantasie, Spiele, Wünsche, Freundschaft, Lügen, Humor, Staunen.* Bad Heilbrunn 1994.

Fatke, R./Scarbath, H. (Hrsg.): *Pioniere psychoanalytischer Pädagogik.* Frankfurt/M. 1995.

Faulstich-Wieland, H., *Koedukation – Enttäuschte Hoffnungen?* Darmstadt 1991.

Feitelson, D., »Developing imaginative play in pre-school children as a possible approach to fostering creativity«. In: *Early Child Development and Care* 1, 1972, S. 181–195.

Fink, E., *Oase des Glücks.* Freiburg 1957.

Flavell, J. H. u. a., *The development of role-taking and communication skills in children.* New York: Wiley 1968.

Flitner, A., »Untersuchungen zur Förderung des Kinderspiels«; und: »Spielen in der Schule. Zu Benita Daublebskys Buch über Spiele mit Zehn- bis Zwölfjährigen«. In: *Z. f. Päd.* 21 (1975), S. 441–448 und S. 457–466.

Flitner, A., *Für das Leben – Oder für die Schule? Pädagogische und politische Essays.* Weinheim 1987.

Flitner, A., *Reform der Erziehung. Impulse des 20. Jahrhunderts.* (Serie Piper 1546) 2. Aufl. München 1993.

Flitner, A., *Konrad, sprach die Frau Mama... Über Erziehung und Nicht-Erziehung.* (Serie Piper 357) 7. Aufl. München 1994.

Flitner, A. (Hrsg.), *Das Kinderspiel. Texte.* Neuausgabe. (Serie Piper 244), 5. Aufl. München 1988.

Flitner, A./Kamper D., u. a., *Der Mensch und das Spiel in der verplanten Welt.* (dtv 1191) München 1976.

Fluegelman, A./Shoshana, T., *New Games – Die neuen Spiele.* 3. Aufl. Soyen 1980.

Freud, A., *Das Ich und die Abwehrmechanismen.* Frankfurt 1975.

Freud., S., *Jenseits des Lustprinzips* (1920). Gs. Werke, Bd. XIII. London 1940.

Fritz, J., *Spielzeugwelten. Eine Einführung in die Pädagogik der Spielmittel.* Weinheim 1989.

Fritz, J. (Hrsg.), *Programmiert zum Kriegsspielen. Weltbilder und Bilderwelten im Videospiel.* Frankfurt 1988.

Fröbel, F., *Ausgewählte Schriften*, Bd. 3, hrsg. v. H. Heiland, Stuttgart 1982.

Garvey, C., *Play.* Enlarged Edition. (The Developing Child Series, Hrsg., v. J. S. Bruner u. a.) Cambridge/Mass.: Harvard Univ. Press 1990.

Gesell, A., *Säugling und Kleinkind in der Kultur der Gegenwart.* Bad Nauheim 1952.

Giel, K., »Friedrich Fröbel (1782–1852)«. In: H. Scheuerl (Hrsg.) 1979, Bd. I, S. 249–269.

Gilligan, C., *Die andere Stimme. Lebenskonflikte und Moral der Frau.* München 1984.

Gilmore, J. B., »Play a special behavior«. In: Herron/Sutton-Smith (Hrsg.) 1971, S. 311–325.

Gilmore, J. B., »The role of anxiety and cognitive factors in children's play behavior«. In: *Child Dev.* 37, 1966, 2, S. 397–416.

Goffman, E., »Fun in games«. In: *Encounters, two studies in the sociology of interaction.* Indianapolis, New York: Bobbs-Merrill 1961.

Goffman, E., *Wir alle spielen Theater.* München 1970.

Gording, E., *Dramatisches Spiel von kindlicher Improvisation zum Jugendtheater.* Velber 1971.

Gottschaldt, K./Frühauf-Ziegler, Chr., »Über die Entwicklung der Zusammenarbeit im Kleinkinderalter«. *Z. Psychol.* 162, 1958, S. 254–278.

Grefe, Chr., *Ende der Spielzeit. Wie wir unsere Kinder verplanen.* Berlin 1995.

Groos, K., *Die Spiele der Tiere.* Jena 1896 (3. umg. Aufl. Jena 1930).

Groos, K., *Die Spiele der Menschen.* Jena 1899.

Groos, K., *Das Spiel. Zwei Vorträge.* Jena 1922.

Grupe, O./Gabler, H./Göhner, U. (Hrsg.), *Spiel – Spiele – Spielen* (5. Sportwiss. Hochschultag). Schorndorf 1983.

Gump, P. V./Schoggen, P./Redl, F., »The behavior of the same child in different milieus«. In: Barker, R. G. (Hrsg.), *The stream of behavior*. New York: Appleton-Century Crofts & Meredith 1963, S. 169–202.

Gump, P. V./Sutton-Smith, B., »The ›it‹ role in children's games«. *The Group* 17, 1955, 3, S. 3–8; auch in: Avedon/Sutton-Smith (Hrsg.) 1971, S. 390–397.

Hagemann-White, C., *Sozialisation: weiblich-männlich?* Opladen 1984.

Halbfas, H./Maurer, F./Popp, W. (Hrsg.), *Spielen, Handeln und Lernen*. Stuttgart 1976.

Hall, G. St., *Adolescence*. New York 1904.

Haller, I., *Das spielende Kind. Beobachtungen und Erfahrungen einer Kindergärtnerin*. Stuttgart 1987.

Hartley, R. E./Frank, L. K./Goldenson, R., *Understanding children's play*, 11. Aufl. New York: Columbia Univ. Press 1969.

Hartrup, W .W., »Peer relations«. In: Mussen (Hrsg.) 1983, S. 103–196.

Hartwagner, G./Iglhaut, St./Rötzer, F. (Hrsg.), *Künstliche Spiele*. München 1993.

Hassenstein, B., *Bedingungen für Lernprozesse – teleonomisch gesehen*. Nova Acta Leopoldina, Halle 1972.

Hassenstein, B., *Verhaltensbiologie des Kindes*. München/Zürich 1973.

Hassenstein, B., *Instinkt, Lernen, Spielen, Einsicht, Einführung in die Verhaltensbiologie*. München 1980.

Haven, H., *Darstellendes Spiel. Funktionen und Formen*. Düsseldorf 1970.

Hebenstreit, S., *Spieltheorie und Spielförderung im Kindergarten*. Stuttgart 1979.

Heckhausen, H., »Entwurf einer Psychologie des Spielens.« *Psychol. Forsch.* 27, 1964, S. 225–243; auch in: Flitner (Hrsg.) 1988, S. 138–155.

Heckhausen, H./Roelofsen, I., »Anfänge und Entwicklung der Leistungsmotivation im Wetteifer des Kleinkindes«. In: *Psychol. Forschung* 26, 1962, S. 313–397; dazu Lehrfilm: H. Heckhausen u. a.: *Anfänge der Leistungsmotivation im Wetteifer des Kleinkindes*. Inst. f. d. wiss. Film. Göttingen 1971.

Heimlich, U., *Soziale Benachteiligung und Spiel. Ansätze einer sozialökologischen Spieltheorie*. Trier 1995.

Heller, L., *Friedrich Fröbel. Die zahlenmystischen Wurzeln der Spieltheorie*. Frankfurt/M. 1987. (Dazu: Kuboeder, der geschnittene Würfel. Vertrieb Holz-Hoerz, 72525 Münsingen).

Hengst, H./Köhler, M. u. a., *Kindheit als Fiktion*. Frankfurt 1981.

Hengst, H., »Richtung Gegenwelt? Kinderkultur als gleichaltrigenorientierte Konsumkultur«. In: *DJI* 1994, S. 134–153.

Hentig, H. v., *Das allmähliche Verschwinden der Wirklichkeit. Ein Pädagoge ermutigt zum Nachdenken über die Neuen Medien*. München, Wien 1984.

Herron, R. E./Sutton-Smith, B. (Hrsg.), *Child's Play*. New York: Wiley 1971.

198

Hiegemann, S./Swoboda, W. H. (Hrsg.), *Handbuch der Medienpädagogik*. Opladen 1994.

Hildebrandt, P., *Das Spielzeug im Leben des Kindes* (1904), Neuausgabe Düsseldorf 1979.

Hilgard, E. R./Bower, G. H., *Theorien des Lernens*, 2 Bde. Stuttgart 1970.

Hills, J., *Das Kinderspielbild von Pieter Bruegel d. Ä.* (1560). Veröffentlichungen des Österreich. Museums für Volkskunde, Bd. X. Wien 1957.

Hislam, J., »Sex-differentiated play experiences and children's choices«. In: Moyles 1994, S. 37–48.

Höhn, E., »Spielerische Gestaltungsverfahren«. In: Heiss, R. (Hrsg.), *Psychologische Diagnostik, Hdb. der Psychologie*, Bd. 6, Göttingen 1964.

Höltershinken, D., »Öffentliche Kinderspielpätze in der BRD.« In: *WPB* 1972, S. 86–91.

Hoffman, M. L./Hoffman, L. W., *Review of child development research*. New York: Russell Sage Foundation I, 1964; II. 1966.

Hoffmann, E., »Das Spiel«. In: Nohl, H./Pallat, L. (Hrsg.), *Handbuch der Pädagogik*, 3. Bd. Langensalza 1930, S. 208–220.

Honig, M.-S., »Das neue Wissen von der Kindheit«. Vortrag auf der Tagung der Komm. Päd. d. fr. Kindheit d. DGfE. 17.–19. Nov. 1994 (Ms.).

Homo Ludens – Der spielende Mensch. Internationale Beiträge des Instituts für Spielforschung und Spielpädagogik an der Hochschule »Mozarteum« Salzburg, Jg. 1 (1991) ff.

Hornstein, W., »Das schutzbedürftige Kind«. In: *DJI* 1994, S. 573–586.

Huizinga, J., *Homo ludens. Vom Ursprung der Kultur im Spiel* (1938). Mit einem Nachwort von A. Flitner. (re 435) Reinbek 1994.

Hundertmarck, G., *Soziale Erziehung im Kindergarten*. Stuttgart 1969.

Hurlock, E. B./Burstein, M., »The imaginary playmate: a questionnaire study«. *J. Gen. Psychol.* 41, 1932, S. 380–392.

Hurrelmann, K./Ulich, D. (Hrsg.), *Neues Handbuch der Sozialistationsforschung*. 4. Aufl. Weinheim/Basel 1991.

Hutt, C., »Exploration and play in children«. In: *Symp. Zool. Society of London* 18 (1966), S. 61–68; auch in Herron/Sutton-Smith (Hrsg.) 1971, S. 231–251.

Hutt, S. J./Tyler, St./Hutt, G./Christopherson, H., *Play, exploration and learning: A natural history of the pre-school*. London, New York: Routledge 1990

Intons-Peterson, M. J., *Children's concepts of gender*. Norwood: Ablex P. C. 1988.

Isaacs, S., *Social development in young children*. New York: Harcourt/Brace 1933.

Isler, A., *Von den Spielen des Gargantua*. Zürich 1965.

Jaskulski, I., »Das darstellende Spiel und das Fehlen des Rollenspiels bei geistesschwachen Kindern«. In: *Z. Ki. Forsch.* 41, 1933, S. 50–96.

Jean Paul (Richter), *Levana oder Erziehlehre* (1814). Hrsg. von K. G. Fischer. Paderborn 1963.

Kaminski, G. (Hrsg.), *Umweltpsychologie. Perspektiven, Probleme, Praxis*. Stuttgart 1976.

Kinderkultur. 25. Dt. Volkskundekongreß (7.–12. Okt. 1985). Bremen 1987.

Klein, M., »Die psychoanalytische Spieltechnik: Ihre Geschichte und Bedeutung.« In: *Psyche* 12, 1959, S. 687–705.

Klewitz, M./Nickel, W. (Hrsg.), *Kindertheater und Interaktionspädagogik*. Stuttgart 1972.

Klinger, E., *Structure and functions of fantasy*. New York, London: Wiley 1971

Klug, H.-P./Roth, M. (Hrsg.), *Spielräume für Kinder*. Münster 1991.

Kluge, N. (Hrsg.), *Spielpädagogik. Neuere Beiträge zur Spielforschung und Spielerziehung*. Bad Heilbrunn 1980.

Knoll, J. H./Kolfhaus, St. u. a., *Das Bildschirmspiel im Alltag Jugendlicher*. Opladen 1986.

Kolb, M., *Spiel als Phänomen – Das Phänomen Spiel*. St. Augustin 1990.

Kolneder, W./Ludwig, V./Wagenbach, K., *Das Grips-Theater*. Berlin 1979.

Kosslyn, S. M., *Image and mind*. Cambridge/Mass.: Harvard U. P. 1980.

Krappmann, L., *Soziologische Dimensionen der Identität*. Stuttgart 1971.

Krappmann, L., »Soziale Kommunikation und Kooperation im Spiel und ihre Auswirkungen auf das Lernen«. In: B. Daublebsky 1973, S. 190–226.

Krappmann, L., »Entwicklung und soziales Lernen im Spiel«. In: Flitner (Hrsg.) 1988, S. 168–184.

Krappmann, L., »Sozialisation in der Gruppe der Gleichaltrigen«. In: Hurrelmann/Ulich (Hrsg.) 1991, S. 355–375.

Krappmann, L., »Kinderkultur als institutionalisierte Entwicklungsaufgabe«. In: Markefka/Nauck (Hrsg.) 1993, S. 365–376.

Kreuzer, K. J. (Hrsg.), *Handbuch der Spielpädagogik*, Bd. I–IV. Düsseldorf 1983/84.

Künssberg, E. v., »Rechtsbrauch und Kinderspiel«. *Sitzungsberichte der Heidelberger Akademie der Wissenschaften, philos.-histor. Kl.*, 1920, 7.

Langeveld, M. J., »Das Ding in der Welt des Kindes«. In: *Studien zur Anthropologie des Kindes*. 2. Aufl. Tübingen 1964.

Launer, I., *Persönlichkeitsentwicklung im Vorschulalter bei Spiel und Arbeit*. Berlin 1970.

Lehmann, H. C./Witty, P. A., »Playing school – a compensatory mechanism«. In: *Psychol. Review* 33, 1926, S. 480–485.

Lehmann, J. (Hrsg.), *Simulations- und Planspiele in der Schule*. Bad Heilbrunn 1977.

Levin, H./Wardwell, E., »The research uses of doll play« (1962). In: Herron/Sutton-Smith (Hrsg.) 1971, S. 145–184.

200

Lewin, K., »Environmental forces in child behavior and development«. In: Murchison (Hrsg.) *Handbook of Child Psychology*, New York 1931.

Lieberman, J. N., »Playfulness and divergent thinking: an investigation of their relationship at the kindergarten level«. In: *J. Gen. Psychol.* 107, 1965, S. 219–224.

Löschenkohl, E., *Leistung, Lernprozeß und Motivation im Kinderspiel.* Wien 1981.

Lorbe, R., *Die Welt des Kinderliedes.* Weinheim 1971.

Lowenfeld, M., *Play in childhood.* London: V. Gollancz 1935.

Lowenfeld, M., »Die ›Welt‹-Technik in der Kinderpsychotherapie«. In: Biermann, G. (Hrsg.) 1969, Bd. 1, S. 442–451.

Markefka, M./Nauck, B. (Hrsg.), *Handbuch der Kindheitsforschung.* Neuwied 1993.

Merker, H./Rüsing, B./Blanke, S., *Spielprozesse im Kindergarten.* München 1980.

Meyer, W. P., *Aufwachsen in simulierten Welten – Computerspiele.* Frankfurt/M. 1992.

Mieskes, H., »Spielmittel und Spielmittelforschung im Kontext spielpädagogischer Fragestellungen«. In: Kreuzer (Hrsg.) Bd. I, S. 387–429.

Millar, S., *Psychologie des Spiels.* Ravensburg 1973.

Mirbt, R., *Möglichkeiten und Grenzen des Laienspiels.* München 1931.

Mogel, H., *Psychologie des Kinderspiels. Die Bedeutung des Spiels als Lebensform des Kindes, seine Funktion und Wirksamkeit für die kindliche Entwicklung.* Berlin/Heidelberg/New York 1991.

Montessori, M., *Selbsttätige Erziehung im frühen Kindesalter.* Stuttgart 1913.

Moyles, J. R. (Hrsg.), *The Excellence of Play.* Buckingham: Open U. P. 1994.

Muchow, M., *Der Lebensraum des Großstadtkindes* (1935). Nachdruck: Bonsheim 1978.

Mussen, P. H., (Hrsg.), *Handbook of child psychology*, 4. ed., vol. 4. New York: J. Wiley 1983.

Mutschler, D., »Intelligenz und Kreativität«. In: *Z. f. Päd.* 15, 1969, S. 119–133.

Nickel, H.-W./Nickel, R., *Spiel mit Kindern – Theater mit Kindern.* Stuttgart 1974.

Nickel, H.-W., »Theater mit Kindern – Theater für Kinder«. In: Kreuzer (Hrsg.) Bd. 3, 1984, S. 333–359.

Nikitin, B. & L., *Aufbauende Spiele. Die Spiele zum Erziehungsmodell der Nikitins.* Köln 1983.

Nitsch-Berg, H., *Kindliches Spiel zwischen Triebdynamik und Enkulturation. Der Beitrag der Psychoanalyse und der Entwicklungstheorie Piagets.* Stuttgart 1978.

Noschka, A./Knerr, G., *Bauklötze staunen. 200 Jahre Geschichte der Baukästen.* München 1986.

Oerter, R., *Psychologie des Spiels. Ein handlungstheoretischer Ansatz.* München 1993.

Oker, E., *Eugen Okers Spielwiese, das Buch der Spiele.* Hamburg 1968.

Opie, I./Opie, P., *Children's games in street and playground.* Oxford: Clarendon 1969.

Opie, I., *The people in the playground.* Oxford: University Press 1994.

Orlick, T., *Kooperative Spiele. Herausforderung ohne Konkurrenz.* Weinheim/Basel 1982.

Oswald, H./Krappmann, L., »Kinderwünsche«. In: *Z. f. Päd.* 31, 1985, S. 719–734.

Pallat, L./Lebede, H., *Jugend und Bühne*, 2. Aufl. Breslau 1925.

Papoušek, H./Papoušek, M., »Das Spiel in der Frühentwicklung des Kindes«. In: *Supplem. paediatr. prax.* 18, 1977, S. 17–32.

Papoušek, H./Papoušek, M., »Intuitives elterliches Verhalten im Zwiegespräch mit dem Neugeborenen.« In: *Sozialpädiatrie in Praxis und Klinik* 3, 1981, S. 229–236.

Papoušek, M./Papoušek, H./Harris, B. J., »The emergence of play in parent-infant interactions«. In: D. Görlitz/J. F. Wohlwill (Hrsg.): *Curiosity, imagination, and play.* Hillsdale N. J.: Erlbaum Ass. 1984.

Parten, M. B., »Social play among pre-school children«. In: *J. Abnorm. Soc. Psychol.* 28, 1933, S. 136–147.

Patrick, G. T. W., *The psychology of relaxation.* Boston, New York: Houghton Mifflin 1916.

Pawlow, I. P., *Die bedingten Reflexe.* München 1972.

Pée, L., *35 Jahre Kinderspiel und Spielzeug.* Sddr. Arbeitsausschuß Kinderspiel und Spielzeuge e. V., Ulm 1991.

Peesch, R., *Das Berliner Kinderspiel der Gegenwart.* Berlin 1957.

Pellegrini, A. D. (Hrsg.), *The future of play theory. A multidisciplinary inquiry into the contribution of Brian Sutton-Smith.* Albany: State Univ. of New York Press 1995.

Peller, L. E., »Modelle des Kinderspiels« (1952). In: Flitner 1988, S. 93–107.

Permien, H., »Wie sehen sich Kinder als Mädchen, als Junge?« In: Pestalozzi-Fröbel-Verband (Hrsg.): *Kinder und ihre Welt-Bilder.* München/Wien 1994.

Piaget, J., *Das moralische Urteil beim Kinde.* Zürich 1954.

Piaget, J., *Nachahmung, Spiel und Traum.* Stuttgart 1969.

Pitcher, E. G./Schultz, L. H., *Boys and girls at play. The development of sex roles.* Brighton 1983.

Plessner, H., »Soziale Rolle und menschliche Natur«. In: Derbolav, J./Nicolin, F. (Hrsg.), *Erkenntnis und Verantwortung, Festschrift für Theodor Litt.* Düsseldorf 1960.

Plowden-Report, *Children and their primary schools.* London: Her Majesty's Stationery Office 1967.

Popitz, H., *Der Begriff der sozialen Rolle als Element der soziologischen Theorie.* Frankfurt 1967.

202

Portmann, A., »Das Spiel als gestaltete Zeit« (1975). In: Flitner (Hrsg.) 1988, S. 55–62.

Postman, N., *Das Verschwinden der Kindheit*. Frankfurt/M. 1983.

Rahner, H., *Der spielende Mensch*. 5. Aufl. Einsiedeln 1960.

Rang, M., »Jean Jacques Rousseau (1712–1778)«. In: Scheuerl (Hrsg.) 1979, S. 116–134.

Redl, F., *Erziehung schwieriger Kinder. Beiträge zu einer psychotherapeutisch orientierten Pädagogik*. München 1971.

Retter, H., »Spielmittel als Lernmittel – Lernmittel als Spielmittel«. In: Kreuzer (Hrsg.), Bd. 2, S. 377–393.

Retter, H., *Spielzeug. Handbuch zur Geschichte und Pädagogik der Spielmittel*. Weinheim, Basel 1979.

Retter, H., *Spielzeugkauf – Ein Ratgeber für alle*. Bamberg 1980.

Retter, H. (Hrsg.), *Kinderspiel und Kindheit in Ost und West*. Bad Heilbrunn 1991.

Riley, J./Savage, J., »Bulbs, buzzers and batteries – play and science«. In: Moyles (Hrsg.) 1994, S. 136–144.

Röhrs, H.: *Spiel und Sportspiel – ein Wechselverhältnis*. Hannover 1981.

Ross, H., »Das Schulespiel«. In: *Psyche* 22, 1968, S. 604–613.

Rubin, K. H./Fein, G. G./Vandenberg, B., »Play«. In: Mussen (Hrsg.) 1983, S. 693–774.

Rühmkorf, P., *Über das Volksvermögen*. Reinbek 1967.

Rüssel, A., *Das Kinderspiel. Grundlinien einer psychologischen Theorie*, 2. Aufl. München 1965.

Rumpf, H., *Belebungsversuche – Ausgrabungen gegen die Verödung der Lernkultur*. Weinheim/München 1987.

Ruping, B./Schneider W. (Hrsg.), *Theater mit Kindern. Erfahrungen, Methoden, Konzepte*. Weinheim, München 1991.

Rutter, M., *Maternal deprivation reassessed*. Second edition. London 1981 (Penguin 1991).

Sauer, G.-K., *Kindliche Utopien*. Göttinger Studien, Bd. 34. Weinheim 1953.

Scales, B./Almy, M. u. a., *Play and the social context of development in early care and education*. New York, London: TC Columbia Univ. 1991.

Schäfer, G. E., *Spiel, Spielraum und Verständigung*. Weinheim 1986.

Schäfer, G. E., *Spielphantasie und Spielumwelt*. Weinheim/München 1989.

Schedler, M., *Kindertheater. Geschichte, Modelle, Projekte*. Frankfurt/M. 1972.

Schier-Oberdorffer, U., *Hex im Keller. Ein überliefertes Kinderspiel*. München 1985.

Scheuerl, H., *Das Spiel. Untersuchungen über sein Wesen, seine pädagogischen Möglichkeiten und Grenzen*. (1954) Neuausg. Weinheim, 11. Aufl. 1990.

Scheuerl, H., »Alte und neue Spieltheorien«. In: Flitner (Hrsg.) 1988, S. 32–52

Scheuerl, H. (Hrsg.), *Klassiker der Pädagogik*, 2 Bde. München 1979.

Scheuerl, H. (Hrsg.), *Theorien des Spiels*. 11. Aufl. Weinheim 1991.

Schiller, F., *Über die ästhetische Erziehung des Menschen*. 1793/94, 27. Brief.

Schlosberg, H., »The concept of play« (1947). In: Herron/Sutton-Smith (Hrsg.) 1971, S. 212–220.

Schmidt, E., *Spielzeug und Spiele der Kinder im klassischen Altertum. Mit Beispielen aus den Beständen des Deutschen Spielzeugmuseums Sonneberg*. Meiningen 1971.

Schmidtchen, S./Erb, A., *Analyse des Kinderspiels. Ein Überblick über neuere psychologische Untersuchungen*. Köln 1976.

Schorb, B./Theinert, H. (Hrsg.), *Ran an den Computer? Zwischen Euphorie und Distanz – Die IuK-Techniken in der Jugendarbeit*. Opladen 1989.

Schorb, B./Mohn, E./Theunert, H., »Sozialisation durch Massenmedien«. In: Hurrelmann/Ulich (Hrsg.) 1991, S. 493–508.

Schulz-Dornburg, U. u. a., *Abenteuerspielplätze. Ein Plädoyer für wilde Spiele*. Düsseldorf 1972.

Schulze, G., *Die Erlebnisgesellschaft*. 5. Aufl. Frankfurt 1995.

Schwartzman, H. B., *Transformations. The anthropology of children's play*. New York, London: Plenum Press 1978.

Sears, R. R./Pintler, M. H./Sears, P. S., »Effect of father separation on preschool children's doll-play aggression«. In: *Child Dev*. 17, 1946, S. 219–243.

Sibler, H.-P./Riemer, Ch./Kuhn, M./Erni, Ch., *Spiele ohne Sieger*. Ravensburg 1976.

Singer, D. G./Singer, J. L., *The house of make-believe. Children's play and the developing imagination*. Cambridge/Mass.: Harvard U. P. 1990.

Slade, P., *An introduction of child drama*, 7. Aufl. London: Univ. of London Press (Unibooks) 1970.

Smilansky, S., *The effects of sociodramatic play on disadvantaged preschool children*. London: Wiley 1968. Auszüge in: Flitner (Hrsg.) 1988, S. 184–202.

Spanhel, D., *Jugendliche vor dem Bildschirm. Zur Problematik der Videofilme, Telespiele und Homecomputer*. Weinheim 1987.

Spencer, H., *Prinzipien der Psychologie* (1873), dt. v. B. Vetter. Stuttgart 1886.

Spiel gut, siehe: Arbeitsausschuß Kinderspiel.

Spielzeit. Spielräume in der Schulwirklichkeit. Jahresheft XIII des Friedrich-Verlags. Velber 1995.

Staabs, G. v., *Der Szenotest*. Bern, Stuttgart 1951.

Stern, W., *Psychologie der frühen Kindheit*, 2. Aufl. Leipzig 1921.

Stöcklin-Meier, S., *Natur-Spielzeug*. 3. Aufl. Ravensburg 1984.

Stöcklin-Meier, S., *Komm, wir spielen. Spiel und Spielzeug für Kinder bis 9 Jahre*. Zürich 1986.

Stone, L.J./Smith, H.T./Murphy, L.B. (Hrsg.), *The competent infant. Research and commentary.* London 1974.

Strauss, A., *Spiegel und Masken. Die Suche nach Identität.* Frankfurt 1968.

Sutton-Smith, B., »Piaget on play: A Critique« (1966); auch in: Herron/Sutton-Smith 1971, S. 326–336 u. 340–342.

Sutton-Smith, B., »The role of play in cognitive development«. In: *Young children* 22, 1967, S. 361–370; auch in: Herron/Sutton-Smith (Hrsg.) 1971, S. 252–260.

Sutton-Smith, B., »The expressive profile«. In: *J. Am. Folklore* 84, 1971, S. 80–92.

Sutton-Smith, B., »Child's play – very serious business«. In: *Psychol. today*, Dec. 1971, S. 67/68.

Sutton-Smith, B., *The folkgames of children.* Austin/London: Univ. of Texas Press 1972.

Sutton-Smith, B., »Forschung und Theoriebildung im Bereich von Spiel und Sport«. In: *Z. f. Päd.* 21, 1975, S. 325–334.

Sutton-Smith, B., *Die Dialektik des Spiels.* Schorndorf 1978.

Sutton-Smith, B., *Toys as culture.* New York, London: Gardner Press 1986.

Sutton-Smith, B.: »Spiel und Sport als Potential der Erneuerung«. In: Flitner (Hrsg.) 1988, S. 62–72.

Sutton-Smith, B., »Conclusion: The persuasive rhetorics of play«. In: Pellegrini (Hrsg.) 1995, S. 275–295.

Sutton-Smith, B. (Hrsg.), *The psychology of play (Studies in play and games).* New York: Arno Press 1976.

Sutton-Smith, B. (Hrsg.), *Play and learning.* New York: Gardner 1979.

Sutton-Smith, B./Avedon, E.M./Flitner, A./Loy, J.W. (Hrsg.), *Studies in Play and Games.* 20 vols. New York: Arno Press 1976.

Sutton-Smith, B./Rosenberg, B.G./Morgan, E.F., »The development of sex differences in play choices during preeadolescence«. In: *Child Dev.* 34, 1963, S. 119–126.

Sutton-Smith, B./Rosenberg, B.G., »Sixty years of historical change in the game preferences of american children« (1961). In: Herron/Sutton-Smith (Hrsg.) 1971, S. 18–50.

Tenbruck, F.H., »Zur deutschen Rezeption der Rollentheorie«. In: *Kölner Z. f. Soziol. u. Sozialpsych.* 13, 1961, S. 1–40.

Thomae, H., »Entwicklungsbegriff und Entwicklungstheorie«. In: *Handbuch d. Psychologie*, hrsg. v. Ph. Lersch u.a. Bd. 3, Göttingen 1958.

Thorne, B., *Gender play. Girls and boys in school.* Buckingham: Open Univ. Press 1993.

Vollert, M., *Erziehungsprobleme im Kinderdorf.* Stuttgart 1970.

Waelder, R., »Die psychoanalytische Theorie des Spiels«. In: *Z. psychoan. Päd.* 6, 1932, S. 184–194; auch in: Flitner (Hrsg.) 1988, S. 81–93.

Wallach, M. A./Kogan, N., *Modes of thinking in young children*. New York: Holt Rinehart & Winston 1965.

Weber-Kellermann, I./Falkenberg, R. (Hrsg.), *Was wir gespielt haben. Erinnerungen an die Kinderzeit*. Frankfurt 1981.

Wegener-Spöhring, G., »Die Bedeutung von ›Kriegsspielzeug‹ in der Lebenswelt von Grundschulkindern«. In: *Z. f. Päd.* 32, 1986, S. 797–810.

Wegener-Spöhring, G., *Aggressivität im kindlichen Spiel. Grundlegung in den Theorien des Spiels und Erforschung ihrer Erscheinungsformen*. Weinheim 1995.

Weiß, Th., »Phantasiegefährten«. In: Fatke (Hrsg.) 1994, S. 35–45.

Werner, H., *Einführung in die Entwicklungspsychologie*. Leipzig 1926.

Wilckens, L. v. (Hrsg.), *Spiel, Spiele, Kinderspiel*. Katalog des Germanischen Nationalmuseums. Nürnberg 1985.

Winnicott, D. W., *Vom Spiel zur Kreativität*. Stuttgart 1973.

Winnicott, D. W., »Warum Kinder spielen«. In: Flitner (Hrsg.) 1988, S. 107–111.

Zacharias, W., *Zur Ökologie des Spiels – Spielen kann man überall?!* München 1985.

Zangs, Ch./Holländer, H. (Hrsg.), *Mit Glück und Verstand. Zur Kunst- und Kulturgeschichte der Brett- und Kartenspiele*. Aachen 1994.

Zeiher, H.-J./Zeiher, H., »Organisation von Raum und Zeit im Kinderalltag«. In: Marefka/Nauck (Hrsg.) 1993, S. 389–401.

Zeiher, H.-J./Zeiher, H., *Orte und Zeiten des Kindes. Soziales Leben im Alltag von Großstadtkindern*. Weinheim, München 1994.

Zimmer, J., »Abenteuerspielplätze«. In: Schulz-Dornburg u. a. 1972.

Zulliger, H., *Bausteine zur Kinderpsychotherapie und Kindertiefenpsychologie*, 2. Aufl. Bern, Stuttgart 1966.

Zulliger, H., *Heilende Kräfte im kindlichen Spiel* (1952). 6. Aufl. Stuttgart 1979.

Namenregister

207

208

SERIE
PIPER

Andreas Flitner

Konrad, sprach die Frau Mama …
Über Erziehung und Nicht-Erziehung. 173 Seiten. SP 357

»Flitner bietet eine bewundernswert sensible und gescheite Auseinandersetzung mit der Anti-Pädagogik, er sitzt weder auf dem hohen Roß seiner Wissenschaft noch in den Polstern jener Retourkutsche, aus der die vollmundige Parole ›Mut zur Erziehung‹ schallt. Sein knapp und lesbar gehaltenes Buch ersetzt Regale von erziehungswissenschaftlicher Literatur. Der ersehnte Leitfaden im Labyrinth der Erziehungsprobleme – hier ist er.«
Süddeutsche Zeitung

Reform der Erziehung
Impulse des 20. Jahrhunderts. Jenaer Vorlesungen. Mit einem Beitrag von Doris Knab. 252 Seiten. SP 1546

Erziehung hat sich in diesem Jahrhundert verändert wie nie zuvor. Die Veränderungen sind Antworten auf veränderte Lebenswelten und eine veränderte Öffentlichkeit, auf den Wandel der Technik, der Wirtschaft und der Moral.

Spielen – Lernen
Praxis und Deutung des Kinderspiels. 137 Seiten. SP 22

Das Kinderspiel – eine elementare Erscheinung aller Zeiten und aller Kulturen – verdient als Welterfahrung, heute ein besonderes Interesse. Dieses Buch, ein Standardwerk für Pädagogen und Eltern, erscheint hier in einer neuen Fassung. Es wurde nicht nur der jetzige Stand der Spielforschung verarbeitet, sondern ein neuer Teil hinzugefügt, der die Praxisprobleme heutiger Erziehung behandelt: Mädchen- und Jungenspiele, Kriegs- und Kampfspiele, Spielzeugqualität, Technik- und Computerspiele, Spielen in der Schule, Spiele ohne Sieger u.a.m.

Einführung in pädagogisches Sehen und Denken
Texte. Herausgegeben von Andreas Flitner und Hans Scheuerl. 248 Seiten. SP 322

Autorität und Gehorsam, Leistungsforderung und Spontaneität, Überforderung und Nachgiebigkeit, Anpassung und Widerstand sind immer wiederkehrende Themen der Erziehung.